休闲与旅游统计研究

李 享/著

AL RESEARCH OF LEISURE AND TOURISM

STATISTICAL RESEARCH OF LEISURE AND TOURISM

STATISTICAL RESEARCH OF LEISURE AND TOURISM

STATISTICAL RESEARCH OF LEISURE AND TOURISM

STATISTICAL RESEARCH OF LEISURE AND TOURISM

STATISTICAL RESEARCH OF LEISURE AND TOURISM

CAL RESEARCH OF LEISURE AND TOURISM

RISM

OF LEISURE AND TOURISM

中国旅游出版社

责任编辑：付　蓉
装帧设计：鲁　筱
责任印制：冯冬青

图书在版编目（CIP）数据
休闲与旅游统计研究/李享著. －北京：中国旅游出版社，2008.7
ISBN 978－7－5032－3486－6
Ⅰ. 休…　Ⅱ. 李…　Ⅲ. 旅游业－统计学－研究　Ⅳ. F590－32
中国版本图书馆 CIP 数据核字（2008）第 094564 号

书　　名：休闲与旅游统计研究
著　　者：李　享
出版发行：中国旅游出版社
（北京建国门内大街甲 9 号　邮编：100005）
http://www.cttp.net.cn　E-mail：cttp@cnta.gov.cn
发行部电话：010－85166507　85166517
排　　版：北京中文天地文化艺术有限公司
经　　销：全国各地新华书店
印　　刷：三河市灵山红旗印刷厂
版　　次：2008 年 7 月第 1 版　2008 年 7 月第 1 次印刷
开　　本：787 毫米×1092 毫米　1/16
印　　张：16.5
印　　数：1－4000 册
字　　数：300 千
定　　价：29.80 元
I S B N　978－7－5032－3486－6

目　录

绪论　以统计的视角研究休闲

第一篇　大众休闲消费统计研究

第二篇 时尚休闲消费统计研究

第三篇 国际服务贸易框架下的旅游统计研究

第四篇 旅游接待业统计

序　一

第一次接触李享是在2006年年初，她随系领导到我的办公室谈合作事宜，但对她的印象不深。第二次接触是同年秋末在紫玉庄园召开的"现代休闲与旅游方式国际学术研讨会"上。会议辩论期间，她提出的旅游统计问题引起了我的兴趣。会下我还专门与她就此问题做了进一步的交流。记得当时我鼓励她要把这个领域的研究持续下去，因为这是一块难啃的"硬骨头"，国内外如是。

不想，前些时日，她托宁泽群老师打来电话，嘱我为新著写序。老实说，让我写序有些勉为其难，因为我不懂统计，从来都是一看到各种公式和数字就头痛。宁老师在电话那端语气恳切，希望再度"援助"。好事多磨，横下一条心献丑吧。当然借此机会可以先睹李享的成果。

事实上，在我多年的休闲研究中，我发现我必须关注统计问题，因为，无论是休闲与旅游的关系、旅游与旅行的关系、休闲与闲暇的关系、休闲与工作的关系，还是休闲结构、闲暇结构、产品结构、市场结构，以及休闲带来的"蝴蝶效应"所涉及的休闲经济、休闲产业、休闲消费、休闲对人的附加值、休闲对人的社会心理的影响等都必须借助于统计数据的帮助，才可能从中得出某种规律性的认识来，并成为研究者获得理性与科学结论的重要基石。

这样，我就不得不查阅若干相关的文献。在这个过程中，我发现大多数中外学者对此都大伤脑筋。比如，同是旅游行为，对于某些人来说是一种很好的休闲行为方式；可是对另外一些人来说是花钱买罪受。再比如，有人将操持家务当做伺弄一件"艺术品"，而有人的感受是被"惩罚"。对于这样的统计分类很难。

在休闲产业领域更是剪不断、理还乱，比如，休闲产业是一个什么概念？与服务业、第三产业、文化产业、娱乐产业是什么样的关系？再比如，工作日驾车上班，其车是交通工具；而周末度假到郊外，其车虽然还具有交通工具的功能，但同时也被赋予了“休闲设备”的功能。为车美容、为车扩容等，对于一部车的统计就含有多个相互交集在一起的子项。

在休闲经济的统计中，人们不得不把公共卫生间的服务质量与旅游景区的效益连在一起考虑。同样，统计局也不得不把太空旅游纳入航天飞机的投入产出中。

由休闲消费带动的有形市场和无形市场、有形效益和无形效益给休闲分类和统计也带来了变幻莫测的困难。比如自愿者活动，可以换算出，美国人205亿个小时的志愿服务活动，相当于900万个专职雇员生产了1760亿美元的价值。但是难以计算出志愿者行为对降低社会交易成本和人际关系和谐度的贡献。

难判断的是自然资源、人文资源、历史文化遗迹、生态资源的投入产出比。

最难判断的是休闲活动中带给人的附加值（或损毁值），它涉及生理、心理、安全、尊重、成就感、自我价值、愉悦的休闲之后对生产力的促进、对个体素质的提升等，都需要依赖统计数据的分析获得可靠的、真实的、科学的结论。所有这些仅仅是休闲与旅游统计分类中的一部分。

许多年前，世界旅游组织曾指出，统计的复杂和困难在于：产供销以及需求与消费的概念缺乏确定性；建立统计的数据不足；缺乏专门的统计序列；缺乏专门的分析仪器等。另外，休闲与旅游的动态性、与其他组织结构的互动性都使统计陷于不断的变化中。

尽管如此，自“二战”后，随着休闲与旅游市场需求的不断拓展，西方国家从多方面尝试着把休闲与旅游的统计框架与方法建立起来，并纳入国民经济统计的各种指标体系中。近几十年来取得了相当可喜的成就。比如，旅游部门统计系统的最初信息来源就是靠出入境口岸、住宿登记、银行和其他金融机构、旅游行政管理、市场营销、旅游消费指标等构成，由此获得相对科学的统计数据。这样的统计方法早已被广泛使用。

可是，休闲与旅游在不同的发展阶段和不同的国家，可能对统计资料和统计数据的使用需求有不同的态度。在发达国家，人们可以借助比较完善的国民经济统计系统，同时也被严密的国民经济统计系统所制约。休闲与旅游的统计理当成为一门科学，只有这样，其精准度就会高，分类就可能合理，分析的结论就会对人的选择行为、对企业和政府的决策行为产生真实的影响。

进入新世纪，伴随工作时间结构和工作形态的变化，人们尤其对休闲和旅游有了特殊的理解，休闲与旅游的内涵不断被丰满、外延不断被扩展，致使统计方法面对更大的挑战。但我知道新的方法也层出不穷。我记得2004年在访问美国萨格墨出版社的时候看到一套美国商务部新出版的《旅游研究丛书》共六本，其中一本是旅游统计新方法。遗憾的是一闪念中错失这套书。

统计是一门科学，其灵魂是真实可靠。统计工作本身应具有客观性、中立性。在这方面，我国可能还需要从国外引入更多的新理念、新方法、新成果。

休闲与旅游统计的意义是不言而喻的。在国内，这方面的研究还没有引起足够的关注，成果似不多。李享的这本《休闲与旅游统计研究》做了大胆的尝试，虽然本书在对发达国家最新统计方法的介绍方面尚有局限，对中国国内休闲旅游统计分类缺少陈述与评价，想必是有具体的困难，但看得出作者这些年还是有所积累，也花了很多的心智在其中。我想，她的成果会对从事休闲旅游研究的人有启发。

马惠娣

2008 年 6 月 18 日

序　二

人们的休闲需求日益旺盛，休闲经济的发展也随之越来越得到全社会高度关注。然而，其发展的不平衡、内容与方式的多样性和现象的复杂多变，使得我们对此进行系统分析与研究，就需要使用科学的方法和手段。在许多情况下，规律性现象的研究必然会涉及量化的问题，而统计学就是一个系统收集数据并基于这些数据进行研究和决策的过程。很显然，休闲业态的快速发展，呼唤着休闲统计学的诞生。

统计学是一门重要的科学，目前权威统计部门在各国经济发展中扮演着越来越重要的角色。统计数字不仅真实再现了经济发展的状况，而且也成为影响经济发展的一个重要因素。经济数据的公布令人瞩目，参与经济活动的人们都要根据这些数据来进行判断与决策。

我们北京联合大学旅游学院早在 2002 年便成立了国内第一个休闲系（休闲与旅游管理系），该书作者也是创建该系的骨干教师之一，她多年来一直致力于休闲与旅游统计方面的研究工作，且成果卓著。

《休闲与旅游统计研究》一书，从政府、企业和学界的需求出发，充分发挥统计——“决策的依据、管理的工具”的作用；把统计学作为切入点，对休闲与旅游产业进行了“横断面”研究，期望以统计的视角解析休闲，并由此丰富统计。该书内容翔实、涉及面广，研究实例丰富，指标及其数据充实，形成了较为鲜明的特色。特别是对休闲与旅游统计的可操作性问题，以及如何将其纳入国民经济核算体系等富有挑战性的命题，作者给出了独到的解决方案。

《休闲与旅游统计研究》一书的作者，在其教学和科研工作任务十分繁重的情况下，勤奋钻研，开创性地、高质量地完成著述，是其二十余年来从事旅游统计科研与教学实践积累的结晶。《休闲与旅游统计研究》一书的出版，也是该书作者对休闲与旅游研究及其产业发展的一个奉献。我在此对作者表示衷心的祝贺。也为我们学院的优秀教师又向社会贡献出新的研究成果而感到高兴。

北京联合大学旅游学院 院长

赵 鹏

2008 年 5 月 21 日

绪 论

以统计的视角研究休闲

STATISTICAL RESEARCH OF LEISURE AND TOURISM
休闲与旅游统计研究
STATISTICAL RESEARCH OF LEISURE AND TOURISM 休闲与旅游统计研究
STATISTICAL RESEARCH OF LEISURE AND TOURISM 休闲与旅游统计研究
STATISTICAL RESEARCH OF LEISURE AND TOURISM
休闲与旅游统计研究

研究休闲与旅游现象并无坦途，矛盾无处不在。它们神奇、充满挑战且富有吸引力。研究的过程伴随痛苦，又不断带来惊喜。

休闲与旅游是人们熟悉的一种现象和存在，可谓比比皆是。然而，界定和测度休闲与旅游无疑是一项艰巨且浩大的工程。人们时常提及“休闲产业”或“旅游产业”，但测度国家各产业的投入及产出的国民账户体系并不承认它们是一项产业，起码目前尚如此。休闲与旅游企业及其服务其实比比皆是、触目可及——酒店、机场、主题公园、健身俱乐部乃至如奥运会般的大型活动。休闲与旅游和经济体中其他部分的关联确实微妙、隐蔽，甚至“纠缠不清”。尽管如此，在科学基础之上的研究和测度休闲与旅游的需要正在与时俱增。

本书以统计学为切入点，进行了“横断面”研究，期望以统计的视角解析休闲，以休闲的内容来丰富统计。

第一章

休闲与旅游统计概述

谁都可以选择要么将所有的自由时间都用来休闲娱乐，或将其中的一部分时间用来赚更多的钱。如何在更多的休闲还是更多的收入这两个相互冲突的愿望之间配置我们的自由时间，是值得我们研究的课题。事实上，经济学家可以像过去对待小麦需求、住房需求和黄金需求一样来对待休闲需求。

第一节　休闲与旅游概念的界定及其分类研究

一、休闲活动的分类

闲暇时间的安排因人而异。随着每个人的内外约束条件的变化，个人休闲活动将呈现出更加丰富多彩的形式。休闲活动的目的绝不仅仅局限于身心恢复，更倾向于追求精神文化的发展。可以说，在现代人形成和完善自我意识和人格的过程中，休闲活动起着最重要的作用。

（一）以休闲空间来划分

1. 户内休闲

有的国家或地区也称其为自家内、家庭内或居家休闲，是指在自家（包括庭院）内进行的静态休闲活动。这里人们从事的最主要的休闲活动是在自家看电视或光盘，这一比例为最高，通常的调查都会在80%左右。此外，还有阅读书报杂志、唱歌等活动。

2. 户外休闲

通常的调查显示，人们最主要的自家以外的动态休闲活动，是以拜会亲友及应酬居首位，一般都会占到总体的30%左右。在进行这一类休闲活动时，多数情况下会发生餐饮消费和礼品消费。此外，还有散步、慢跑、逛街购物、旅游等活动。

（二）以休闲活动的功效来划分

1. 消遣娱乐

它是指人们把大部分休闲时间用于从事对人无害、对己有益的活动。通过各种活动，寻找快乐，怡情养心。比如吧式消费、宠物饲养、逛街购物等活动。

2. 积极有益

它是指人们喜欢参与一些对人无害、对己有益的活动。通过各种活动，回馈社会、强健身体。比如体育健身、参与志愿者服务工作、义务植树、旅游等活动。

3. 教育发展

它是指人们能够主动从事一些对己、对人、对社会都有益的活动。通过各种活动充实自己，从而提高个人素质和文化涵养，进而增强竞争力。比如参观博物馆、阅读书报杂志等活动。

4. 消极堕落

它是指人们把大部分的休闲时间用于害人害己的不良嗜好，甚至是违法活动。比如吸毒、嫖娼等活动。

（三）休闲在家庭中的类型体现

家庭的休闲，可以巩固家庭成员之间的关系、增强凝聚力。

1. 协作一致型休闲

某一家庭成员为了满足其他成员的休闲需求，例如，看电视的时候抑制自己的愿望，不去争抢电视频道等情形。这种情况下，虽然家庭成员之间休闲需求不同，但有一方抑制自己的需求来维持和促进家庭成员之间的关系，争取全体成员的最大满足。当然，最好的情况是家庭成员之间具有相同的爱好和休闲需求而形成协调一致。例如，全家都喜欢同样类型的电影，因此一起看同一部电影；或者都喜欢到海边去旅游等，共同商量之后一同前往。家庭成员的休闲需求是一致的，因此可以在一起共同享受。如果发生上述不太一致的情况时，往往会有人出来协调而达成一致。

2. 服务贡献性休闲

夫妻或家长为了整个家庭而减少甚至牺牲自我的个人活动，例如，带孩子逛动物园等，让孩子尽情地玩耍和充实其闲暇时间。还可以全家一起，各尽其力地一起做家务，也其乐融融。

3. 困扰性休闲

因个人的休闲活动而使家庭成员之间产生某种纷争、不满。比如，家长过分热衷于休闲而不顾家庭，或者家庭某一成员因休闲而给整个家庭带来损失，或者妨碍、影响、破坏家庭的和睦和良好氛围。在我国的老年人离婚案中，不乏有因一方打牌上瘾而最终致使家庭破裂的例子。

（四）欧美地区对休闲的分类

- 身体活动：这类活动包括骑自行车、打羽毛球、跳舞、游泳、跑步等。
- 野外娱乐活动：这类活动包括登山、钓鱼、打猎、散步等。
- 集体体育活动：这类活动包括踢足球、打篮球等。
- 趣味活动：这类活动包括创造性活动、手工艺、摄影、参加公益活动等。
- 家庭内娱乐活动：这类活动包括看电视、阅读、电子游戏等。
- 借助工具的户外娱乐活动：这类活动包括自驾车旅游、房车宿营、水上运动等。
- 其他活动：这类活动包括探访文化遗迹、赌博等。

（五）按休闲的程度分类

另外，还有西方学者按休闲程度将其进行分类。他们把包括恢复身心的活动、学习、宗教活动、组织活动等定义为准休闲；把包括欣赏音乐、视听电视、阅读、看电影等接受信息的活动称为被动休闲；把包括观览、娱乐、社交活动和体育、能动型休闲及疗养等归为完全休闲，共三类。

对休闲活动不同时期、不同地区、不同研究背景的学者都有其不同的分类方式，比较集中的观点为上述第一、第二种。而从统计的角度出发，显然第一种分类方式更具有可操作性，这也是目前世界上一些国家和地区采用的对休闲统计的分类方式。

二、休闲与旅游的关系

旅游不光要满足现实的需求，也要挖掘潜在的需求，引导综合需求，创造新兴需求。这就和休闲产业的全面发展有关。休闲，如果从传统的观念来说，不管是从经济观念还是从社会观念、文化观念来说，都不是必须的。但是从现代的观念来讲，休闲就是生活不可或缺的一部分。

无论是在国外还是在国内，有一种观点认为，休闲与旅游是一种有机交互式的依存关系（图1－1）。

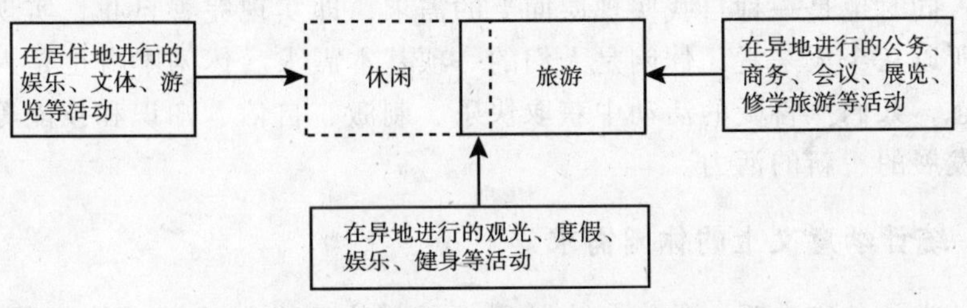

图1－1　休闲与旅游的依存关系图

而另一种观点则将休闲定义为“大休闲”的概念，即使休闲的概念充分地宽泛，旅游只是多种休闲方式中的、非常重要的一种休闲方式（图1-2），本书亦认同这一观点。

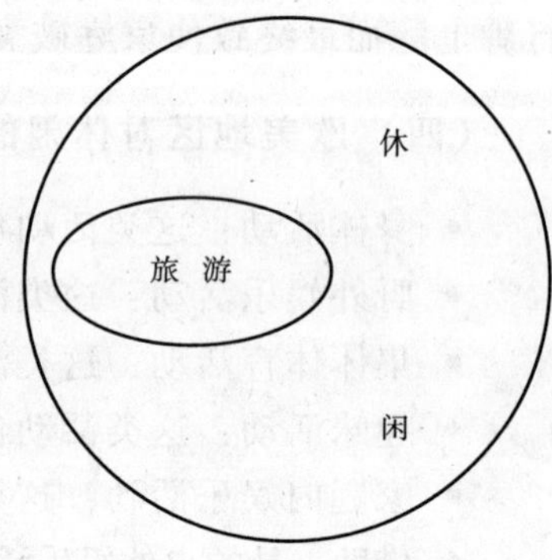

图1-2 休闲与旅游的关系

三、休闲需求带来休闲产业

（一）一般意义上的休闲需求

社会文明程度的提高，使人类对自由、个性以及自我完善与发展的需求也大幅度提高，从而导致了人们对闲暇时间的更高需求。发达国家的每周人均有效工作时间计算为：有效工作时间=法定工作时间+加班时间-节假日-病休。

从20世纪开始，无论在发达国家还是在发展中国家，所谓的“闲暇”与“休闲活动”都以各种形式不断地增加。其原因主要有：收入增加、劳动时间逐渐减少、平均寿命延长、社会老龄化与老年人闲暇时间增加、交通工具发达、信息社会发展以及受教育程度的普遍提高等。

我国实行改革开放政策后，在科学技术水平、物质文明和精神文明建设等方面都取得了明显的进步，人们的生活水平也有了较大幅度的提高。因此，国家自1995年起，至今先后三次进行了休假制度的改革。这正是我国生产力和社会文明水平不断提高的具体体现。值得注意的是，由于收入的限制，消费者通常情况下倾向于用相对便宜的物品和服务替代相对昂贵的物品和服务。

如果我们将休闲看作是一种高档消费品的话，财产收入的增加将带来工作时间的减少。更高的工资将带来更高的收入，而拥有更高收入的人将倾向于增加其休闲时间。但同时，工资越高，使得休闲时间相对于其他的物品和服务而言变得更加昂贵，从而个人有可能决定享受更少的休闲。净效应将取决于收入和价格弹性的相对强度。

从人的需求层面看，休闲是一种生理需求，即人们在生理上达到放松、休息目的之手段；同时也是一种自我实现层面上的需求，即实现完善自我、实现自身价值的途径。所以从今天来看，休闲是人们的一项基本需求。休闲本身也是人类最自由的存在状态，人们从喜爱的活动中获取快乐、刺激、自信、知识和技能等，并赋予以利生命发展的、新的活力。

（二）统计学意义上的休闲需求

从统计学的角度来看，休闲的有效需求是指实际参加或消费休闲服务的数量。

这是可以通过一系列指标来实现计量的。有效需求取决于休闲时间、享用者年龄、受教育程度、是否为有车族以及其他社会经济背景等因素。延期需求是指有参加休闲活动的能力，但由于缺乏休闲信息或休闲设施等原因而没有实现的需求。潜在需求是指由于自身社会、经济、环境等因素无法参加休闲活动，但希望未来能够实现的需求。所有人都有潜在的休闲需求。旧的潜在需求变成有效需求之时，还会产生新的潜在需求。其中，后两种休闲需求可以通过问卷调查的方式，了解一定时期的延期需求和潜在需求。进行上述三种休闲需求的统计，无论对政府，还是对企业，乃至对于普通的消费者，都同样具有现实意义。

四、休闲供给、休闲产业及其统计

（一）休闲供给及其统计

决定休闲供给主要有来自于四方面的因素，即休闲容量、可进入性、资源管理和活动项目。其中，前两项是比较好通过相关指标进行统计量化的，而后两者从现在来看，则相对困难。

1. 休闲容量

休闲容量是指在不严重影响人们休闲体验的前提下，休闲设施所能够提供的休闲机会的数量。休闲容量是衡量休闲资源接待能力的十分有用的工具。

2. 可进入性

可进入性是增加休闲资源利用率的重要变量。对于享用者导向型的休闲资源来讲，可进入性是休闲供给的首要考虑因素。关于可进入性问题，本书第十一章第一节有详细论述。

3. 资源管理

休闲资源管理是提高资源价值和供给质量的重要途径。资源的性质和类型对资源管理方式和内容有决定性影响。

4. 活动项目

基于实物型休闲资源所展开的活动项目能极大地提高休闲供给质量，特别是当难以从休闲资源的实物方面（设施、景观等）来提高休闲供给质量的时候更是如此。休闲活动项目可以由公共组织、协会、机构等来提供，其类型主要有身体活动项目、知识性活动项目、艺术活动项目、社交活动项目等。

（二）休闲产业及其统计问题

应当说休闲产业同样是非常宽泛的，比如旅行社业、旅游交通业、旅游饭店业、餐饮业、旅游景区（点）、度假村、俱乐部、休闲娱乐业、博彩业、体育健身业、宠物饲养服务业以及会展业等。

国外学者认为休闲产业主要是指那些为满足人们在闲暇时间里的消费而向他们提供物品、服务和设施的组织和个人的集合。还认为休闲产业是与旅游、疗养、娱乐及游园等休闲行为有关的职业和团体组织。

早在2004年学者于光远就曾提出，休闲产业是指为满足人们的休闲需要而组织起来的产业，它是休闲得以实现的条件。这一定义具有高度的概括性，但未及对休闲需要进行说明，我们仍然没有解决休闲产业的外延问题。

学者马惠娣认为，休闲产业是指与人的休闲生活、休闲行为、休闲需求（物质的与精神的）密切相关的产业领域，特别是以旅游业、娱乐业、服务业为龙头形成的经济形态和产业系统，已成为国家经济发展的重要支柱产业。休闲产业一般涉及到国家公园、博物馆、体育（运动项目、设施、设备、维修等）、影视、交通、旅行社、导游、纪念品、餐饮业、社区服务以及由此连带的产业群。她还认为，休闲产业与其他产业的边界十分模糊，相互之间都有交叉与渗透，界定不同，称谓不同。如在我国，过去将其统称为“第三产业”，经合组织将其称为“服务业”。目前，在全世界范围内都没有统一的界定，只是大致相似。她的观点目前为国内学术界所广泛接受，但其中并未涉及与第一产业和第二产业相关的休闲产业部门。

2007年，学者卿前龙提出，应从休闲产业的定义出发，结合“国民经济三次产业划分法”和2002年新颁布的“国民经济行业分类法”，对休闲产业所包括的行业范围进行界定，其中：休闲第一产业——包括了第一产业中那些提供休闲物品的行业或部门，如农业中的花卉和园艺作物种植业、林业中的观光林营造业、畜牧业中的宠物养殖业、渔业中的观赏鱼养殖业等，我们分别称之为休闲农业、休闲林业、休闲畜牧业和休闲渔业。休闲第二产业——包括了第二产业中那些提供休闲物品和休闲场馆的行业或部门，如休闲食品加工，休闲饮料制造，休闲用具和器（械）材制造，各类公园、游乐园、体育场馆、城市休闲广场等的建筑等，我们将其分为三类，即休闲食品（饮料）加工制造业、休闲用具（器械、器材）制造业和休闲建筑业。休闲第三产业（又称休闲服务业）——包括了第三产业中那些为人们的休闲消费需要提供休闲服务的行业或部门，如公园提供的游览服务、健身馆提供的健身服务、美容院提供的美容服务、桑拿馆提供的沐浴服务、博物馆提供的展览服务、电视台和KTV等场所提供的文化娱乐服务等。我们大致可以根据这类休闲服务的属性将休闲服务业划分为旅游休闲业、健体和美容休闲业、文化和娱乐休闲业、餐饮休闲业以及其他休闲服务业共5类。

休闲产业与其他产业部门不同，是一个直接为人们的消费活动提供服务和产品的产业，这是他与其他产业的一个重要区别。

休闲产业演进的两重性。首先，休闲产业部门和休闲活动设施配置要与当地经济发展和人们收入水平相吻合；其次，休闲资源的利用水平要与经济增长保持同步发展，这就是休闲产业结构的合理化和高度化。

由于休闲产业的最终消费性质，因此对于它所产生的经济总量的核算与统计，只能从消费量的角度进行统计，而难以进行生产量方面的统计。按照传统的产业划分方式和统计方法，我们很难准确划定休闲产业的界限。正如美国学者所认为的，很难对休闲产业的范围有一个全面的统计，因为几乎所有的产业，包括国防，都有一些与休闲相关的工作。据统计，美国的旅行和旅游业雇员有900万人，在全美及其各地的娱乐场所、公园和其他休闲机构大约有25万名公共服务人员。此外，还有近200万作家、艺术家、演艺界人士和职业运动员等。人们无法择清楚他们当中的休闲工作部分与非休闲工作部分。若将上述数据拿到中国来放大，其数字之大，可以想象。加拿大休闲学会在其发布的休闲白皮书中也指出，休闲活动渗透在包括军队在内的几乎所有部门之中，很难确定其产业边界。

休闲产业的综合特性。休闲产业的发展对整个国民经济增长具有很大的贡献率，使其具有增长性，并关联性强、富有多样性、资源特性和无穷大的需求特性。

休闲产业在未来相当长的经济发展时期内具有稳定性特征。从发展前景看，休闲产业将是我国具有最大市场需求的社会最终产品的生产部门，由于我国社会经济发展的不平衡性，导致休闲产品具有相当大的市场发展梯度和发展空间，从而在一个较长的时期内，随着我国经济的持续发展和人们生活水平的不断递增，社会对其有着大量的持续不断增长的需求，因而将表现出稳定的发展趋势。

休闲产业的发展必须密切关注时尚的变化。时尚反映着现代人生活情趣和生活态度的多变性，不同的时间段总会流行一些特定的时尚休闲方式。

（三）休闲产业统计的实施

休闲产业已经成为一个庞大的朝阳产业，其增长率已经超过石油、汽车等产业。因此，对休闲产业的统计工作迫在眉睫。

从上述的论述中我们可以看出，无论对休闲的概念还是对休闲产业的界定，都是尚需要进一步提炼、概括和深化，并使学界和业界都达成共识的过程。然而人们日益高涨的休闲需求不能等待这一过程；休闲产业的发展也不容耽搁这一宝贵的时间。

为了满足现实对休闲产业统计的需要，应该尽量借鉴国外的成功做法，从目前探讨较为清晰的部分做起，尽快从现在能做的方面做起，哪怕是部分地满足社会对休闲产业统计的需求。而有待商榷的部分，可以继续进行探讨，并在休闲产业统计的实践中不断进行摸索、检验、改进和更新。

澳大利亚就是将可操作的部分先展开统计工作，其实践活动成为一个很好的例证。其统计局以实用的具体活动为基础确定文化产业和休闲产业的定义。认为文化、休闲产业包括文化遗产和古迹、艺术活动、体育和娱乐活动、餐饮业、文化产品的制造和销售、文化休闲设施建设。

第二节 我国旅游统计研究

从目前我国出版的旅游统计成果来看，主要有由国家旅游局和国家统计局共同完成的《中国旅游统计年鉴》、《中国旅游统计年鉴（副本）》、《入境游客抽样调查资料》和《中国国内旅游抽样调查资料》，共四册，每年出版一套；还有前几年曾经出版过的《中国旅游涉外饭店经营统计及排序》、《海外旅游者购物抽样调查资料》以及《中国旅游企业财务分析资料》等。近年来，有中国旅游饭店业协会和浩华管理顾问公司共同完成，每年出版的《中国饭店业务统计年鉴》。此外，还有许多省、市、自治区每年都出版的当地《旅游统计年鉴》，以反映当年旅游业的发展变化情况及旅游统计成果。

一、假日旅游信息统计及预报系统和旅游统计调查制度

（一）假日旅游信息统计及预报系统

1. 假日旅游信息统计及预报系统的产生

假日旅游信息统计及预报系统是旅游市场统计调查活动的一个创新之举。由于1999年我国休假制度的重大改革，带来了自1999年起每年的“五一”、“十一”和春节三个假日旅游“黄金周”。1999年“五一”期间，旅游消费实力“井喷”式地释放，这无疑对以往的旅游市场统计调查工作是一个挑战，无论是旅游者还是旅游业的管理者、经营者都希望能更详细、及时、全方位地了解具有权威性的假日期间旅游市场动态。于是假日旅游信息统计及预报系统在这种形势下产生了，并于2000年“十一”前夕正式开始对全社会发布旅游统计预报信息。全国公众可以在“黄金周”前10天、5天、3天、2天、1天，从中央电视台等媒体了解到21个指定城市的住宿接待、旅行社接待以及由这些城市发出的信息预报；可以在“黄金周”每一天里，了解到这些城市继续提供的有关信息预报。

2. 假日旅游信息统计及预报系统的实施

国家旅游局现行的假日旅游信息统计及预报系统是按照城市、省级、国家“三级监测，城市为主，分工协作，分级负责”的原则组织实施的。数据采自北京、上

海、桂林等第一批纳入全国假日旅游预报系统的21个重点城市和黄山等10个著名旅游景区，所采集的数据包括旅游住宿设施、旅行社、商业、餐饮业、主要旅游景区、民航、铁路、水运、汽车、市内交通运输等各个相关门类。假日旅游中所涉及的各相关接待元素都包括在内，即旅游统计预报所需信息采集范围是全面的。

除了信息采集范围的全面性以外，还应重视信息采集的深度与真实性。如对景区的统计，其门票统计可以为旅游信息统计提供最为准确的数据，而旅游交通统计调查就相对复杂，民航、铁路客运、水运的旅客数据采集基本准确，而公路交通的统计数据因有大量的私家车、自驾车的旅游者，这一部分数据带有部分测算的成分。因此，假日旅游市场统计工作中，食、住、行、游、购、娱旅游六要素能够提供精确数据的部门都应参与其中。

关于预报的数据源采集。现在这一预报系统的采集范围是较为全面的，但能够提供精确数据的部门则不够全面。作为全国性的旅游统计预报，其准确度如何，一方面在于信息采集的精确度与全面性、所采用方法的科学与合理性；另一方面，数据的时间性、动态变化制约了预报的精确度，或者说影响预报精确性的变量较多。因为旅游统计预报系统是一个开放式的动态信息系统，旅游市场的参与各方都是有自主行为能力的、活生生的行为主体。假日旅游信息统计及预报系统是具有中国特色的，也是成功的，特别是在“黄金周”期间为避免全国各地旅游市场的无序状态做出了重大贡献。

3. 假日旅游信息统计及预报系统在新休假制度影响下的未来发展

随着2008年重新调整后的黄金周休假制度的实施，元旦、“五一”、中秋、清明、端午这5个一天的法定假日，都可以和一个周末倒休，从而形成5个三天的假期；同时职工带薪休假制度的落实，使绝大多数职工都将拥有每年至少5天的带薪假期，那么可以和任意一个周末组合形成了7天假期，等于又是一个黄金周。显然，假日旅游信息统计及预报系统也应与之进行相匹配的调整，以满足新的休假制度对假日旅游信息统计及预报的需求。

（二）旅游统计调查制度

1. 意义

为了有效地、科学地组织全国的旅游统计工作，了解和掌握我国旅游业的基本情况，保证旅游统计资料的准确性、及时性和全面性，为各级政府制定政策和进行宏观经济管理提供依据，根据《中华人民共和国统计法》及其实施细则和《旅游统计管理办法》的有关规定，制定了《旅游统计调查制度》。现行的制度是于1999年6月制定，2000年1月起开始实施。该调查制度是国家统计调查的一个组成部分，是我国国民经济与社会发展统计体系的一部分，也是政府综合统计对国务院有关部门和各省、自治区、直辖市旅游局的综合要求。有关部门和各省、自治区、直辖市旅游局应按照其统计范围、统计方法、统计口径认真组织实施并按时报送。

2. 基本内容

旅游统计调查制度由基层统计报表、部门统计报表、旅游抽样调查、专业统计报表、旅游统计分析和附录六部分组成。基层统计报表主要包括：旅行社外联和接待海内外旅游者情况、组团社组织出境游情况、各地区接待海外旅游者情况、旅游企业经营情况等。部门统计报表主要包括：来华旅游人员入境情况、中国（大陆）公民出境情况和旅游住宿设施情况等。旅游抽样调查主要包括：海外旅游者花费情况、国内居民旅游及花费情况、地方接待国内旅游者情况等。专业统计报表主要包括：度假区建设及经营情况、旅游行业职工文化程度等。旅游统计分析主要包括：对旅游统计分析报告的内容和报送时间的要求等。

3. 资料来源和报送方式

基层统计报表由各旅行社、有特许经营出境旅游业务的国际旅行社、国际旅游住宿设施及以接待国内外旅游者为主的旅游接待服务单位填报，各省旅游局对辖区内旅游企业的资料进行收集、审核、汇总后，利用网络传输或磁盘报送的方式将统计资料上报国家旅游局。部门统计报表中，来华旅游人员入境情况、中国公民出境情况等资料来源于公安局，其有关资料按制度要求报国家统计局并抄送国家旅游局。旅游住宿设施基本情况由统计部门提供。旅游抽样调查包括全国性的对海外旅游者花费、国内居民出游和花费情况的抽样调查，每年由国家旅游局和国家统计局统一组织。专业统计报表中，旅游度假区报表由各省级度假区管委会填报，在上报国家旅游局规划发展与财务司的同时，抄送度假区所在的省、自治区、直辖市旅游局一份。国家旅游局将汇总后的全国旅游统计资料报国家统计局。各省、自治区、直辖市旅游局，重点旅游城市旅游局在不影响上报国家要求的旅游统计数据的前提下，可根据本地旅游经济管理的需要，适当增补统计报表、统计指标等。

二、旅游卫星账户

（一）旅游卫星账户的发展

统计视角下的“旅游”是通过需求角度反映的，旅游统计数据中的旅游收入概念是由游客的总花费来体现的，而游客的花费涉及“食、住、行、游、购、娱”等各方面的内容；与此相对应的是，这些内容的供给散布在国民经济中的各个行业里，因此需要一种办法从各个行业中归集出由于旅游活动引起的相应产出，以使得旅游需求和旅游供给相互匹配。旅游卫星账户就是这样一种办法。

旅游卫星账户（Tourism Satellite Account，简称TSA）经历了20多年的发展，已经成为各国普遍认可的、科学的旅游统计系统，并以此为基础，发展出基于旅游卫星账户的经济分析。编制旅游卫星账户，要涉及到旅游、旅游行业、旅游产品、旅游供给与需求、旅游业增加值和旅游就业岗位等相关概念。

旅游卫星账户为政策制定者提供了对旅游部门的概览，以及与其他经济部门的比较。2000年，世界旅游组织（WTO）、OECD、欧共体统计局和联合国统计司合作进行编制“旅游卫星账户：推荐方法框架”［“Tourism Satellite Account：Recommended Methodological Framework（TSA：RMF）”］，统计委员会同意此框架，于2000年3月批准采纳。这使旅游业成为世界经济领域首先拥有由联合国通过国际标准的行业。此“框架”遵守国民核算原则，设置了一系列全球标准和定义来测量旅游对GDP、就业、资本投资、税收等方面的贡献以及旅游业在国家收支平衡中的重要作用。目前，加拿大、挪威、澳大利亚、西班牙、法国、新西兰、瑞士、波兰、美国等国相继进行了旅游卫星账户编制的实践。他们大部分以此“框架”为基础，并根据本国的实际情况进行了一定补充。其中加拿大和挪威还率先建立了区域旅游卫星账户。

（二）旅游卫星账户的作用

应用旅游卫星账户作为分析工具，可实现在国民经济核算体系中客观、全面、定量地描述旅游产业对社会经济的影响，反映旅游业在创汇、增加政府税收、创造就业、提供投资和商业机会、带动相关产业发展等方面的社会经济效应，测算旅游业对国民经济的贡献率，测算旅游业对税收、居民收入和国民收支平衡等方面的影响，使旅游产业对社会经济影响的测量结果具有与其他行业的可比性和国际可比性。

（三）编制旅游卫星账户的数据来源

制表需要的数据来源于国家统计局的国内、国际旅游服务方面的资料。旅游供给、旅游业增加值和旅游就业岗位是通过投入产出账户、商业调查和生产账户取得；旅游需求是通过国内旅游调查、国际旅游调查和家庭消费调查取得。

（四）投入产出法与旅游卫星账户的对比分析

投入产出法与旅游卫星账户在创建模型方面具有共同之处。它们都认为旅游需求可以促进产业供给，从而产生经济影响，都需要辨识依赖旅游消费的各产业，即旅游卫星账户中的旅游特征产业。两种方法均将旅游消费支出作为一个最终需求现象和最终消费，它需要相应的产业供给来满足和实现旅游需求，即两者都从需求和供给两方面的结合来研究旅游业对国民经济的贡献。

根据研究的需要，两者从不同的层次和方法对旅游消费，包括对吃、住、行、游、购、娱的消费支出进行分解，对国内旅游消费支出、入境旅游消费支出等指标的分解，对度假、休闲、商务等不同旅游目的之消费支出的分解，它们都试图探究不同类型的旅游者消费与国民经济各部门发生联系的过程。投入产出法也需要辨别旅游消费活动对不同产业的影响，与旅游卫星账户需要界定旅游特征产品和旅游特征活动基本相同。

从指标计算角度来看，这两种方法都可以计算出旅游业增加值、旅游活动对国民经济和总就业的贡献等。不过，投入产出法也有其局限性。首先，这一方法本身存在着像投入产出法对产业的投入产出呈线性关系、产业无供给的限制等假设条件。而在实践中，饭店、旅行社等往往规模相差很大，市场集中度低，使用单一的线性生产函数进行描述是不适当的。旅游需求扩大时，企业也可以通过延长工作时间来解决用工问题，而非增加旅游就业人数。投入产出法利用旅游消费数据、投入产出或相关乘数系数就可以完成相应的分析，对一手数据的要求较低。此外，投入产出法由于其灵活的形式，也可以用于对旅游节庆活动、大型旅游事件等所带来的经济影响分析和评估。

旅游卫星账户有其自己的框架和编制方法，如概念、表式、独特的旅游产品和产业分类方法、国民经济核算数据来源等，而且旅游卫星账户的编制要严格遵循国民经济核算原则和相应方法论，它将旅游业纳入了编制国的国民经济核算体系，旅游卫星账户的编制结果更易于得到政府部门的承认。而且从编制过程来看，旅游卫星账户更需要广泛的基础研究和大量的一手调查数据资料。

（五）加拿大旅游卫星账户的应用、测算及特点

1. 加拿大投入产出表的应用——旅游卫星账户

加拿大安大略省从 1978 年开始通过投入产出表评估旅游业，从 1996 年开始每年编制省级投入产出表。依据投入产出表中的工资资料可以了解旅游就业情况；依据税收资料可以判断旅游业对经济的作用；依据对旅游商品、服务的消费可以推算旅游业对能源、环境的影响。此外，凭借投入产出表还能掌握旅游业对本地及其他区域经济、对当地投资以及企业经营的影响。运用投入产出模型能够模拟实施有关的经济政策可能带来的后果和影响，为制定可行性政策提供信息。

2. 加拿大旅游卫星账户的测算方法

（1）旅游供给。进行旅游供给的测算，主要是运用投入产出账户。

①识别能够提供旅游产品的行业，根据旅游所包含的六大要素（食、住、行、

游、购、娱），将国民经济行业中与旅游相关的行业挑选出来。

②计算比重，在旅游业所涉及的各行业中，计算出用于提供给旅游者的供给占总供给的比重。

③将与旅游相关的各行业的旅游供给相加，即可得到旅游总供给。

（2）旅游需求。进行旅游需求的测算，主要运用国内旅游调查和国际旅游调查的数据。

① 通过以上两个旅游调查，将旅游产品按照投入产出表中列出的产品进行分类，然后将需求数据填入投入产出表中，以便协调旅游供给和旅游需求之间的关系。例如：从调查资料中取得的交通运输业和住宿业产品的信息非常充足，可以直接分离到投入产出框架中。

② 计算出旅游需求后，可以用供给份额把需求分配到相应的子行业中。

（3）旅游业增加值。旅游业增加值是通过投入产出表中的投入表计算出来的。如果没有用于分配的有关供给份额的信息，也可以通过子行业的信息来计算旅游业增加值。

（4）旅游就业岗位。旅游就业岗位也是通过分行业的数据计算出来的。将与旅游相关的行业挑选出来，计算出在相关行业中旅游就业岗位的比重，得出整个旅游行业的就业岗位数据。例如：某一相关行业的供需比是50%，说明在该行业中有50%的岗位是分配给旅游业的（注：有关就业人数的数据来源于加拿大旅游局做的劳动力资源调查）。

3. 加拿大旅游卫星账户的应用特点

（1）以投入产出表为基础，充分发挥投入产出表在国民经济核算中的重要作用。加拿大国内生产总值核算的一个突出特点是以年度投入产出表为基准。投入产出表按商品流量法每年编制一次，按250个产业部门和600个商品分类，分别编制现价和不变价。使国内生产总值核算形成了一个统一的系统，同一个核算期按不同方法计算的指标，结果一致。同一个指标的不同核算期具有合理的逻辑关系。各个不同的核算部分之间协调一致。

（2）先进统计运算手段的运用，提高了工作效率。加拿大政府统计部门和经济管理部门通过计算机构造动态投入产出模型。表现在一方面各个专业统计调查的数据全部储存在局内的计算中心，编制投入产出表只需调用即可，非常方便；另一方面是各行业、各地区投入产出模型的计算过程全都是根据计算机程序或统计软件包来完成。

（3）注重为社会服务，并做到有偿与公益的区别对待。加拿大统计部门的很多工作都是与其他部门共同合作进行。如编制投入产出表大量使用税务、海关等部门资料，企业报税资料很齐全，并且可以用税务资料检验有关数据质量。这在一定程度上避免了重复统计，减轻了基层单位工作负担。当开展入户调查时，会由当地警察局提前告知公众，以保证调查的顺利进行。

(4) 注重应用。加拿大投入产出技术在旅游业的应用即旅游卫星账户编制和使用，从一个侧面反映了加拿大投入产出技术应用的深度和广度。

三、旅游卫星账户在我国的实施

旅游卫星账户经过20多年的发展，已经具备了比较成熟的理论框架体系，特别是经2001年3月被联合国统计委员会批准成为一种新的国际统计标准，标志着旅游卫星账户在推广应用方面达到了一个新的高度。需要指出的是在联合国统计署发布的国民经济核算体系SNA93（中国目前的国民经济核算也采用这个体系）中，特别提到对于一些特殊的经济社会现象，比如文化、教育、旅游、环保等，由于没有在国民账户中得到充分描述和测量，可以用功能分析为主的卫星账户进行反映。这表明用旅游卫星账户来反映旅游业经济方面的状况是符合国民经济核算要求的。旅游卫星账户的特点是从国民经济核算体系中分离出由于旅游活动引起的产出，以反映旅游业对国民经济整体以及国民经济各个部门的影响，并不存在与其他部门争贡献的问题。总体看来，建立中国的旅游卫星账户不仅符合国际旅游统计的惯例，也能够科学地反映出旅游在我国国民经济中的地位。

2001年，江苏省首次对区域旅游卫星账户进行了实践。2002年9月，工作组完成了《江苏旅游卫星账户体系构建》，系统提出了江苏区域旅游卫星账户的构想。

广西壮族自治区于2003年创建了本区旅游卫星账户。主要内容包括10个账户和5个测算。10个账户为：按产品和形式分类的境内旅游消费表、按产品和形式分类的国内旅游消费表、按产品和旅游者类型分类的出境旅游消费表、按产品和旅游形式分类的境内旅游消费表、旅游产业和旅游相关产业的生产账户、按产品分类的境内旅游消费和境内生产账户、旅游产业的就业表、旅游产业和旅游相关产业的固定资产账户、按政府部门的功能和层次划分的旅游分类消费表和非金融类旅游统计表。5个测算为：旅游业增加值的测算、旅游业对国民经济贡献率的测算、旅游业对税收影响的测算、旅游业对就业影响的测算和旅游业对居民收入影响的测算。

2003~2005年，天津市、浙江省等也陆续进行了各自的旅游卫星账户建设工作，他们分别在区域旅游卫星账户的编制方面做了新的尝试，进一步丰富和发展了区域旅游卫星账户在中国的实践。个别城市，如苏州、大连、成都、秦皇岛等都在尝试进行城市旅游卫星账户的编制。

2007年，我国全面展开了为旅游卫星账户建设而进行的基础工作。根据国家统计局《关于开展国家级旅游卫星账户专项调查的通知》的要求，为满足编制国家级旅游卫星账户的需要，各省、市、自治区都进行了大规模的相关项目调查。此项调查由14个子项调查构成，包括：住宿产品游客消费调查、餐饮产品游客消费调查、客运铁路服务游客消费调查、客运公路服务游客消费调查、客运水路服务游客消费调查、客运航空服务游客消费调查、出租车服务游客消费调查、公交服务游客消费调查、汽车租赁服务游客消费调查、文化艺术服务游客消费调查、体育娱乐服务游客消费调查、自然保护区和旅游景点游客消费调查、旅游购物调查、自驾车旅游花费调查。

本书第十章有关旅游服务贸易，以及第七章有关自驾车旅游的内容中也有部分涉及对旅游卫星账户的论述。

纵观我国旅游卫星账户的发展历程，经历了从“外”到“内”、从“下”到“上”、再从“上”到“下”的过程。即旅游卫星账户体系是由国外发明、发展并传入中国的；在国内，中国从基层做起，先后有一些省、直辖市、自治区开始实践，并不断完善其区域或城市的旅游卫星账户体系；近一两年来，我国旅游卫星账户的构建工作，从以往的研究过程开始步入到具体的实施建设工作阶段。中国旅游卫星账户的建设成功并付诸实施，应该是指日可待的事了。

第三节　以统计的视角研究休闲

一、休闲与旅游研究面临的挑战

如果仅仅从宽泛的视角和今天我们迫切要解决的问题出发，人们或许会对从事有意义的、原创性的休闲与旅游研究的前景感到振奋。然而，真正很好地去理解休闲与旅游以及在统计方面使其变得更具可操作性，在这些问题上我们遇到了多重挑战。

（一）缺乏可信的测量方法用以描述休闲与旅游的规模和影响

在决策者看来，休闲与旅游研究常常是缺乏可信度的，因为太多的定义带有研究者的主观随意性。比如许多概念的界定不清问题，这在统计学上是个大问题——因为界定不清而无法统计。此外，可能的重复计算也会导致某些休闲与旅游数据缺乏可信度。例如：一个带有餐厅和酒吧的旅馆，可能在一份报告中将其餐厅和酒吧的销售收入计算在总的营业额之内了，而在另一份报告中却将这些指标单独计算出来了。如果一个研究者不了解这些二手资料的目的、范围和惯例等统计操作情况，就可能会将餐饮收入计算两次。

与重复计算相比，另一个更为困难的问题是数据缺失。这个问题的根源在于国家的产业分类问题。任何一个基层单位都只能被归类到唯一的类目下，而究竟归入何类目，则依企业的主要收入来源而定。所以，如果一个基层单位经营的旅游相关业务具备一定规模，但其大部分收入却来自其他项目，就可能导致数据丢失。

哪怕只是计算一个目的地的旅游者人数，也不像人们想象的那么简单。不同国家或地区的政府对“旅游者”的界定不尽相同，有些具有较为苛刻的限制，有些则宽泛一些。将来源不同的报告数字简单相加得到的总数，会产生令人误解的结果。比如墨西哥曾一度将获得旅游者卡的人定义为国际旅游者。这一定义将许多商务和会展旅行者及过境的过夜游客排除在外。世界旅游组织将“国际旅游者”定义为“越过边境并逗留至少一晚但不超过一年的任何个人”。只是由于定义的改变，墨西哥估算入境旅游者的人数就增加了50%以上。

此外，在进行国际间对比时，还存在不同国家或地区间的统计、财政年度也有所不同的问题。比如，我国是以日历年为统计和财政年度的。因此，我国公布的各类统计指标数据是指当年1月1日至该年12月31日期间的；而澳大利亚等世界上的许多国家，他们的统计和财政年度是以6月30日为年终的，一些年度指标数据也不能直接就拿来进行对比，是需要进行调整转化之后才具有时间上的可比性的。

在以往的休闲与旅游研究中，有时也有人使用乘数因子作为旅游经济影响估算的一部分。不过，即使有较好的条件基础，乘数因子也很难精确地计算。这一工作需要大量的详细数据，所用方法有相当难度，需要高水平的统计和宏观经济知识。

（二）休闲与旅游业的高度多样性

从人们开始筹划休闲度假活动直到回到家中与人共享旅途照片和轶事，在此期间人们所做的与休闲度假相关的购物、游览、参观博物馆以及观看体育比赛等活动，涉及商店、景区（点）、文化体育娱乐企业、交通、住宿以及餐馆等行业。

除了这些休闲与旅游商品和服务的直接提供者以外，还可以找到为休闲与旅游业提供支持的其他类型的组织和企业。我们可以根据其业务性质，将其分为直接提供者、支持性服务和休闲与旅游开发机构三类。其中，直接提供者是指最明显的休闲与旅游企业，比如酒店、航空公司、汽车租赁公司、健身俱乐部等；支持性服务机构虽然不那么明显，但仍很重要，主要包括：旅行社、汽车俱乐部、休闲与旅游类出版社、合同洗衣服务、合同用餐服务及其他；休闲与旅游开发机构包括：旅游局、休闲协会、市政规划部门以及休闲与旅游研究院系和研究所等。

除此以外，还有一些机构也为休闲产业和旅游产业做出了贡献。比如会计、法律和保险公司之类的商业服务机构。制造业通常不包括在任何旅游定义之内，但也起到了重要的作用。他们为直接提供者和旅游者提供了如自驾车旅游用的越野汽车、照相机、旅行箱以及防晒霜等物品。由此看出，休闲、旅游相关的企业和组织的多样化，以及精确界定休闲产业与旅游产业经济影响范围的困难程度。

（三）空间与区域的复杂性

休闲与旅游都可能意味着发生跨区域的空间变化。人们在空间上的这种移动，表明了休闲与旅游，特别是旅游在本质上是一种空间现象。除此以外，各地休闲与旅游的方式和功能千差万别。

休闲与旅游因不同的地理尺度而意义不同。规划、开发和评估一个社区的休闲问题，当然不同于一个城市的、省的，而国家一级的则又另当别论。根据所研究问题和地域的尺度不同，分析和规划的问题、数据精度、定义，甚至研究与规划的目的都可能大相径庭。

（四）产业分散度高

休闲与旅游企业的多样性及其广泛的地理分布特点，和旅游企业不同的经营规模，妨碍了协调一致的规划、营销和研究。大部分休闲产业、旅游产业部门都很少在市场营销或产品开发上进行合作。在数据收集和数据共享方面的合作更是少之又少。这种现象并不是由于缺乏合作经营的动力，恰恰相反，不同公司和组织的通力合作能够带来重大收益。缺乏组织的主要原因之一是在许多国家，绝大多数休闲与旅游企业都是小企业。小企业的经营者们缺乏与其他经营者结成战略联盟的经验。他们通常意识不到精心选择和管理良好的合作关系将会带来超过任何风险的收益。

显然，这些挑战之间是相互关联的。无论是休闲产业还是旅游产业，其规模缺乏可信的测度数据，部分原因在于产业的多样性；休闲与旅游的多样性和空间复杂性又导致产业缺乏规范的组织形式；产业的高分散度使得人们更加难以获取可信数据。休闲活动、设施或旅游目的地的吸引力大多出于区域性特色和多样性，这一事实无法改变，因此，需要克服困难的是在统计学一方。

二、国家休闲调查

为了应对上述之多重挑战，不断有一些国家进行了各种尝试。其中，全国休闲调查是许多发达国家采用过的方法。

（一）国家休闲调查的兴起

在大多数发达国家，由政府机构经常进行休闲调查。自 20 世纪 60 年代初期，美国开始进行这样的调查，尤其是针对户外消遣休憩。其他一些国家，自 20 世纪 70～80 年代起开始调查收集休闲资料。

从 1973 年起，英国政府统计局部门，每 3～5 年通过进行大众家庭调查

(GHS)，提供一份休闲统计信息（表1-1）。后来，休闲调查范围逐渐缩小到只包括运动和休憩，因为艺术活动由艺术委员会专门进行调查并搜集。

表1-1　1996/2002年英国休闲调查

单位：%

	16岁及以上		
	A. 4周前	B. 1年前	B/A
家庭休闲，1996*			
看电视	99	na	na
走亲访友	96	na	na
听收音机	88	na	na
听磁带	78	na	na
读　书	65	na	na
园　艺	48	na	na
DIY	42	na	na
裁缝/针线活	22	na	na
体育运动，1996*			
步行(至少2英里)	44.5	68.2	1.5
游　泳	14.8	39.6	2.7
室内游泳	12.8	35.1	2.7
户外游泳	2.9	14.9	5.1
瑜　伽	12.3	20.7	1.7
斯诺克/台球	11.3	19.2	1.7
骑　车	11	21.4	1.9
负重训练	5.6	9.8	1.8
足　球	4.8	8.5	1.8
室内足球	3.8	6.9	1.8
室外足球	2.1	4.8	2.3
高尔夫球	4.7	11	2.3
慢　跑	4.5	8	1.8
飞　镖	—	8.6	na
保龄球	3.4	15.5	4.6
羽毛球	2.4	7	2.9
网　球	2	7.1	3.6
滚木球戏	1.9	4.6	2.4
室内毯子滚木球	1.1	3	2.7
草坪滚木球	0.9	2.8	3.1
垂　钓	1.7	5.3	3.1

续表

	16 岁及以上		
	A. 4 周前	**B. 1 年前**	**B/A**
乒乓球	1.5	5.3	3.5
壁　球	1.3	4.1	3.2
举　重	1.3	2.6	2
骑　马	1	3	3
板　球	0.9	3.3	3.7
射　击	0.8	2.8	3.5
防身术	0.7	1.7	2.4
爬　山	0.7	2.5	3.6
篮　球	0.7	2	2.9
橄榄球	0.6	1.3	2.2
滑　冰	0.6	3.2	5.3
无挡板篮球	0.5	1.4	2.8
帆船运动	0.4	2.3	5.8
赛车运动	0.4	1.6	4
独木舟	0.4	1.6	4
曲棍球	0.3	1.1	3.7
滑　雪	0.3	2.6	8.7
竞技/跑道或田径	0.2	1.2	6
体　操	0.2	0.7	3.5
帆板运动	0.2	1.1	5.5
至少 1 项活动(不包括步行)	45.6	65.9	1.4
至少 1 项活动	63.6	81.4	1.3
英格兰节事活动,2001 **			
在电影院、其他地方看电影	19	55	2.9
戏　剧	5	27	5.4
狂欢节、街道艺术表演、广场表演	4	23	5.8
艺术、摄影或雕塑展	6	19	3.2
手工艺展览	4	17	4.3
童话剧	—	13	na
文化节事	2	10	5
和图书、写作有关的活动	2	8	4
视频或电子艺术活动	2	7	3.5
音乐喜剧	4	24	6
流行和摇滚音乐会	4	18	4.5

续表

	16 岁及以上		
	A. 4 周前	B. 1 年前	B/A
古典音乐会	3	10	3.3
歌　剧	1	6	6
爵士音乐会	2	5	2.5
乡村和西方音乐会	—	3	na
其他音乐	—	9	na
各种类型的现场舞蹈表演	—	12	na
现代舞	—	3	na
芭　蕾	—	2	na
英格兰艺术活动,2001 **			
阅　读	na	73	na
买小说、戏剧或诗歌	na	49	na
自己创作故事或剧本	na	3	na
写　诗	na	3	na
俱乐部	na	25	na
跳舞(不包括健康课)	na	8	na
芭　蕾	na	1	na
演奏乐器	na	9	na
演唱歌曲(或排练)	na	4	na
向观众演奏乐器(或排练)	na	3	na
作　曲	na	2	na
在歌剧中表演	na	0	na
在戏剧中表演	na	2	na
绘画、素描、版画或雕刻	na	14	na
为艺术而摄影	na	6	na
购买艺术原创作品	na	6	na
为艺术而制作电影或视频	na	2	na
刺绣、缝纫等纺织工艺品	na	14	na
购买原创手工工艺品	na	12	na
木制工艺品	na	6	na
其他工艺品(比如:书法、陶器、珠宝)	na	4	na
创作美术作品或用电脑进行动画创作	na	4	na
协助运作一个艺术文化活动或艺术组织	na	4	na

资料来源：* 大众家庭调查——英国国家统计局办公室（1997）（样本容量：15700）；** 英格兰艺术调查——Skelton et al.（2002）（样本容量：6042）na = 缺失值 = 数目小于 0.05%。

在加拿大，联邦政府于1985～1986年首次开始一系列国家休闲调查。这种调查于20世纪90年代被澳大利亚联邦统计局组织的人口统计调查所取代，只包括运动和休闲运动。2001年被澳大利亚运动委员会和休闲与运动常委会进行的年度休闲运动调查所代替。近年来，澳大利亚统计局使用大众统计调查搜集休闲体育运动和一些文娱活动的资料（表1－2）。

表1－2　澳大利亚休闲活动（2002）

单位：%

	18岁及以上		18岁及以上
体育运动项目			
有氧运动	10.9	灌木林散步	3.2
健美操	0.3	独木舟	0.5
竞技/跑道或田径	0.2	木　球	0.5
澳式足球	2.1	室内板球	0.9
羽毛球	0.6	户外板球	2.5
棒　球	0.3	越野跑步	0.5
篮　球	2.4	骑　车	5.7
斯诺克/台球	0.4	潜　水	0.4
拳　击	0.3	射击运动	0.6
室内英式足球	2.6	无挡板篮球	3.1
户外英式足球	0.9	攀　岩	0.5
垒　球	0.3	轮滑运动	0.6
壁　球	1.7	英式橄榄球	0.6
冲　浪	2	英式橄榄球联盟	0.7
游　泳	10.9	跑　步	4.6
乒乓球	0.6	航　海	0.7
网　球	6.8	举　重	0.9
保龄球	0.9	瑜　伽	2.1
接触式橄榄球	1.7	观看比赛	48.2
三项全能	0.3		
排　球	1.1	**文化活动**	
散步锻炼	25.3	艺术馆	24.9
滑水/动力船	0.9	博物馆	25
跳　舞	1.8	动物园或水族馆	40
飞　镖	0.3	植物园	41.6
垂　钓	3.5	图书馆	42.1

续表

	18岁及以上		18岁及以上
高尔夫	7.5	古典音乐会	9
户外曲棍球	0.5	流行音乐会	26.4
马　术	—	剧院演出	18
马　球	0.9	舞　会	10.9
雪地运动	0.9	音乐剧或话剧	18.7
草地滚球	1.9	其他艺术表演	20.4
武　术	1.5	看电影	69.9
赛　车	0.9	至少一项文化活动	88.2

资料来源：澳大利亚统计局（ABS）大众社会调查（2002a，2002b，2002c）（样本数：15500）.

在过去的二十几年中，不少国家进行了这样的调查，每个国家都采用了不同的设计原则，因此调查结果可比性比较差。如表1－1和表1－2中不同的设计，这就意味着英国和澳大利亚的休闲调查数据不能相互比较。从目前来看，为进行国际间的比较而尝试协调不同国家间搜集资料方法所做的努力还很不够。

（二）国家休闲调查中存在的问题

国家休闲调查成为调查者在全国范围内搜集资料的来源。在使用这些重要的资料时出现了许多问题，包括有效性和可信度、调查涉及时段、年龄、个人活动和样本容量限制等方面。

1. 有效性和可信度

国家休闲调查受总体调查的制约，因为这些调查依赖于被调查者的回答，所以对所引用资料的准确性和真实性难以判断。尽管这样，但由于这些调查是由政府做出的，而政府统计机构在工作质量和专业性方面拥有绝对的权威性；且这些调查又都是以大量的样本数为基础的；此外，可以确定在相当长的时间内，这些调查结果几乎不会发生太大的变化。所以，国家休闲调查作为资料来源，其价值毋庸置疑，值得信赖。

2. 调查涉及时段

在英国GHS调查中经常问被调查者这样一个问题：在前四周内，您在业余时间参加了哪些休闲活动？四周为一个参与“涉及时段”。像表1－1所示，如同2001年英格兰文艺活动调查的那样，在1996年的调查中，大多数活动也包含一个去年的有关活动参与的问题。据该表可知，大多数活动的比值在1.5～3.0之间。

也就是说，被调查者每年参与活动次数是其 4 周参与活动次数的 1.5 ~ 3.1 倍。大多数人都在假日参与体育活动，比如：滑雪、冲浪、航行和户外游泳。这个比值相对高一些。节事活动的比值也会高一些。因此，时段的选择影响调查结果，不同活动也影响调查结果。

澳大利亚早期的调查中使用为期两周的调查涉及时段。如表 1 – 2 中所示，最近几年开始使用为期一年的调查涉及时段，这也逐渐成为了国际惯例。这样做的好处是：这项实践将被调查者一年四季参与的活动都囊括了，也包括了一大部分不常涉及到的被调查者。然而，由于时间过长，被调查者在回忆其参与的活动时发生错误的概率也增大了。使用四周为调查涉及时段的优点是较为准确，但这种调查会受季节性因素的影响。

3. 年龄

国家休闲调查在年龄方面有严格的限制。有些调查要求被调查者 12 岁，有些则要求 18 岁及以上，有些调查甚至还有年龄上限。英国被调查者都要求在 16 岁及以上，澳大利亚的被调查者都是 18 岁及以上。

由于儿童提供信息的可靠性较差；从道德方面考虑，成年人可以自由选择回答或不回答调查者的问题，但是儿童还没有能力为自己是否愿意回答这类问题做出选择；受其父母影响，儿童独立参与休闲活动的界限不容易确定。由于上述三点原因，目前的一些国家休闲调查都不对儿童进行。一些调查统计有关儿童活动的资料由其父母或监护人回答，比如：2000 年澳大利亚统计局关于儿童参与文化休闲活动的调查就由其父母或监护人代答。

低龄限制对调查结果产生影响。有些活动，比如：游泳或骑车，主要参与者是年轻人。其他一些活动，比如：园艺或去剧院，年龄限制并不重要，因为年轻人不在经常参与者之列。当使用休闲活动调查数据时，尤其是从不同的调查结果中进行比较，就要更加注意年龄这个变量了。

4. 个人活动和样本容量限制

表 1 – 1 和表 1 – 2 的休闲调查包括了家庭、室内、室外、运动和文化活动方面的内容。从表中可以看到，很多活动的参与者所占比重不大，通常只有 1%，甚至不到 1%。尽管如此，英国总人口中，成人部分的 1% 也几乎有 100 万人。所以即便是很小的百分数也会代表很多人，而若是在中国就更是这样了。尽管调查的样本容量很大，这种小比例使得调查参与者的比例更小，通常只有 20 或 30 个参与者，所以在个人活动调查中，对参与者进行详细分析就受到限制。样本容量的更进一步限制是为国家某些地区提供独立的调查结果。

三、我国休闲统计调查的未来

（一）我国的休闲调查实践

1. 中国公众休闲状况调查

这项调查是由著名休闲学专家马惠娣所主持的，该项目的成果是在2004年由中国经济出版社出版了《中国公众休闲状况调查》一书。其项目问卷涉及城市居民闲暇时间分配调查和城市居民闲暇生活状况调查。调查对象包括哈尔滨市、上海市、天津市、北京市和乐山市居民中的“在业者群体”、“非在业者群体”、“青少年群体”和“老年群体”。

2. 中国中产阶层调查

这项调查是由著名学者周晓虹所主持的，该项目的成果是在2005年由社会科学文献出版社出版了《中国中产阶层调查》一书。其项目问卷涉及北京市、上海市、广州市、南京市和武汉市，进行了3000户问卷调查和300人的深度访谈。其中的一部分阐述了中国中产阶层，即通常所说的高端消费者的休闲状况与休闲消费需求。

（二）我国休闲统计调查的未来

1. 全国休闲调查

按照国际上一些发达国家的做法，我国也应当及时进行全国休闲调查。在这一调查的设计阶段，就要注意国际间的可比性问题。根据中国的具体休闲发展状况，吸取其他国家有益的经验。

目前，由于我国在与休闲产业相关的各政府主管部门或行业协会中都已经有类似的常规调查，但其指标项目设置有待商榷、规范和统一。建议由国家统计局统一规范指标。在分类项目设置方面，比如体育活动项目，就可以参考英国的国家休闲项目设置，剔除中国人不玩的项目，比如橄榄球等，加入中国人喜闻乐见的项目，比如放风筝等。此外，由于中国人近年来以宠物饲养为休闲方式的普及，故应在家庭休闲活动中加入宠物饲养休闲一项。再有，中国是美食之邦，“民以食为天”古来有之，北京人见面常用的问候语是“您吃了吗?”这些都足见餐饮消费在中国人生活中的重要地位。今天人们的餐饮消费在很多时候和很大程度上是一种休闲消费和休闲活动。所以，在全国休闲调查中也一定要将餐饮休闲的内容纳入其中。

关于样本数，建议参考或利用“中国国内旅游抽样调查”这一相对比较成熟的做法或其框架。这一调查是分别在城市和农村每年各抽取1万户样本。按人数计算，这一抽样总体应至少包括4万个成年人。

关于调查涉及时段，还是应以一年为期限。

关于调查对象，由于中国人口中青少年的人口构成呈下降趋势，而老年人的人口构成呈上升趋势；且在中国青少年中，多有以学业为重和家长比较顾及孩子的安全问题，所以其休闲消费项目相对单一，休闲时间相对有限。故建议以成年人——18岁及以上为主，不设年龄上限。

2. 中国休闲统计年鉴

在全国休闲调查的基础之上，指标规范了，项目设置标准了，方法统一了，就可以使平日散存于不同组织和机构间的休闲统计数据归集起来，从而呈现出中国人休闲生活状况和中国休闲产业发展的全貌。那么，出版《中国休闲统计年鉴》也就水到渠成了。

3. 休闲普查

今天，我们国家许多经济及休假制度等相关政策的实施，都在提示着人们——消费拉动经济增长时代的到来。随着中国人休闲生活的日益繁荣以及休闲消费水平的不断提高，休闲产业在国民经济中将占据越来越重要的地位。在这种形势之下，适时进行全国范围内的休闲普查工作就变得十分重要和必要了。应该说，上述全国休闲调查，是在以往相关统计调查的基础之上“重组”进行的，它是休闲普查的基础。那么，如果我们能够在这一基础之上继续做些努力，就可以更上一个台阶，进行一次全国范围的休闲普查，以期充分、详细地掌握全国休闲经济产业的发展状况。目前阶段，可以在部分省市进行试点工作，以积累经验、检验指标及其报表。休闲普查工作的开展，将有助于对以往休闲相关统计调查基础工作的经验总结、提升与推广，也有助于休闲统计研究的发展。

结　语

无论是休闲经济产业实践发展的需求，还是休闲经济理论研究的需要，作为“工具”和基础性工作，休闲统计工作都迫切地需要或提升、或综合到国家层面上。本章在此问题的重要性和必要性方面进行了阐述与呼吁。在此基础上，提出了国家休闲统计建设思路，即：第一步，针对目前休闲相关统计分散在不同部门的现状，同时借鉴一些发达国家常采用的“国家休闲调查”方式，统一、规范调查指标及其解释，进行规范的、持续性的全国休闲调查，现阶段已经具有可行性。考虑到我国家庭对其子女的高度重视，而在很多情况下，休闲活动是围绕着孩子来展开的，因此，在实施全国休闲调查时，应采用全部的年龄段进行统计，而不要像国外那样，只是对16或18岁以上人群进行统计。同时，全年龄段的调查数据，也便于日后与国外的对比研究。第二步，在全国休闲调查的基础上，出版《中国休闲统计年鉴》，这是具有可操作性的。该年鉴将起到满足社会需求、宣传休闲统计的作用。第三步，在休闲统计工作发展的适当时机，进行全国范围的休闲普查。

第一篇

大众休闲消费统计研究

当人们还没有把“休”和“闲”两个字联系在一起的时候；当还没有“黄金周”、网络、主题公园、高尔夫球、酒吧、电视，甚至电影……其实，休闲活动就已经存在了。只不过人们没有像今天一样，这么有意识地去休闲；只不过休闲活动没有承载那么多或经济、或社会、或民生的责任；只不过是皇上在宫中、在围场享乐，而百姓在树荫儿下喝茶、聊天、对弈……

应当说大众的休闲活动是最丰富的、也最具活力，从餐饮、体育健身、宠物饲养，到文化娱乐、购物，以及自2000年兴起的、每年数度的“黄金周”大众集中休闲热潮，不仅体现了中国大众对参与休闲活动的热情，而且还呈现了这一消费市场的无穷魅力，更昭示了中国大众休闲消费的巨大潜力。

第二章

餐饮休闲行业统计研究

中国自古以来就是美食大国。餐饮消费一直是大众休闲消费的重要途径。餐饮行业属于休闲服务业的范畴，其所提供的产品，大部分是无形而随即消逝的，与其他产业存在着明显的差异之处；这一行业具有涉及领域广，消费群体大，分布不受区域影响等特点；其经营形式，也从单一的分散性经营发展到分散经营、连锁经营、特许经营等多元化的态势。近年来，人民生活水平的提高和居民可支配收入的增长，给餐饮行业的迅猛发展提供了契机。

第一节　餐饮行业指标体系

近20年来，我国餐饮行业迎来了不断扩大的、大众化的休闲消费市场，餐饮网点急剧增加，2001年就增至350万个，人均约370个。1999~2004年五年间，我国餐饮行业营业额年均增长幅度高达15.1%，大大高于同期社会消费品零售额增长幅度。2006年，全国餐饮业总收入10345.5亿元，人均消费近800元。上述指标的取得，均是统计的结果。

一、餐饮管理指标

（一）餐馆的接待能力统计

餐馆的数量：指具备接待消费者就餐能力的、经有关管理部门批准的旅游定点餐馆的数量。

餐馆的营业面积：指某一旅游定点餐馆可供消费者就餐的面积。该指标可以反映餐馆的最大就餐容量，即最多可以同时接待多少消费者就餐，当然就餐容量还会受到厨师及服务人员数量的制约。

餐位数：指报告期某一旅游定点餐馆内所设置的就餐座位数。该指标数值与同一时间的最多就餐人数是相一致的。

餐厅定员：指餐厅的消费者核定合理容量，是反映餐厅接待能力的重要指标。

$$餐厅定员 = 座位数 \times 餐次 \times 计划期天数 \quad （公式2-1）$$

餐饮收入：是全面反映餐馆经营水平的重要指标。

$$餐饮收入 = 接待人次 \times 食物人均消费 + 饮料收入 + 服务费 \quad （公式2-2）$$

餐位日均销售额：通过这一指标的统计，可以核定总体平均每一餐位的销售效率。还可以通过对每一位服务人员所负责的餐位进行这一指标的测定，以体现该服务员的创收效率。

$$餐位日均销售额 = \frac{报告期销售收入}{餐位数 \times 报告期营业天数} \quad （公式2-3）$$

餐费收入：指餐饮业法人企业、产业活动单位因向顾客提供就餐服务而取得的收入。包括经烹饪、调制加工后出售的各种食品的收入，如主食、炒菜、凉拌菜等。

集团消费收入：指餐饮企业直接对社会集团出售的各种酒水、饭菜及商品的收入。

持卡消费收入：指消费者（含集团）使用银行卡（包括外卡）支付消费的全部收入。

（二）餐馆的利用程度统计

餐位利用程度：指报告期内某一旅游定点餐馆每一餐位接待的就餐人数。

$$餐位利用程度 = \frac{\sum 报告期就餐人数}{报告期餐位数} \times 100\% \quad （公式2-4）$$

一般地说，餐位的利用程度越高，相对应的餐馆收入就会越多。然而，对于一些中、高档餐馆来讲，则不适宜一味地追求过高的餐位利用程度，以免影响餐馆的就餐环境与气氛，因此出现了餐馆理想就餐人数指标。

餐馆理想就餐人数：指各餐馆根据自身软硬件条件、档次、风格、品味、利润追求等方面的因素，进行综合测算的合理的就餐人数。

$$餐馆理想就餐人数 = 餐位数 \times 理想餐位利用程度 \times 每天营业时间 \quad （公式2-5）$$

餐厅利用率：根据各自餐厅的定位不同，其餐厅利用率的差别可能会较大。若进行比较分析，最好是在其层级内部进行对比才更为合理。可以每个餐位接待客人量的指标来反映。

$$餐位接待客人量 = \frac{\sum 报告期该餐厅接待用餐人数}{报告期该餐厅餐位数} \quad（公式2-6）$$

二、餐饮休闲消费指标

（一）餐饮休闲消费者花费统计

餐饮人均消费额：是反映消费者餐饮消费总体平均水平的指标。

$$餐饮人均消费额 = \frac{餐饮销售收入}{接待人次} \quad（公式2-7）$$

饮料消费比率：是反映餐饮休闲企业在经营中，其饮料销售地位的情况。通常酒吧类、卡拉 OK 类餐饮、娱乐休闲企业，这一指标更大些。

$$饮料消费比率 = \frac{饮料销售额}{食品销售额} \times 100\% \quad（公式2-8）$$

饮料花费：是反映消费者实际在饮料方面的消费水平。

$$饮料花费 = 食物收入 \times 饮料消费比率 + 服务费 \quad（公式2-9）$$

（二）餐饮休闲消费者态度指标

对某种食品（菜品或饮品）的喜爱程度：这一指标既反映了消费者对某一食品（菜品或饮品）的食用偏好，有利于经营者把握经营方向；同时又能够在一定程度上说明某一食品（菜品或饮品）的销售状况。

$$\begin{matrix}对某种食品（菜品或饮品）\\ 的喜好程度\end{matrix} = \frac{\begin{matrix}报告期某种食品\\（菜品或饮品）的销售份数\end{matrix}}{报告期就餐人次} \times 100\% \quad（公式2-10）$$

餐饮消费满意指数：通常采用 PLS 满意度指数计算方法进行指数分析，其中包括对餐饮服务形象、消费者期望、餐饮质量感知、餐饮价值感知、消费者满意度、消费者忠诚以及消费者抱怨等指标的总体评价。

北京在 2007 年曾经进行过这一测试。数据表明，2007 年北京餐饮服务业消费者对餐饮总体评价的满意指数为 75.61，其中：餐饮服务业消费者满意指数为 75.61，餐饮业形象指数为 84.39，消费者期望指数为 90.06，餐饮质量感知指数为 73.35，餐饮价值感知指数为 70.80，消费者忠诚指数为 72.02，消费者抱怨指数为 41.24。

第二节　餐饮休闲企业发展趋势定量研究

一、餐饮休闲企业年度计划编制方案

（一）分析经营环境

分析经营环境重点是分析市场环境。即要做好市场调查，掌握市场动向、特点、发展趋势、竞争状况。在此基础上，掌握当地餐饮市场的客源数量、客源结构、价格水平、人均消费等情况。

（二）收集计划的基础资料

收集和掌握前几年企业经营主要指标的相关数据资料，以便为餐饮计划指标的确定提供客观依据。以北京 CPP 饭店餐饮部主要经营指标——营业收入、营业成本和营业费用为例，通过对 2000～2005 年分月的上述三项指标数据资料的收集，可以进一步对其以后几年的发展进行预测。

（三）指标预测

根据资料收集结果（表 2－1），可以看出餐饮营业收入和经营利润的发展变化趋势，从而可以制订出一个具有前瞻性、可行性和准确性的预算，有利于企业占领更多的市场份额。

表 2－1　CPP 饭店餐饮部经营状况分析表

单位：万元

年　份	营业收入	营业成本	营业费用	营业税金	经营利润
2000	804	399	205	40	160
2001	927	460	232	46	189
2002	1057	556	292	53	156
2003	1229	642	315	61	211
2004	1618	882	386	81	269
2005	1866	954	467	93	352

运用平均发展速度预测法。预测方法的实施及预测过程详见表2-2。

表2-2 CPP饭店餐饮主要经营指标总体预测表

指标		营业收入			营业成本			营业费用		
		数值（万元）	环比发展速度(%)	平均发展速度(%)	数值（万元）	环比发展速度(%)	平均发展速度(%)	数值（万元）	环比发展速度(%)	平均发展速度(%)
原始数据	2000	804	—		399	—		205	—	
	2001	927	115		460	115		232	113	
	2002	1057	114		556	121		292	126	
	2003	1229	116		642	115		315	176	
	2004	1618	132		882	137		386	75	
	2005	1866	115	118	954	108	119	467	121	118
预测	2007		2613			1352			649	

通过预测，2007年营业收入等指标已基本明确，根据经营状况分析，尽管餐饮业的收入与成本费用呈正比增长，但我们不难看出利润空间在逐年增大，而且2007年有进一步扩大的趋势，这证明了餐饮市场是有潜力、有发展前途的。为了更好地实现预期目标，我们要把年计划指标分解到月份。根据月计划指标不断调整经营策略，争取达到淡季不淡，旺季更旺的理想状态。

季节指数变动预测法：为研究掌握季节变动，从时间数列中分离出的一种用法。

其一，季节指数能很好的显示指标因季节而变化的趋势。餐饮行业是有自身季节性的，一般季节指数大于100%为旺季，等于100%为平季，小于100%为淡季。掌握一年内的淡季、旺季情况，以便搞好客流的预测工作，为组织和安排好接待服务工作做好充分的准备。

其二，根据淡旺季节的不同，把预测的各项年度指标平均后再乘以各月的季节指数，即把指标科学的分解成月度计划指标，这样有的放矢地工作，能够充分调动员工积极性，更有利地促进整体目标的实现。

其三，2007年营业收入指标季节预测值，如表2-3。营业成本、营业费用等其他指标的预测同理。

表 2-3　CPP 饭店餐饮部营业收入季节预测计算表

单位：万元

营业收入	1月	2月	3月	4月	5月	6月	7月	8月	9月	10月	11月	12月	全年
2000年	63	50	42	54	50	69	68	74	72	83	90	91	804
2001年	61	70	74	68	50	77	69	80	83	91	105	101	927
2002年	50	68	86	75	79	67	90	106	108	99	109	120	1057
2003年	165	78	112	45	0	37	88	130	150	111	142	171	1229
2004年	150	106	125	131	93	108	111	147	171	152	152	173	1618
2005年	181	97	152	151	121	105	156	179	189	156	180	201	1866
平　均	112	78	99	87	66	77	97	119	129	115	130	143	104
季节指数(%)	107	75	94	84	63	74	93	114	124	110	125	138	100
预测2007年	233	164	205	183	137	161	203	249	270	240	273	301	2618

说明：部分值与总体值的出入源于四舍五入原则。全书同。

（四）发挥控制职能，完成计划指标

计划是市场条件下现代企业管理的重要职能。它直接决定部门的经营指标和管理任务。近几年 CPP 饭店的餐饮收入与同行业其他饭店相比是不容乐观的，应当充分利用这一计划，根据淡旺季适时调整团队和零点散客的比例，积极挖掘市场以及内部的潜力，确保其创造优良的效益。

以餐厅、厨房为基础，分解预算指标，明确各级、各部门的各月、各季的具体奋斗目标，将全体员工的注意力引导到完成计划任务上来，共同为完成各项预算指标而努力工作。

建立健全信息系统，逐日、逐周、逐月、逐季做好原始记录，统计各级、各部门各项预算指标的完成结果，发现问题，纠正偏差，及时提出改进措施，发挥预算管理的控制职能。

根据各级、各部门预算指标的完成结果和分配制度，合理分配劳动报酬，奖勤罚懒，奖优罚劣，充分调动各级员工的主动积极性，保证计划任务和各级指标的顺利完成。

二、餐饮休闲企业发展趋势定量研究

（一）从美国的餐饮行业统计数据来看

据统计，食品餐饮业是美国最大的产业之一。餐饮企业的数量和雇工人数均位

于零售业的首位。美国有84万多个餐饮企业，占零售企业总数的近30%，平均约300人/个；共雇用1130万员工，2006年雇工人数为1200万人，占全美雇佣工人数的8%。

在美国，46%的成年人每天光顾餐馆；餐饮消费者中，有11%的人用早餐，37%的人用午餐，52%的人用晚餐。美国人在食品方面的消费，有45.8%都花在了餐馆里，1990年即达到3950亿美元，人均约1580美元，折合人民币13000元，基本上是2003年中国餐饮消费者人均消费的28倍。

专家预测，将来美国人的三餐将有一半是在外面进行的。导致美国人对餐馆服务需求的增长有三个原因：自由支配收入增加；家庭规模缩小；生活方式改变。这三个因素，也将是中国餐饮业持续增长的基本动力。

（二）从中国的餐饮行业统计数据来看

2006年中国餐饮业零售额达到10345.5亿元，比2005年净增1400多亿元，增长16.4%，连续16年增长率保持在10%以上。旅游业与餐饮业具有很强的产业关联效应。2006年国内旅游总收入6230亿元，比上年增长17.9%。按照国际惯例，餐饮收入占旅游总收入的1/5~1/4左右，2006年旅游业对餐饮业的贡献在1200亿~1500亿元左右。

以北京为例。2006年，北京餐饮业持续稳步发展，全年共实现零售额287.2亿元，同比增长7.2%，占全市社会消费品零售额的8.8%，对全市社会消费品零售额增长贡献率为5.2%。北京餐饮业市场的规模不断扩大，在全国省会城市餐饮业零售额排名中仅次于上海和广州，位居第三。

限额以上企业拉动作用明显。2006年，北京限额以上餐饮企业（年营业额大于或等于200万元）共有法人企业1261个，从业人员14.5万人，实现营业额168.9亿元，同比增长13.2%；共实现零售额163.4亿元，占全市餐饮业零售额的

表2-4 2006年按地区与业态分类的限额以上连锁餐饮业餐费收入情况

单位：万元

地区	合计		正餐		快餐		茶馆		咖啡店		其他餐饮	
	2006年	2005年	2006年	2005年	2006年	2005年	2006年	2005年	2006年	2005年	2006年	2005年
全国	5443928	4472229	3031041	2478251	2238596	1855135	2605	2407	89943	69865	81743	66571
北京	732229	576803	350414	275442	341766	276692	695	695	19976	15288	19378	8686

资料来源：中华人民共和国国家统计局 http://www.stats.gov.cn；北京统计信息网 http://www.bjstats.gov.cn.

56.9%，对全市餐饮业零售额增长贡献率为78.2%，这表明限额以上企业是北京餐饮业增长的主要来源。

限额以上餐饮企业主要集中在首都功能核心区和城市功能拓展区。2006年，首都功能核心区共有法人企业342个，实现营业额80.7亿元，占47.8%，居各功能区之首；城市功能拓展区共有法人企业761个，实现营业额76.1亿元，占45.1%；城市发展新区共有法人企业114个，实现营业额9.8亿元，占5.8%；生态涵养发展新区分布最少，仅有法人企业44个，实现营业额2.1亿元，占1.2%。内资企业占有市场主要份额。

据对2006年限额以上餐饮企业的统计，内资企业在法人个数、从业人数、营业额等经济指标上都明显高于其他所有制企业。内资企业主要为中式正餐业，2006年该类企业共实现营业额95.8亿元，占内资企业营业额的86.2%；外资企业主要为外国风味快餐业，2006年该类企业共实现营业额26.2亿元，占外资企业营业额的45.4%。

正餐是北京餐饮业主要的经营业态。据对2006年限额以上餐饮企业的统计，正餐业在各主要经济指标上占有明显的优势。尽管正餐业优势地位明显，但快餐业营业额增速却是最高的，显示出强劲的增长势头。2006年快餐业营业额增长21.7%，高于正餐业的10.9%、饮料及冷饮业的16.8%和其他餐饮业7.7%的增长速度。伴随着快餐业的快速发展，2006年快餐业营业额在餐饮业所占的比重提高了1.7个百分点。

连锁经营发展迅速。2006年，北京连锁餐饮企业增长势头迅猛，共有连锁门店1343个，比上年增长189个；全年共实现营业额74.7亿元，增长26.8%。

在众多连锁餐饮企业中，肯德基和麦当劳的表现尤为突出。2006年，这两家外资连锁企业拥有的门店数接近全市连锁企业门店数的1/5；实现的营业额占全市连锁企业营业额的1/3强。这两家企业所占市场份额极大，分列北京市连锁餐饮企业营业额的前两名，同时也是北京市餐饮业营业额的前两名。在现阶段，如果不实行连锁经营，餐饮企业很难达到这样的规模。

企业盈利能力有所增强。2006年，限额以上餐饮法人企业主营业务收入为171.9亿元，比上年增长12.1%；利润总额为4.2亿元，比上年增长1.4倍。全年的利润率为2.4%，明显高于2005年的1.1%，企业盈利能力有所增强。其中，外商投资企业盈利能力最高，港澳台商投资企业次之，内资企业最低。外商投资企业全年共实现主营业务收入45.4亿元，利润总额3.3亿元，利润率为7.3%，明显高于港澳台商投资企业的3.5%和内资企业的0.3%。但需要指出的是，内资企业中的国有及国有控股企业盈利能力较强，全年的利润率为7.9%。

（三）未来发展趋势

1. 餐饮人均消费等方面将有较大的增长空间

与发达国家和地区相比，我国在人均拥有餐馆数量等方面已接近美国的水平，但是在人均消费等方面还有较大差距。对餐饮企业而言，这意味着将来的发展必须走集约化、内涵式扩大再生产之路，在吸引回头客和增加人均消费水平等方面下工夫。

2. 经营领域呈现发散状态，为家务劳动社会化推波助澜

大众餐饮经营品种和餐饮食品开发不断加快，服务对象由以流动人口、工薪阶层为主，向家庭厨房和社区服务延伸，将逐步把人们从家庭厨房中解放出来，方便、快捷、全方位地满足其基本生活需求。其中，快餐企业将大显身手。

3. “大而全”和“小而精”并存发展，集约化和组织化程度将逐渐提高

美国的有些餐饮企业年销售额可达3000多万美元，但多数企业都规模较小，其中2/3的企业年销售额不到50万美元。约有3/4的企业为单一经营，10家企业中有四成以上为个人所有企业，即企业属于一个人所有。形成这种格局，一方面与美国的私有制度有关，另一方面与餐饮口味的个性化、区域化特征有关。比如中国，就有“南甜北咸、东辣西酸”之说；欧美也有类似说法：“一些人的美食，可能是另一些人的毒药”。所以，未来中国餐饮企业亦将会走上多种所有制形式、多种业态并存的发展道路。

4. 以加盟连锁为主的正餐业，将与以直营连锁为主的快餐业并驾齐驱

目前，尽管连锁快餐业中直营店占有绝对优势，但是连锁正餐业中加盟店的发展速度也不容忽视。中式正餐加盟连锁正在逐步摆脱单纯“卖牌子”的阴影，找到顾客普遍适应和认同的菜肴以及新的赢利模式。

5. 日渐增加的餐饮企业造成空前激烈的竞争格局

以北京为例，2006年总共有4.5万家中外餐饮企业，每天新开业100家，关张或转业的也基本有100家，大约两年时间就要“洗一次牌”。中国餐饮市场的竞争与繁荣景象，与其丰富的饮食文化传统、求新求异的理念以及吸纳、包容的态度息息相关。

6. 多元创新、品味文化、中西合璧、互利共赢

人们从吃口味到吃文化，再到吃个性、吃时尚，就餐理念不断升级，使得整个中国餐饮业正朝多元化方向发展。如今，城市中的许多家庭会在周末或闲暇时间选择美食作为休闲方式。为满足这种需求，各类主题餐厅、娱乐餐饮、怀旧餐厅在城市中悄然兴起。在新型经营理念的冲击下，餐饮业进一步细化，融入时尚元素并追求个性和新奇的饮食消费使得中国餐饮市场日益丰富多彩。很多时候，吃已经退到了配角的位置，更多的是渲染一种文化和姿态。

各国特色餐饮竞相进入中国市场，与传统餐饮争奇斗妍，也是目前中国餐饮业的特色。据中国快餐业的发展形势分析报告记载，在2004年年底，肯德基在中国已经达到1200家连锁店，麦当劳超过600家。麦当劳、肯德基遍及世界各地的经验，使国内餐饮业看到了连锁经营的种种好处，并将连锁经营作为主攻方向。据天津狗不理集团负责人介绍，目前“狗不理”在全国开设分店70多家，其足迹遍布国内24个省（自治区、直辖市）。此外，该集团在东京、纽约和新加坡也开设了多家分店。

总的来看，近几年我国餐饮业进入了高速发展时期，多元化的趋势已经很明显，品牌营销、文化竞争将势必取代品种单一、低价倾销的固有模式。种种态势意味着：传统餐饮向现代大众休闲餐饮的转化步伐将逐步加快。2007年，中国烹饪协会专家曾有一个预测，中国餐饮消费将保持17%的增长速度，零售额将达到12100亿元。而追求营养健康、发展绿色餐饮、开展节能降耗、加强信用建设、规范市场秩序，也是今后餐饮业发展的主要趋势。预计2010年中国餐饮业零售额将达到2万亿元，人均年消费1500元，行业规模不断扩大，居民的休闲餐饮消费呈递进式增长，发展前景十分广阔。

第三章

体育休闲消费统计研究

体育是商业与文化相融合的重要一环。世界上有许多人从事和关注体育，运用其相关统计数据、成立体育联盟，通过报纸、电视及网络来领略体育明星的风采和信息，参与赛事、购买体育商品以及从事体育博彩活动。每天全世界有数亿计的民众进行与体育有关的健身休闲活动。

第一节　大众对竞技体育的休闲消费统计

对于大众来讲，竞技体育是吸引他们眼球的注意力休闲消费方式，并通过到达比赛现场或借助于电视、网络等传媒手段来完成，还可以通过参与体育博彩来实现。因此，这里就涉及到对赛场、赛事、体育传媒、体育博彩及观众的统计问题。

一、体育经济产业的发展

（一）综述

体育作为一种人类社会活动，在社会发展的不同阶段呈现出价值多样化的特性。

今天，体育具有社会文化属性的命题已被全世界认可，中西方体育文化的碰撞和融合始终不断地在进行中，现代奥林匹克文化的全球化发展已是很好的佐证。在科学技术快速发展的年代里，体育不仅体现出其文化的价值，而且也衍生出很高的经济价值。以体育运动为依托，已经开发出了体育娱乐、体育旅游、体育博彩等衍生行业。世界上许多国家在体育资源产业化方面的发展经验表明，体育资源的产业化，不仅推动了全社会体育运动广泛而蓬勃的开展，而且以其独特的方式带动了基础设施的投资需求和一些相关产业的发展，已经呈现出巨大的社会效益和经济效益。

众所周知，欧美体育产业正处在发达时期，在过去漫长的产业发展过程中，从投资经营、运作管理，到市场机制、市场培育等诸多环节，形成了稳定的产业发展体系。这为欧美体育产业的持续快速增长，为多元主体参与体育产业投资经营，实现共同的更大利益，提供了新的发展空间。作为一个新兴产业，体育产业在世界范围内已初具规模，其年产值达到4000亿美元，并以年均20%的速度递增。

中国的体育事业目前正处于一个产业化转型的重要历史时期，体育产业已经成为一个年产值超过2000亿元人民币的新兴产业。据权威部门预测，2010年，我国体育产业将以3倍的速度持续增长，中国体育产业的市场潜力为国际社会所关注。我国体育产业规模近年来也在迅速扩大，在扩大内需、促进经济增长方面发挥了重要作用，并表现出极大的增长潜力。随着我国人民生活水平的不断提高，人们从追求温饱转向享受生活，传统意义上的低水平的衣、食、住、行、用的消费方式已经不能满足人们日渐强烈的对于生活品质的追求。将体育与经济生活有机结合的注意力经济之一——体育经济正悄然兴起。

应该说，今天我国体育产业与国际体育产业发展有了一定的同步性。体育健身娱乐业、体育竞赛表演业、体育彩票、体育新闻传播等行业的发展异常迅猛。

20世纪90年代以来，我国体育健身休闲市场、赛事观赏市场、体育中介服务市场等都得到了快速发展。体育健身休闲产业已初步形成了各种所有制投资主体并存、高中低档体育服务产品的供给体系基本形成的市场格局。在体育赛事观赏产业方面，自1994年建设职业体育制度以来，足球、篮球、排球等项目的职业赛事持续活跃，商业性比赛增多，上海申花与曼联足球的商业赛事、中国与巴西足球商业赛事等均显示出职业体育的市场体系已基本形成。在体育中介服务产业方面，随着体育职业化的发展，国际上的一些著名体育中介公司先后进入我国的体育竞赛市场。目前已在国内进行体育赛事推广的代理商有美国的国际管理集团（IMC）、瑞士的国际体育与娱乐公司（ISL）、我国香港的香港精英公司等。由于市场利益的驱动，以及在上述著名的国际体育中介公司的带动下，国内的体育中介代理机构也开始以兼营的形式从事体育赛事服务，在拉动国内需求、扩大就业等方面正发挥越来越重要的作用。

在上述大背景下，人们自然会将注意力聚集于体育资源产业化方面的各种经济学问题。而对其进行统计学研究，是进行经济学其他方面研究的基础。

（二）我国体育产业统计指标体系

1. 从层次上看

我国体育产业统计指标包括宏观指标和微观指标。宏观指标是对体育产业进行宏观分析时采用的指标。微观指标是指进行统计调查时采用的指标，这些指标需要落实在统计报表上，是宏观指标的细化和具体化。只有将宏观指标细化和具体化，才能使体育产业统计工作真正具有可操作性，才能真正获取体育产业宏观分析所需要的数据。体育产业统计的微观指标目前主要有国家体育总局制定的体育产业统计报表，包括《体育行政事业单位产业情况统计表》、《体育经营单位产业情况统计表》、《体育用品生产、批零单位统计表》、《体育用品生产、批零个体经营户统计表》。

2. 从具体类型上看

我国体育产业统计指标体系主要包括价值型指标和实物型指标。体育产业的价值型指标是指用货币计量的体育生产过程中投入的劳动和产出的成果。体育产业统计主要是研究体育产品的价值产量，也就是体育产品的各项价值指标，即各项产值指标，因此体育产业统计指标主要由价值型指标组成。体育产业的实物型指标是指用物质性指标计量的体育生产过程中投入的劳动和产出的成果，如劳动力人数、体育用品的件数等。

3. 从体育消费的结构看

应包括体育劳务消费比重和体育实物消费比重。随着我国经济的发展和社会的进步，体育消费的结构将会得到进一步优化，体育实物消费比重下降，体育劳务消费比重上升，使两者比例协调。

4. 从体育产品的价格来看

一般来说，一种体育产品的价格越高，该产品的市场需求量就会越小，相反，价格越低，需求量就会越大。一般而言，消费者在购买消费品时会遵循“最大实际效用”原则，即他们会根据所获得的市场信息，用自己有限的收入去购买对自己最有价值的物品。由于可支配收入有限，消费者在选择产品时对体育产品的价格尤为敏感。通过“我国东部地区城市居民体育服务价格水平的调查研究”显示，价格对体育市场需求的影响非常显著。从调查结果看（表3-1），有45.6%的消费者认为本地的健身娱乐场所消费水平偏高，50.9%的消费者认为本地的体育赛事门票价格偏高。同时，消费者所能承受的价格水平与目前体育服务的定价之间确实存在较大的距离。消费者在健身娱乐服务方面消费价格的心理预期，有81%的被调查者表示应该在每次100元以下，其中认为每次在20元以下的占38.2%；在对赛事的门票价格的认可情况来看，分别有31.5%和32.5%的被访者认为其价格定位应在6~20元和21~50元之间较为合理。

表 3-1　对我国东部地区城市居民关于体育产品价格的消费者调查

			很高	高	一般	低	很低
对实际价格的看法	健身娱乐场所消费	人数(人)	755	2861	3823	335	145
		百分比(%)	9.5	36.1	48.3	4.2	1.8
	体育赛事门票	人数(人)	864	3170	3593	212	80
		百分比(%)	10.9	40	45.4	2.7	1
可以承受的价格水平	健身娱乐场所消费		20 元以下	20~100 元	100~200 元	200~400 元	400 元以上
		人数(人)	3022	3392	1087	328	90
		百分比(%)	38.2	42.8	13.7	4.1	1.1
	体育赛事门票		5 元以下	5~20 元	20~50 元	50~100 元	100 元以上
		人数(人)	1232	2497	2540	1286	364
		百分比(%)	15.6	31.5	32.1	16.2	4.6

资料来源：表中数据根据丛湖平主编的《体育产业理论与实践》（北京：人民体育出版社，2006）一书整理。

据美国的相关研究表明，健身俱乐部的年卡合理价格为城市人均收入的 4%~8%。倘若以此测算，北京市 2007 年城镇居民人均收入应该在 21000 元左右，则该市俱乐部的合理价格应该在 840~1680 元。我国目前的健身俱乐部价格基本定位为：高档俱乐部年卡在 5000 元以上，中档俱乐部年卡在 2000 元以上，低档俱乐部年卡在 1000 元左右。

（三）体育产业的基本统计指标

1. 政府体育投入：政府对体育的各类财政拨款。

2. 体育总消费：是指报告期最终体育产品中，由于非生产过程当期消耗的部分，其主要功能是满足社会体育需求。

3. 居民体育消费：是指一定时期内居民实现体育用品和体育服务消费的总量。

4. 社会集体体育消费（或社会集体体育消费支出）：是指各单位（除居民户以外）实现的体育消费，具体包括集体体育消费和社会体育消费。它和居民体育消费的主要差别在于其消费支出者和消费受益者并不一致。

5. 集体体育消费：是指各单位将体育消费支出作为本单位的一种集体福利事业所开支的费用。

6. 社会体育消费：是指行政、事业等各体育服务部门生产出来，免费（或近于免费）地提供给社会公众的体育产品与服务。

7. 体育总积累（或体育积累总量）：是指体育固定资产、流动资产（即库存）

和无形资产的当期增加量。

8. 体育净积累：是指体育总积累与固定资产折旧的差额。

9. 固定资产形成总额：是指当期在各种固定资产上的新增价值。

10. 流动资产积累：主要是指存在于生产和流通领域中的各种库存当期增加额，统计方法为年末库存总值与年初库存总值之差。

11. 体育无形资产：是指存在于体育运动中具有体育特质、受特定主体控制的，不具有实物形态，能持续地为所有者和经营者带来经济效益的资产。

12. 体育固定资产与流动资产数量：单位为“个”、“平方米”，室内与室外体育场馆个数和面积、单项与综合性体育场馆个数和面积、流动资产情况。

13. 体育产业结构系数：体育产业结构是指体育产业部门生产产出的数量在国民经济生产所占的比例。

$$\text{体育产业结构系数} = \frac{\text{体育产业总产值}}{\text{国民经济总产值}} \quad (\text{公式 } 3-1)$$

14. 中间产品结构：国民经济生产的产品或服务销售给各行业部门作为生产使用的比例关系。

15. 最终产品结构：最终产品的生产结构是指体育产业部门生产的作为最终产品使用的比例关系。最终产品的使用结构是指最终产品使用在消费、固定资产投资、库存增加、出口等方面的比例。

16. 总产出结构：体育产业部门总产出的比例关系。

17. 体育产业影响力系数：体育产业生产活动影响其他产业部门的程度。

$$\text{体育产业影响力系数} = \frac{\text{体育产业纵列逆矩阵系数均值}}{\text{全部行业纵列逆矩阵系数均值的平均数}} \quad (\text{公式 } 3-2)$$

18. 体育产业感应度系数：体育产业生产活动受其他产业部门影响的程度。

$$\text{体育产业感应度系数} = \frac{\text{体育产业横行逆矩阵系数均值}}{\text{全部行业横行逆矩阵系数均值的平均数}} \quad (\text{公式 } 3-3)$$

19. 从业人员数量：单位为“人”，体育产业部门各类专职与兼职的从业人员以及体育志愿者总数。

20. 参加体育活动人口数量：单位为“人”，分为三个标准，即在过去的一年中至少参加一次以上的体育活动；在过去的一周内至少参加一次以上的体育活动；在过去的一周内至少参加三次以上的体育活动。

以上各项均按年龄、性别、职业、活动项目、城乡、地区划分。

21. 体质监测及体育达标情况：我国各类人群体质监测的身体素质与机能指标及我国各类人群体育锻炼标准达标人数。

22. 体育产业部门单位数量：单位为“个”，健身娱乐场所数量，体育场馆服务经营单位数量，体育培训机构数量，各项目职业俱乐部数量，体育经纪人公司和事务所数量，体育用品制造企业和公司数量，体育用品批发与零售商店数量，体育专业报刊、杂志社、出版社数量，其他体育生产与经营单位数量，各级体育政府机构、事业单位、企业单位、社会团体数量。

23. 体育用品生产与销售数量：竞赛器材，训练、健身、康复器材，民族体育娱乐器材，体育休闲运动器材，棋牌类用品，运动服装，运动鞋，运动装备等生产与销售数量。

二、奥运体育产业对主办地经济的贡献统计

（一）奥运会对主办地 GDP 的贡献

国家统计局指出，将从北京申奥成功之年起，其后的 7 年内平均每年拉动中国 GDP 增长 0.3 ~0.4 个百分点；举办奥运会将对北京每年的经济增长产生 2 个百分点以上的拉升作用。随着奥运经济聚合、裂变和辐射效应的不断释放，从 2006 年起的未来 6 年间，北京旅游、会展业的投资总量将在 800 亿元左右。

（二）奥运会对主办地的就业贡献

统计数字表明：“九五”期间，我国旅游业直接就业人员年均增加 50 万人。根据国际经验，旅游业每增加一个直接就业人员，将间接带动相关行业 5 个人就业，这样我国整个旅游经济带动的直接就业和间接就业每年增加 300 万人，5 年共新增就业岗位 1500 万个。在 20 世纪最后 10 年第三产业新增就业的 7740 万人中，旅游业直接和间接新增就业人数占到 38%。国家计委和国家旅游局初步确定，从 2002 年起的未来 10 年旅游业要继续保持适度快于国民经济增长的增长速度，不断提高产业素质和经济效益，年均增加旅游直接就业约 70 万人，带动间接就业 350 万人左右。

（三）奥运会对主办地旅游业的贡献

现代奥运会会给主办地带来巨大商机，其中旅游业成为受益最直接的行业之一。

西班牙的巴塞罗那成功举办了 1992 年奥运会以后，到 1997 年度假游客首次超过商务游客，占全部游客的 42.3%，而 1990 年度假游客仅占其总数的 22.7%。也就是说，奥运会召开 5 年以后，巴塞罗那成功地转变为一个新的旅游度假城市。1998 年巴塞罗那成为地中海停泊邮轮最多的港口，在世界排名第十位。现在，奥运

会的这种举办效应已持续了十余年，巴塞罗那已成为当今欧洲第三大旅游度假城市。

2000年的奥运会在澳大利亚悉尼举行，澳大利亚是奥运会与旅游发展结合最成功的国家。澳大利亚旅游局（ATC）曾预测，1997~2004年间由于奥运会的吸引，澳大利亚额外增加的海外游客达到174万人次，增加外汇收入35亿美元；悉尼在奥运会前住宿业收入大约为3.5亿美元，奥运期间住宿业收入为4.5亿美元，两项相加，几年住宿业收入达8亿美元。ATC大约邀请了5000名记者访问澳大利亚，为澳大利亚创造额外的宣传价值达到21亿美元；ATC估计澳大利亚的旅游品牌效益由于奥运会的举办，超前了大约10年，倘若悉尼没有举办奥运会，即使到了2010年，它也不会如此广泛地为世人所瞩目；另外，根据国际会议协会的统计，2001年澳大利亚在国际会议举办方面超过了美国和英国，位居世界第一；奥运会后，ATC对11万国际游客的调查显示，88%的人希望重返澳大利亚旅游。

在雅典，作为经济的支柱，旅游业占希腊国内生产总值的18%，雇员超过全国劳动力的15%。为了迎接奥运会，雅典及其周边萨罗尼克湾海岸的宾馆业者投入了5亿多欧元，进行装修和扩建。希腊虽然只有1000多万当地人口，但接待外国游客量在世界排第15位，市场相对饱和。2004年雅典奥运会不仅深远地影响了希腊，连其邻国土耳其在2004年上半年游客人数都猛增了40%。这也给了我们启示，中国幅员辽阔，北京周边乃至全国许多旅游热点将会大大受益。

2008年被称为中国科技奥运体验年，所有场馆将陆续全部建成，这些世界一流标准的场馆本身将被作为集科技和艺术为一体的旅游产品向市场推出。早在2005年北京市旅游局就大型旅游活动、重点旅游项目招商和政策性推进措施，推出了四大核心板块，其中第一板块主要就是力促在“水立方”、“鸟巢”附近开展“近距离感受奥运场馆”的专项旅游产品。

根据北京市旅游局编制的《北京奥运旅游行动规划》，2001~2010年旅游入境人数将持续增长，增长率分别可达6%（奥运前）、8%（奥运中）、10%（奥运后），人数将达463万人次；同步增长的还有旅游外汇收入、国内旅游人数、国内旅游收入、就业等指标。

（四）奥运会对传媒业的贡献

传媒业是将社会各类事物进行传播服务的行业。传媒业包括报刊、杂志、广播、网络、电视等产业，其中电视产业是传媒业中的一个重要组成部分。电视产业总是以寻求高收视率的传播内容作为其再生产的投入对象。现代社会中，体育与社会的关系日益密切，但人们不可能都亲临赛场观看比赛，越来越多的人选择收看电

图 3－1　“鸟巢”外景

2008 年 3 月，游客近距离感受北京奥运会主会场——国家体育场“鸟巢”的情景。“鸟巢”建筑面积 25.8 万平方米，工程共需钢材 10 万吨，拥有 9.1 万个座位。它是现今世界上最大的环保型体育场

视的体育比赛转播。因此，大型体育比赛提供的各类高规格的可供观赏的电视节目，具有相当高的收视率。大型体育比赛已成为各家电视媒体不惜重金竞争电视转播权的对象。随着电视、网络等传播媒介的日新月异和普及，大型体育赛事作为电视产业再生产投入品的经济价值与日俱增。以夏季奥运会为例（表 3－2），可以看出，大型体育赛事已成为电视产业的重要消费对象。

表 3－2　美国电视媒体购买夏季奥运会转播权的相关统计指标

时　间	承办城市	购买公司	购买价格（亿美元）	公司转播经营收入（亿美元）	组委会出售转播权收入（亿美元）
1984	洛杉矶	ABC	2.25	3.40	2.36
1988	汉　城	NBC	3.00	—	—
1992	巴塞罗那	ABC	4.01	—	6.40
1996	亚特兰大	NBC	4.56	7.00	8.90
2000	悉　尼	NBC	7.05	9.00	13.20

资料来源：陈云开．赛事经营管理概论．上海：复旦大学出版社，2003：53.

三、赛事观赏相关统计

我国体育赛事观赏业尽管目前规模不大，却呈现出巨大的发展潜力。以2002年广东省为例，体育竞赛表演业从业人员总数为0.55万人，行业收入达到1.23亿元，其中门票收入2771万元，广告、赞助费收入7887万元，电视转播收入38.7万元，无形资产开发收入619万元。据“我国东部地区城市居民体育服务价格水平的调查研究”表明（表3－3），观众最喜欢观看的体育比赛依次为足篮排球、乒乓球、羽毛球、体操、田径等比赛项目。

表3－3　我国东部地区城市观众喜爱观看的体育比赛项目次序表

	足篮排球	乒乓球	羽毛球	体操	田径	游泳	滑冰	健美	网球	拳击	武术	射击	跳伞	划船	其他
样本数(人)	789	241	171	131	125	106	74	73	59	46	30	22	17	5	94
百分比(%)	39.8	12.2	8.6	6.6	6.3	5.3	3.7	3.7	3	2.3	1.5	1.1	0.9	0.3	4.7

资料来源：丛湖平主编．体育产业理论与实践．北京：人民体育出版社，2006：71.

（一）体育赛事的分类

依照不同的分类标准，有不同的体育赛事分类体系。

按比赛参加者的年龄，可分为儿童赛、青少年赛、成年赛和老年人比赛。

按参赛者的行业，可分为职工运动会、农民运动会、军队运动会和学生运动会等。

按比赛所包含的项目数量，可分为综合性比赛和单项比赛。

按比赛的组织方式，可分为集中组织的比赛和分散组织的通讯赛。

按比赛规模，可分为基层单位比赛、地区性比赛、全国性比赛、国际比赛、洲际比赛、世界大赛。

按比赛形式、任务，可分为运动会、冠军赛、锦标赛、对抗赛、擂台赛、邀请赛、选拔赛、等级赛、友谊赛、表演赛、达标赛、积分赛、大奖赛、巡回赛等。

按比赛的性质，可分为职业性比赛（如职业联赛）、商业性比赛、业余比赛等。

上述各类比赛又各有不同的项目。因此，体育赛事活动具有多方面的价值，如竞技价值、健身价值、观赏价值、商品价值、宣传价值等。

（二）赛事观赏统计指标

体育场：指有400米跑道（中心含足球场），有固定道牙，跑道6条以上，并有固定看台的室外田径场地。体育场按看台容纳观众人数分为甲级25000人以上，乙级15000～25000人，丙级5000～15000人，丁级5000人以下。

体育馆：指有固定看台，可供篮球、排球、羽毛球、乒乓球、体操等项目训练比赛活动用的室内运动场地。体育馆按看台容纳观众人数分为：甲级6000人以上，乙级4000～6000人，丙级2000～4000人，丁级2000人以下。

观众人数：以人次为计量单位，以门票销售量为计量途径。

赛事门票销售收入：各类不同价格销售的门票与其对应所售出门票张数乘积的加权合计。

上座率：是指某场比赛所售出门票数与这一赛场所拥有观众席位数的百分比。上座率越高，表明这一赛事受欢迎的程度就越高，其赛事的相关收益也就会越高。

观看体育比赛人口数量：单位为“人次”，在过去一年内我国观看各项目体育比赛的人口数量。

（三）赛事观赏相关统计报表

1. 基本统计报表

表3－4　基本统计报表

指　　标	计量单位	代　码	实　际　数	
			本期末	上年同期
甲	乙	丙	1	2
体育场	个	01		
体育馆	个	02		
游泳池馆	个	03		
教练员	人	04		
等级裁判员	人	05		
等级运动员	人	06		
运动员获奖牌总数	枚	07		
举办体育竞赛表演次数	次	08		
全民健身活动设施数	个	09		
参加体育人口数	人次	10		
体育彩票销售点个数	个	11		

续表

指　　标	计量单位	代　码	实　际　数	
			本期末	上年同期
甲	乙	丙	1	2
体育彩票发行额	万元	12		
福利彩票销售点个数	个	13		
福利彩票发行额	万元	14		
娱乐场所数	个	15		
#夜总会	个	16		
歌舞厅	个	17		
游乐园	个	18		
高尔夫球场	个	19		

资料来源：江苏省统计局 http：//www.jssb.gov.cn.

2. 统计报表实例

表 3－5　北京市朝阳区 2004 年主办承办体育活动场次及接待人次情况

单位：个，场次

行业小类	主办承办体育赛事	主办承办群众性体育赛事	承办体育比赛	其中：国际比赛	承办体育活动	休闲健身娱乐接待人次
合　计	148	1458	151	91	8724	4771108
体育组织	105	20	0	0	8252	82914
体育场馆	22	498	146	89	169	1695050
其他体育	15	795	0	0	295	440716
休闲健身娱乐活动	6	145	5	2	8	2552428

资料来源：北京市朝阳区统计信息网 http：//www.chystats.gov.cn/item/2006－10－26/100002064.html.

（四）美国 NBA 职业篮球联赛统计

参加比赛的球队数：分西部联盟和东部联盟，2006 年两个联盟各有 15 支球队。

联赛比赛的场次：NBA1189 场常规赛结束后，按照比赛胜率，即获胜场数除以 82，排出东、西部联盟各自的前 8 名球队，16 支队伍获得参加季后赛的资格。

观众的数量：据 NBA2006 年的统计，该赛季到现场观看 NBA 的观众达到

21841480人次。这是历史上NBA常规赛到场观众人次最多的，比上个赛季创造的原纪录21595804增加了245676人次。该赛季平均每场观众达到了17757人次，超过了上个赛季的17558人次。常规赛观众总人数也超过了上个赛季的21595804人次。该赛季NBA常规赛全部结束后，NBA联盟公布了本赛季常规赛期间观众到场的数目。从上年11月开打，到该赛季结束，总计有超过2180万人次的观众到现场观看了比赛，再创历史新高，这也是NBA连续三年突破观众人数新高。

场均观众数：在整个赛季中所有场次比赛观众出席人数的均值。毫无疑问，2006年场均观众的人数也创下了新的记录。

上座率：NBA球场平均上座率达到了92.3%，2006年600场比赛球票全售光。座无虚席的场次大大超过了上年的471场，也创造了10年来座无虚席场次的纪录。从单个城市的上座率来看，位居前三位都是来自中央赛区，分别是芝加哥（22253人次），底特律（22076人次），以及克利夫兰（20436人次）。此外，奥兰多、波特兰、洛杉矶（快船队主场）以及休斯顿的观众增长幅度都在7%～10%之间，总共有6000场比赛球票告罄，这个数字远远超过了上年的471场，是近10年的最高。

球星数据统计：包括球星的分类技术数据统计及其排名，球星年薪统计及其排名。这些数据同样是吸引和引导观众的指标。

（五）体育赛事产业链的形成与延伸

为体育赛事提供和生产投入品的产业为体育赛事产业链（图3－2）中的上游产业，是体育赛事得以进行的基础和保障，如建筑业建设的比赛场馆等；而赛事另一端的消费对象分为两类，即消费者和消费产业，其中消费产业包括传媒业等。这一产业链的进一步延伸，如前来观看比赛的观众会进一步需要旅游接待服务业的帮助，博彩业需要造纸业的支持等。因此，从统计学研究的角度出发，应对这一产业链进行投入产出的研究。

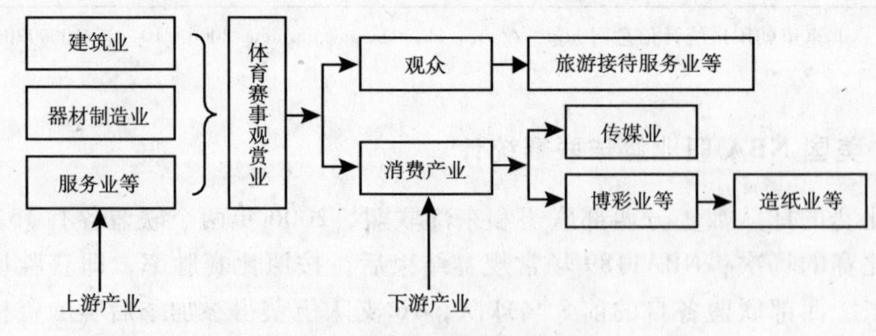

图3－2　体育赛事产业链

四、体育博彩相关统计

(一) 体育彩票的种类

世界各国彩票五花八门，体育彩票因体育载体的不同而种类各异。主要包括传统型彩票、数字型彩票、即开型彩票、乐透型彩票、竞猜型彩票和双色球彩票。

传统型彩票：传统型彩票有着悠久的历史，它是在发行机构事先印制的系列号码中进行抽奖，因印在票面上的数字不由购买者选择，所以这种彩票也被称为“被动型”彩票。

数字型彩票：这种彩票简单、明了、方便、贴近百姓，它采用6+1或3选4的方式，每个数字从0~9中选出，因此7个数字是可重复的，特等奖不仅要对中7个数字，而且顺序也不能错。组合方式的不同决定了奖金的多少，最基本的分类是排列和组合两种，前者要求所预测的号码必须与开奖的号码在顺序上一致，后者则无论顺序如何。很自然前者预测难度大，中奖机会小，故奖金也高。还有不少彩票公司在这两种形式之外又增加了派对型、结合型等中奖形式。数字型玩法目前尚未在世界各地普及，最流行的是美国、加拿大、澳大利亚、马来西亚和摩洛哥等国家。目前在我国的部分省份采用的是这种形式。

即开型彩票：它也是属于被动型彩票，是在彩票纸板上的某一部分采用铝等方式加以覆盖。当刮开或撕开覆盖物时就可以看到事先印制好的号码，购买者即可知道是否中奖。这种彩票与传统型彩票的最大区别是先开奖后销售。特点是即买即兑、趣味性强、节奏快。近年来，即开型彩票的玩法在不断更新，已从单一的印中奖号码发展到印中奖金额、中奖等级、中奖图形等。即开型彩票票面价值低，奖金额也偏低，但中奖面较宽，可以鼓励更多的人购买。其低奖的设置常常会使中奖者反复购买。中奖者一般不领奖，而是再购买，这种营销方式有利于稳定彩民，刺激购买需求，从而提高销售额。即开型彩票对于防伪技术、安全等问题要求很高。

乐透型彩票：“lotto”，具有幸运、吉祥、分享之意。1995年德国的西北乐透公司率先发行乐透彩票，后来被许多国家引用。乐透彩票代表着目前世界彩票的主流，从事大规模彩票经营的公司基本都开展乐透彩票业务。这种彩票的趣味性强，顾客可以根据生日、电话号码、门牌号、车牌号、幸运号码等选择彩票投注内容。因此，相对于被动型彩票，有人把乐透型彩票称为“主动型彩票”。目前世界上乐透型彩票有30多种，但玩法大同小异，通常是在一组数域中选择若干号码，根据所中的号码多少确定奖级，香港的“六合彩”就属于这类彩票。

竞猜型彩票：该彩票与体育比赛结合在一起，赛前对比赛胜负和名次预测，赛后根据判断的准确程度选定中彩者。这种彩票是真正意义上的体育彩票，典型的是足球彩票，即“toto”——“透透”，1934 年瑞典就开展了这一类彩票的销售。足球运动促进了足球彩票的发展，足球彩票也推动了足球运动。目前，竞猜型的体育彩票比较著名的有美国的篮球彩票、棒球彩票、拳击彩票等。体育彩票可以和各种运动相结合，但是该运动项目必须具有流行性、可观赏性、更强的刺激性和比赛结果的不确定性。

双色球彩票：1992 年美国发行的“双色球”玩法，即从 49 个数字中选择 5 个号码，再从 42 个数字中选择 1 个号码，二者相加组成一注彩票号码。这也就是今天“双色球”设置红、蓝两区的基本框架。但我国的“双色球”彩票与之不同，其玩法是从 1～33 个红色号码球中选 6 个号，再从 1～16 个蓝色号码球中选 1 个号，每注投注号码为 6+1 个。这种玩法更符合中国彩票市场的发展需要。

（二）中国大陆体育彩票统计

体育彩票的统计主要包括对彩票种类（图 3－3）的统计、彩民人数的统计，以及彩票销售额、彩票收益、中奖概率和彩票返奖率等的统计。

体育彩票的种类：
- 篮球单场竞猜
- 足彩进球
- 足彩胜负平
- 联网 22 选 5
- 联网 29 选 7
- 联网 36 选 7
- 北京体彩 36 选 7
- 排列 5
- 排列 3
- 七星彩
- 超级大乐透

图 3－3　体育彩票的种类

1. 对彩民及其消费的调查

对于彩民人数，一些省市的彩票发行机构确实做过一些调查，但是这些调查的抽样量大小、调查的方法和“彩民”的界定等问题对于调查结果影响较大。2003 年年底，广西曾做过相关的彩票市场调查分析，包括居民、彩民、业主、销售员 4 个方面的 120 多个调查项目。调查结果显示，广西彩民每月人均购彩 280 元，按广西 2003 年福彩、体彩总销售 13 亿元推算，220 万“经常性彩民”每年人均购彩 2 个月。其中，“经常性彩民”被界定为平均每年买 2 个月彩票的彩民，或者说6 天

（约一周）买1次彩票的居民为“经常性彩民”。这样，使用1%的抽样比例，可知广西“经常性彩民”有220万人，约占广西人口的5%。虽然这次调查只是广西一个地方的数据，但广西的经济水平和人口数量在全国居于中等水平，其结果对全国具有较大的参考价值。以广西的调查结果推算，全国13亿人，周均购彩一次的“经常性彩民”约7000万人。该项调查还显示，10%的彩民支撑了40%的彩票销售额、20%的彩民支撑了60%的彩票销售额，人数上占50%的“低端彩民”对彩票销售的贡献只有10%。也就是说，在人数上彩民队伍低收入消费者居多，但是支撑彩市的还是高收入彩民。

2. 中奖概率统计

在中奖概率方面，全国中奖概率最高的彩票是体育彩票超级大乐透附加玩法，中奖概率为1/66，单注奖金最多的是体育彩票超级大乐透主玩法，3元单注可能中奖超过1000万元。

3. 彩票销售额及返奖率统计

据统计，近年来全国彩票的销售额每年约为80亿元至100亿元，返奖率达55%，相当于筹集了40亿元左右的建设和发展资金，并向市场投放了60亿元左右的消费资金。彩票公益金随彩票销售额的增长而增长（表3-6）。彩票的发行还带动了彩票相关产业的发展，增加了就业机会，增加了税收。主要包括管理部门、印刷部门和发行部门。在彩票销售期间，当地的印刷业、广告业、旅游业、餐饮业、商业都得到相当程度的发展。

表3-6　福建省体育彩票销售情况

单位：亿元

年　度	销售额	彩票公益金
2000	7.4	2.2
2001	18.6	5.4
2002	31.8	9.5
2003	22.0	6.6
2004	17.2	6.0
2005	19.9	7.0

资料来源：福建财政年鉴2006. http://www.fjsq.gov.cn.

4. 奥运竞猜体育彩票

在2008年北京奥运会开幕前100天及奥运会进行期间，将发行销售奥运竞猜彩票。此次发行的奥运竞猜彩票共5种游戏，其中“奖牌连连猜”游戏和“赛事天天猜”游戏将在全国电脑体育彩票销售系统销售，“第一名过关”游戏、“胜负过关”游戏和“金银铜牌竞猜”游戏将在足球彩票单场竞猜游戏专卖店销售。5种游戏返奖率全部为65%。本次奥运彩票分竞猜型和即开型两种。

5. 彩票的消费者效用分析

按照传统的经济学观点，人都是要规避风险的。而购买彩票这种投机性很强的风险偏好行为，似乎与消费者的风险规避原则是相悖的。实际上，这是由购买彩票的消费者行为及其决定的消费者效用的特殊性所导致的。消费者对风险的偏好程度与其财富的支出比重指标是相关的。在可接受的财富支出范围内，买彩票的机会成本很低，消费者不需要下太大的决心，却拥有获得高额回报的机会，从而获得消费效用的增加。在这种情况下，消费者才进行偏好风险型消费。因此，在一定的风险控制范围内，消费者愿意承担一定风险购买彩票，这样可以带来消费效用的变化。具体来说，购买彩票产生的消费效用主要有以下三个方面：

（1）预期潜在收益水平的心理愉悦。对购买者来说，彩票提供了可能存在的、一定概率的获奖机会。在幸运心理作用下，彩票购买者对彩票潜在收益水平（单位彩票的平均收益乘以中奖概率）的预期总是大于理性水平，这种对额外收益的预期或者憧憬，给消费者带来了心理上的愉悦效应。

（2）彩票为消费者提供了一种特殊的娱乐方式。用最少的成本获得最大的收益，要靠消费者的运气，这实质上就是一种娱乐。许多消费者购买彩票并不很在乎是否中奖，而是将其看作一种娱乐活动，以求缓解心理压力，获得心理满足。不仅如此，彩票玩法简单，任何人都可以参与，是一种能够满足多数人娱乐需要的大众游戏。

（3）彩票还能满足消费者一些非经济性的心理需要。在收入达到一定水平、温饱问题解决之后，人们各种非经济性的需求如慈善、公益心理等将逐渐增加。体育彩票可以支持国家的体育事业发展和全民健身计划的开展，从而满足这种心理需求。很多彩票购买者也的确是出于爱心去购买彩票的，他们把这看作是对国家公益事业的贡献。

（三）香港赛马统计

在我国香港地区，赛马博彩是最著名的与体育相结合的竞猜型博彩，在这一博彩活动中，需要运用一些统计指标进行统计分析。

1. 赛事资料统计范围

报名及配磅统计：包括个人配磅表和练马师出赛表。

排位统计：包括个人排位表、骑师出赛表、练马师出赛表。

赛马结果统计：包括赛事结果统计和即时结果统计。

2. 马匹统计

马匹统计包括：历季赛绩统计、晨操资料、父系成绩统计、试闸资料。

3. 骑练资料统计

骑练资料统计包括：骑师统计、练马师统计、骑练合作成绩、骑师各程上榜统计、骑师杯赛成绩、练马师杯赛成绩。

4. 年度统计

年度统计包括：初出新马成绩统计、本季王牌统计、本季杯赛成绩统计等。

5. 赔率统计指标

赔率统计指标包括：即时赔率、过往赔率。

6. 其他资料统计

其他资料统计包括：赛期表、过送派彩计算、各项彩池派彩记录等。

第二节　健身俱乐部统计

健身休闲消费与一般消费者的购物行为有很大的差异，会员加入俱乐部购买健身卡后，代表着拥有了享受俱乐部提供服务的权利。现在人们日益重视健身休闲的重要价值，同时健身休闲俱乐部开始提供更多的服务，并且更加注重不同的市场需求，已经逐渐发展为一个稳定的产业。

一、我国健身俱乐部发展的统计数据

国外健身俱乐部模式从 21 世纪进入中国，经过短短 6 年左右的发展，现已成为了健身业发展的主要模式。虽然瑜伽馆、跆拳道馆等依然存在并发展，但从总体的趋势来看，综合了有氧运动、力量训练、身体检测、私教服务等项目的综合健身俱乐部是健身业主要的发展方向。

在健身行业发展比较成熟的美国，2005 年健身俱乐部有 26830 家，健身会员达到了全美总人口的 14%（IHRSA 国际健康及运动俱乐部协会数据）。

中国健身俱乐部在 2005 年仍然处于高速发展期，健身人群的健身意识普遍提高。以健身俱乐部发展较快的北京为例，2005 年有 345 家健身俱乐部（包括正在建设的），其中朝阳区最多，有 118 个健身俱乐部，其从业人员为 6021 人，俱乐部总会员人数大约 8 万人，大约占北京人口比例的 0.5%。根据 YPS 健身俱乐部连锁体系的统计数据显示，开业 2 年以上的俱乐部，2005 年会员人数比 2004 年同比增加 38%。同时，健身俱乐部的数量也有了较大的增长，从几家全国知名的连锁加盟俱乐部统计得出，俱乐部的店址数量2005 年比上年平均增长

49.3%。从最新体育场馆的调查资料看，90%到运动场馆的消费者一次消费在50~100元。

二、健身俱乐部的种类

（一）目前我国一般的健身俱乐部类型

专业健身俱乐部：以有氧舞蹈和器械健身为主，有的辅以游泳、乒乓球、羽毛球、壁球等运动场地和设施。如英派斯、中体倍力、青鸟、浩沙等。

综合性商务会所：包括有健身、按摩、美容、餐饮等功能的综合设施。

课程馆：以瑜伽、跆拳道、太极、舞蹈教室等单项课程为主。

非商业性健身房：目的在于服务某种特殊人群，如建在酒店、公司、医院、学校、军队等机构的健身房。

（二）全球体育俱乐部类型

1. 业余体育俱乐部

业余体育俱乐部是指俱乐部的形成主要是能提供会员利用休闲时间从事运动的机会。在德国和欧洲其他国家，这种形态的俱乐部很受欢迎。其特征如下：

- 俱乐部为会员所拥有，并且会员间可以选举俱乐部的管理阶层；
- 多数这类俱乐部只涉及单一的运动项目，例如足球或乒乓球等；
- 俱乐部的运营是会员的责任，而收入来自于其运营，其中包括赞助、门票销售、广告及租金等方面的收入，并且会员都是义务性服务；
- 这类俱乐部属于非营利组织；
- 基于会员的运动能力和年龄，分成不同种类的竞争水平，而形成一种层级架构；
- 所有俱乐部都是隶属在它们各自运动的地区联盟，而在每个水平的俱乐部间的竞争也是如此。

2. 职业体育俱乐部

职业俱乐部的运营有多个系统或模式。每个模式都是在特殊的经济和社会环境中创造出来的，因此都具有各自的特色。不过在这些模式中，也存在着某些共同性。只有在具有广大观众和深受消费者喜爱的体育俱乐部，这些模式才能在市场经济中生存。

（1）多数球队都为富商或财力雄厚的公司所独立拥有。在世界上，这种职业体育俱乐部运营的形态是最常见的。这种模式存在的原因在于：

①控制球队的组织通常都是以联盟或协会的方式形成的，而各个球队在联盟注

册来获得球队的经营权。联盟是一个各位所有者合作的产物，通常也都是在基本经济法则下运营的，即所谓将联盟的经济利益最大化。因此，联盟不但有权力处理类似赛程安排和资产的事务，而且也能制定规则和政策，来规范和约束各个球队所有者或在经营权遭到侵犯时提出应对措施。美国四大职业体育联盟可谓这种模式的典型例子。

②联盟或协会通常是一种半管理实体，处理从制定选秀规则到违反规则的球员和所有者的惩戒等大小事务。这种类型的模式，也常见于半集权化的国家里，例如，我国的甲 A 足球联赛，即使它是独立于政府部门外，但政府也拥有极大的权力监督着联赛中的球队和球员。

③所有球队都独自分属于两个不同的联盟。为了造成彼此间的竞争，这两个联盟会制定一项协议，并且创造一个协会来执行这项协议。不过，这样的协会不是一个联盟实体，而且没有任何监督这两个联盟的权力。日本职业棒球便是如此。

（2）职业运动队为业余体育俱乐部所拥有。部分业余体育俱乐部的价值会导致它们的俱乐部出现业余和职业这两种形态的综合体。俱乐部依然为会员所拥有，而且它们的运营依然是业余导向。然而，这样的球队在它们各自的职业联盟中竞争，而它们的运营是个别分开的模式。

（3）所有的球队由一个合并的联盟所拥有。美国足球联盟的结构和运营方式明确地反映出这种模式的精神。每个球队的拥有者是联盟的出资者，他们不仅管理和控制所有球队的运营，也在财务上占有股份。联盟与所有的球员签约与协商，并且拥有所有球员的合同书，所有的球队可经过每年的选秀会来选择球员，联盟把薪资上限强加于每一个球队之中。基于这样一个特别的结构，联盟的管理可能享有一些经济利益，比如：

- 限制了大市场和小市场中财政的不平等；
- 通过商业广告提供一个可合作的授权赞助节目；
- 减少狙击行销的机会；
- 在购买能力和价格的控制上获得经济规模；
- 决定整个联盟的最大利益而不仅是一个球队；
- 避免团队争夺球星，最后导致球员薪资的逐步攀高。

3. 商业体育俱乐部

通常，商业体育俱乐部都是企业家为了其财政上的利益而建立的。一般而言，商业型的俱乐部分为两种：一种采用会员制，另一种则不采用会员制。前者必须缴纳入会费以及每个月的月费，例如运动与健身俱乐部；后者则只对每一位缴纳了设施费的使用者开放，例如保龄球馆、溜冰场以及公共的高尔夫球场等。

三、健身俱乐部的市场调查及其数据分析

（一）健身俱乐部市场调查

试探性调查。这种调查是在健身俱乐部市场调查的问题尚未清楚，一时搜集不到有关信息的情况下采用的。如最近健身卡销售量下降，且弄不清下降原因时就可以采用试探性调查。

预测性调查。这种调查是在获取过去和现在多种健身俱乐部的市场情报信息基础上，运用科学方法，测算或估计未来会出现的情况，如体育人口的消费趋势、健身俱乐部的市场容量、需求量及变化趋势等。

描述性调查。这是针对需要调查的问题，运用一定的方法对健身俱乐部市场的客观情况进行实事求是的描述和反映。如对健身俱乐部的市场潜在需求、健身俱乐部的市场占有率的调查都属于描述性调查。

因果性调查。这种调查是在对事实资料搜集和整理的基础上，查明有关现象之间的因果关系。例如，近期体育健身卡销售量大增，可能是由于体育人口在增加收入的基础上加大了对健身方面的投入，或闲暇时间增多了，或还可能是其他原因。一般来说，这种调查是在描述性调查基础上找出它们之间的因果关系，从而估计未来健身俱乐部市场的发展趋势。

（二）健身俱乐部客户数据的统计范围

1. 人口统计数据

（1）个人消费者：统计应包括其姓名、出生年月、性别、身份状况、婚姻状况、家庭结构、受教育程度、收入阶层、就业状况、工作性质、生活方式、心理特征、健身目的，以及其他相关描述。

（2）群体消费者：统计应包括其单位名称、简介、经营领域、规模、经营状况、主要产品、信用状况等级、法人代表或采购负责人等。

2. 地址数据

统计应包括通信地址、邮政编码、地址类型、地区代码、销售区域、电话号码、传真号码、电子邮件地址、媒体覆盖区域代码、网址、单位名称缩写等。

3. 财务数据

俱乐部需要清楚客户能否有能力付款。主要涉及到客户的信用卡购物、现金付款及支付记录等方面的情况。统计应包括账户类型、开户银行、账号、第一次购买日期、最近一次购买日期、平均订购价值、平均付款期限、信用状况等级等。

4. 行为数据

行为数据是有关客户和潜在客户与俱乐部交往的历史记录。行为数据能告诉我们客户过去做过什么、喜欢什么、购买频率等，是客户数据库中最重要的一类数据。统计应包括买卡习惯、品牌偏好、购买地点、购买频率、购买时间。包括对讯问、调查活动、广告活动、促销活动等的反应，即回应类型、回应的日期、回应的频率、回应价值、回应方式（电话、传真、邮寄、E-mail 等）。每次与客户进行接触的时间和方式（信件、电话、人员往来、参加展会等）。每次客户的抱怨及其结局的记录、售卡后服务的记录等方面的详细信息。

（三）如何从客户数据库中找出重要客户

我们无法从人口统计或心理统计中得知个别客户的需求，而且人口统计与心理统计也无法找出潜在客户。消费者行为才是最关键的，通过对客户行为的及时、全面的统计分析，就可以找到他们的特点和潜力所在。分析工具、技术与能力的进步，使得我们可以从客户数据库中发掘出刺激消费者购买的差异因素。以事实为基础的分析可以预测客户购买偏好。

1. 关注最近一次消费

客户最近一次消费是指上一次购买的时间——客户上一次是何时来俱乐部里买的卡，上一次来俱乐部锻炼消费是什么时候等。理论上讲，上一次消费越近的客户就是比较好跟踪的客户，对提供的锻炼项目或服务也最可能会有反应。最近一次消费的过程是持续变动的。客户上一次购买满一个月之后，在数据库里就成为最近一次消费为两个月的客户。月度报告若显示上一次购买很近的客户（最近一次消费为一个月）人数增加，则表示该俱乐部是个稳健成长的俱乐部；反之，若上一次消费为一个月的客户越来越少，则是该俱乐部迈向不健全之路的征兆。因此，最近一次消费报告是维系客户的一个重要指标。最近购买健身卡、服务或是去过俱乐部的消费者，是最有可能再购买的客户。

2. 高频度的客户就是最重要的客户

消费频度是指客户在限定的期间内所购买的次数。最常购买的客户其忠诚度也就是最高。增加客户的购买次数，则意味着从竞争对手处抢夺到了市场份额，并提高了市场占有率。

3. 发掘高获利客户

除了客户消费的频度之外，还必须考虑到其在一定时期内的消费金额。利用消费金额方面的数据，可以获取许多有意义的客户信息。通过客户消费金额的排名，可以掌握客户在某段时间购买的情况。

（四）健身俱乐部对消费者行为的调查分析

- 对本俱乐部的认知及印象：例如主题性、属性、机制、位置、功能等；
- 对品牌的认知度；
- 对俱乐部的定位认知：例如是否符合其理想或要求；
- 对本俱乐部光顾的频率与机会；
- 是否为会员；
- 参加俱乐部的理由、动机；
- 选择俱乐部的因素；
- 对会员卡价格的看法；
- 对会员权益及保障的看法。

综合上述调查，可以得到较为完整的消费者分析。有了消费者分析，可以发掘主要会员对象及其特性、掌握消费者行为趋势、制定弹性行销策略、建立正确的目标市场、评估市场范围、制定行销计划，并可有效地区分市场、满足消费者需求。

（五）体育健身消费服务管理系统分类

健身俱乐部管理系统：是主要处理健身俱乐部日常业务和管理工作的信息管理系统。

健身计划专家系统：运用科学的健身方法，自动建立个人健身计划的专家系统。

营养计划专家系统：根据中国人的生理特点和饮食习惯，对广大健身人群的饮食进行科学管理的专家系统。

教练员课程安排系统：针对健身俱乐部教练员的特点及健身人群的需求实现优化排课的信息管理系统。

竞赛评分系统：运用于健身健美竞赛的裁判评分系统。

四、健身俱乐部主要统计指标

（一）健身俱乐部主要统计指标

健身俱乐部数量：如表 3－7。

健身俱乐部的店址数量：这一指标是针对加盟、连锁俱乐部进行统计的。

健身俱乐部产值：如表 3－7。

健身俱乐部主营业务收入：如表 3－10。

健身俱乐部会员的分类统计数量及其构成：如表 3－7。

健身俱乐部会员占当地人口比率：如表 3－7。

表3-7 亚洲主要国家（地区）健身俱乐部统计

国　别	总产值(百万美元)	俱乐部总数(个)	会员总数(万人)	会员占总人口比率(%)
日　本	3615	1951	377.70	2.440
澳大利亚	779	1335	159.30	8.000
新西兰	158	375	36.00	9.000
中国大陆	126	350	18.17	0.014
马来西亚	113	225	70.57	3.000
中国台湾	110	220	45.50	2.000

资料来源：IHRSA（2005）. 各国健身俱乐部产业：对全球发展趋势、机遇与挑战的观察.

表3-8 2006年XJBS健身俱乐部会员卡分类统计表

健身卡种类	年　卡	半年卡	季　卡	月　卡	礼品卡
健身人数构成(%)	62.5	12.5	12.5	6.25	6.25
低收入户	2	0	0	0	0
中低收入户	5	0	0	0	0
中等收入户	13	2	2.5	0	0.25
中高收入户	20.5	5.5	6	2.25	3
高收入户	22	5	4	4	3
价格(元)	6800	3960	2580	980	88

资料来源：XJBS健身会行政部门.

俱乐部会员卡销售的分类统计数量及其构成：如表3-8。

俱乐部设施的分类统计数量及其构成如下。

器械及设施使用率：表现的是实际使用与可供使用之间的关系，详见公式3-4，通常情况下，其使用率指标越高，表明这一俱乐部的经营状况越好；但过高的使用率会造成对器械及设施的破坏性使用，从而存在安全隐患；此外，由于使用率过高还会使服务、管理水平下降，进而影响顾客满意度等。

$$\text{器械及设施使用率} = \frac{\text{报告期内实际使用次数}}{\text{同期可供使用总次数}} \times 100\% \qquad (\text{公式}3-4)$$

器材及设施完好率：详见公式3-5，这一指标越高，表明该健身俱乐部的管理水平越高，有利于业务的开展，有利于客户满意度的提高，有利于减少安全隐患。

$$\text{器械及设施完好率} = \frac{\text{报告期内实际完好可用的件数}}{\text{同期可供使用总件数}} \times 100\% \qquad (\text{公式}3-5)$$

器械费用：是指购买新器械的费用与保养现有器械的费用之和（表3－9）。

俱乐部设施资产价值的分类统计及其构成：如表3－10。

健身俱乐部从业人数及其分类：例如，福建省第一次经济普查资料显示，2004年该省投资于休闲健身娱乐活动的企业数为90家、从业人员数为2056人、资产总计为62181.8万元、主营业务收入为8841.6万元，但主要集中在该省经济比较发达的福州、厦门、泉州等城市。

休闲健身娱乐活动占体育服务业总体的比重见表3－10。

表3－9　2006年XJBS健身俱乐部费用与盈利统计表

费用分类	按每月统计（万元）	比　例（%）
器械费用	8	18.7
其中：购买新机	6	13.3
保养	2	4.7
管理费用	6	14.3
其中：员工报酬	4	9.5
应付杂费（水电）	2	4.8
盈利部分	25	67

说明：因该俱乐部隶属于其所在物业之下的产业，故未计租赁场地费用。

资料来源：XJBS健身会行政部门.

表3－10　2004年福建省体育服务业发展情况一览表

指　标　名　称	企业数（个）	年末从业人员数（人）	资产总计（万元）	主营业务收入（万元）
全　省	154	2906	951568	134994
体　育	32	415	164875	23289
体育组织	7	162	111177	14814
体育场馆	14	175	45446	6746
其他体育	11	78	8252	1729
休闲健身娱乐活动	90	2076	621818	88416
休闲健身娱乐活动占全省体育服务业的比重（%）	58.4	71.4	65.3	65.5

资料来源：福建省统计局 http：//www. stats－fj. gov. cn/tjfx/0200606070165. htm.

投资收益分析：以一个普通的健身房为例，通常有100～150平方米的规模即可。这样的一个健身房需要选择的器械包括一台迷你型大举重器、一台举重床、一台多功能跑步机、一台单功能跑步机、一台12人站综合训练器、两台健步器、两台按摩器、两台划船器、一台滑雪器、一台腹肌板、一副哑铃架，另加一些小器械。上述健身房可同时供大约30人进行健身。每人每次锻炼1小时，每天按每人2~3元的标准收费，每天可收入300~500元。除去健身场所占地费用外，每月可得毛利几千至万元。在这类经营企业的投资收益分析中，通常使用“营业额月度分项累加预测表”，以帮助决策分析（表3-11）。

表3-11　健身俱乐部营业额月度分项累加预测表

营业项目	满负荷接待人次	分项平均使用率(%)	消费单位价格(元)	营业收入预期(元)	备　注
健身房 游泳池 网　球 ……					
合　计					

健身器材设备投资回收期：回收期越短，说明年利润越大，投资效果越好。在其他条件相同的情况下，投资回收期最短的健身器材设备为最优设备，可作为选购对象。

$$\text{健身器材设备投资回收期} = \frac{\text{健身器材设备投资额}}{\text{年利润}} + \text{年折旧额} \quad \text{（公式3-6）}$$

目标收益率：健身俱乐部计划在一定时期内收回投资的比率。如某健身俱乐部计划三年收回总投资，每一年收回全部投资的50%，则此健身俱乐部第一年目标收益率为50%。

经营项目的基本价格：将投资额与收益率相结合，计算出经营项目的基本价格，即健身项目每小时的基本价格水平，为最后定价提供重要的参考依据。

$$\text{基本价格} = \frac{\text{建设投资额}}{\text{总经营面积}} \times \text{目标收益率} \times \frac{\text{项目面积}}{\text{目标周期} \times \text{设备数量} \times \text{每日接待量}}$$

（公式3-7）

健身项目每小时价格：由于健身项目并非属于投资密集型的项目，而是属于技术、劳务密集型的项目。因此，这些项目的价格主要是技术、劳务价格的反应，如健身教练、按摩师等工资较高。这就要在平均建设投资基础上，再加上人工成本，从而得出该项目的价格。

$$\begin{array}{c}\text{健身项目}\\\text{每小时价格}\end{array} = \text{每小时劳务费} + \text{目标收益率} \times \frac{\text{每平方米投资额} \times \text{该项目占地面积}}{\text{目标周期} \times \text{每日接待量}}$$

（公式3-8）

健身器材设备费用效率：其中，生产效率是指健身器材设备在保证质量、安全和成本较低的情况下所达到的产量，即健身消费者的接待量，计算时可用总接待量或日接待量。器材设备使用寿命期间的总费用由器材设备的设置费和维持费两部分组成。

$$\begin{array}{c}\text{健身器材设备}\\\text{费用效率}\end{array}=\frac{\text{生产效率}}{\begin{array}{c}\text{器材设备使用寿命}\\\text{期间总费用}\end{array}}=\frac{\text{器材设备的产出}}{\text{器材设备的投入}} \qquad \text{（公式 3－9）}$$

（二）健身俱乐部消费统计报表

健身俱乐部会员消费的基本统计报表：应包括会员种类、入会费、保证金、储存金、年费、年限、季（月）会费、基本消费额，以及季（月）最低消费限制与会员权益说明。其中，会员种类可以分为个人会员和公司会员两大类。有些俱乐部在个人会员这类又衍生出夫妇会员、家庭会员等；在公司会员这类也有称为团体会员或法人会员的。

表 3－12　健身俱乐部会员消费统计报表

单位：元

会员种类	入会费	储存金	月会费	基本消费额

第三节　大众体育健身休闲消费统计

《2005 年度健身俱乐部行业发展报告》指出，中国有世界上前景最光明的健身市场。根据国家体育总局统计，我国 18～50 岁之间对运动相关产品和服务有需求的人数超过 4 亿人。目前，全国经常地参加各类健身娱乐活动的人有 3 亿多。因此，具有广阔的健身人群的顾客需求，中国经济发展带来的生活水平的提高，是中国健身休闲市场发展的基础。大众体育健身休闲活动，除了包括上文谈到的健身俱乐部以外，还包括自家内的和社区里的全民健身娱乐活动，以及人们对相关体育用品的消费。

一、全民健身娱乐统计

对于全民健身娱乐活动的统计，由于各地的居民健身习惯不同，所喜好和擅长的健身娱乐项目也不同；再加上收入水平的差距，以及各地政府部门对全民健身娱乐事业的重视程度和支持力度的不同，其统计结果也不尽相同。例如我们在“我国东部地区城市居民体育服务价格水平的调查研究”中发现，居民平时参与最多的体育健身项目依次为羽毛球、跑步、乒乓球、游泳等（表3－13）。因此，反映在统计上是各地做法不一。但基本的全民健身娱乐统计指标应包括平均每月到健身娱乐场所的次数、平均每月体育消费额、参加体育活动人口数量等。现以我国的上海市、香港特别行政区及台湾地区为例进行研究。

表3－13　我国东部地区城市居民平时参与体育健身项目次序表

	羽毛球	跑步	乒乓球	游泳	快走	篮球	武术	足球	保龄球	健美	网球	台球	滑冰	体操	排球	其他
样本数(人)	392	351	188	186	151	111	106	94	94	66	63	35	24	20	12	102
百分比(%)	19.6	17.6	9.4	9.3	7.6	5.6	5.3	4.7	4.7	3.3	3.2	1.8	1.2	1	0.6	5.1

资料来源：丛湖平主编．体育产业理论与实践．北京：人民体育出版社，2006：70.

上海市是中国大陆全民健身娱乐传统和活动开展最好的地区之一，同时也是全国统计工作做得最好的地区之一。关于全民健身娱乐统计主要包括分区统计的“举办运动会（比赛）和全民健身活动情况表”（表3－14）；按年统计的“群众体育健身活动场所情况表”（表3－15）。其中，前者对运动会、比赛的场次和参与全民健身活动的人次数、规模以及活动次数进行了统计；后者对社区健身设施数量、场地面积等指标进行了统计。

表3－14　2006年上海市举办运动会（比赛）和全民健身活动情况

地　区	运动会和比赛次数(次)	其　中		举办全民健身活动情况		
		综合运动会	单项比赛	活动次数(次)	其中千人以上活动	参加活动人次(万人)
总　　计	936	71	865	5244	2622	216.09
市 直 属	268	3	265	200	48	100
浦东新区	—	—	—	50	20	3
卢 湾 区	33	1	32	29	3	1.78
静 安 区	15	1	14	20	5	3.2
普 陀 区	13	5	8	12	3	1.15

资料来源：上海统计网；由于篇幅有限，对此表的部分地区资料进行了删减。

表 3－15　上海市 2000 年、2005 年、2006 年群众体育健身活动场所情况

指　标	2000	2005	2006
社区体育健身设施数(个)	1354	4604	4926
#健身点	1271	4345	4537
社区健身场地面积(万平方米)	65	295	300
社区公共运动场(个)	—	76	130
社区公共运动场面积(万平方米)	—	16.4	199.1

资料来源：上海统计网.

在香港特别行政区，根据其政府统计处的“统计数字报告”，对大众康体设施及康体活动的统计主要包括设施数目和参加人数统计，其中进行大众康体设施数目统计的有射箭场、泳滩、球场（羽毛球、篮球、手球、壁球、网球、排球）、大球场（户外）、草地球场（天然及人造草）、硬地足球场、曲棍球场、橄榄球场、体育馆、滚轴溜冰场、运动场、游泳池、水上活动中心、高尔夫球练习场、障碍高尔夫球场、草地滚球场；对康体活动的统计主要是统计参加人数，并以千人次为计量单位，包括泳滩的泳客人次、拯溺和溺毙的人数、游泳池的入场人次及其拯溺和溺毙的人数。这样的大众体育健身统计设置，是与香港特别行政区自然、人文环境、传统、运动偏好、社会经济条件等方面分不开的。

从我国台湾学者对大众体育健身的统计研究来看，他们更关注居民健身意识的调查研究，并以平均每周参加运动 3 次为界限划分运动的规律性（表 3－16）。他们统计认为居民平均每周参加运动不足 3 次者，被视为非规律性运动者，而平均每周参加运动 3 次及其以上者被认为是有规律性运动者，或我们称之为“坚持运动的人群”。他们的调查表明，非规律性运动者占其调查总体的 67.5%，其中，几乎不参加运动的人占 2.9%；能够坚持运动的人只占 30% 多，其中平均每天都参加一次运动的人只占 3.14%。

表 3－16　我国台湾居民平均每周从事运动次数之统计

单位：%

	组　别	百 分 比
非规律性运动者	不到 1 次	2.90
	1 次	41.83
	2 次	22.77

续表

	组　别	百分比
规律性运动者	3 次	12.25
	4 次	6.84
	5 次	5.25
	6 次	5.00
	7 次	3.14
	8 次(含 8 次)以上	0.00
总　计		100.00

资料来源：陈鸿雁、谢邦昌．我国台湾地区居民运动意识之调查研究．台湾行政院体育委员会委托研究报告．2003；http：//www.npf.org.tw/particle－1820－2.html.

二、健身体育用品的生产与销售统计

关于我国体育用品的生产与销售统计，目前的统计现状仍没有集中呈现，而只是分别在不同相关工业行业、商业零售业的行业中进行归口统计。这样难以真实、全面地反映总体的健身体育用品生产与销售状况和形成完整的统计体系。

（一）健身体育用品的分类

根据体育用品的功能和用途，体育用品可分为运动服装、球类器械设备、健身器械、娱乐及场馆设备、体育健身测试器材、户外运动品、渔具系列、运动装备及奖品、运动保健品等几大类。

1. 运动服装类。主要指用于体育活动的运动服装、鞋、帽等。根据各类运动项目又可以进行细分，如篮球服、足球鞋、泳装等。

2. 球类器械设备类。主要指用于各种球类的球和设备。如乒乓球、篮球及其设备等。

3. 健身器械类。主要指居民健身和运动员进行身体素质训练用的器材设备。包括各类健身器材，如跑步机，武术中使用的刀、剑等。

4. 娱乐及场馆设备类。主要包括三大类：体育娱乐设备和器材，如风筝、龙舟、毽球、秋千等；棋牌类用品，如国际象棋、中国象棋、围棋、跳棋、扑克牌等；体育场地设备和器材，如篮球场、足球场、高尔夫球场的设备；体育馆设备和器材，如记分牌、座椅等。

5. 体育健身测试仪器类。主要指为测量身体形态、素质、机能状态以及进行运动技术分析、评定而使用的仪器设备。如弹跳仪、身体量高仪、运动肺活量测试仪等。

6. 户外运动品类。主要指人们在户外进行休闲运动所使用的器材设备，如登山、攀岩、狩猎等活动用品。

7. 渔具系列类。主要指用于钓鱼活动的渔具，如钓钩、钓竿、渔线等。

8. 运动装备及奖品类。主要指运动参与者在运动场所和户外旅游、休闲活动时所使用的一些用品。主要包括运动箱包和其他运动配具。体育奖品、体育纪念品主要指体育竞赛中优胜者获得的奖杯、奖章和双方为增进友谊而互相交换的队旗、队徽、纪念章、纪念卡等带有浓郁体育色彩的纪念品。

9. 运动保健品类。主要指在运动过程中及运动结束后为补充机体能量、水分而专门制造的饮品和营养品，如运动饮料、运动营养品。

（二）健身体育用品的生产与销售统计数据

近十多年来，我国体育用品生产的规模逐年扩大，发展迅速。据有关统计，我国体育用品出口每年以20%的速度增长，主要出口对象为欧洲和美洲，我国已经成为世界体育用品输出第一大国。2000 年我国体育用品出口金额为 70 亿美元。据世界体育用品联合会统计，全世界体育用品有 65% 的产品是中国制造的。

2002 年，北京市体育用品销售业营业收入达 72.3 亿元，增加值达到 21.05 亿元，吸纳就业人口 3 万余人。2000 年浙江省体育用品销售业的营业收入为 19.95 亿元，实现增加值约 14.08 亿元，吸纳从业人员 4.13 万人。2001 年，辽宁省体育用品销售业贸易总额为 67.1 亿元，比 2000 年增长 11.3%，实现增加值近 15 亿元。其中，兼营体育用品贸易额达到 62.9 亿元，成为体育用品销售的主体。安徽省和四川省体育用品销售业增加值较低，分别为 0.47 亿元和 0.12 亿元。

随着 2008 年北京奥运会的临近，北京的体育产业发展迅猛，居民的体育消费也呈增长态势。据北京市统计局社会科技处提供的有关资料显示，2003 年北京市体育用品生产销售发展态势良好，年销售收入 2.24 亿元，比上年增长 20.43%。据北京市统计局所做的城市居民抽样调查显示，2003 年城市居民人均购买体育用品支出 8.33 元，比上年增长近 1 倍；人均购买健身器材支出 2.59 元，比上年增长 2.13 倍。据 2004 年《2008 年北京奥运会带动体育产业》的研究表明，除羽毛球外各种体育项目的参与程度并不太高，而且到现场观看各类体育项目比赛的比例也较低，城市居民的各类体育消费应该还有更大的潜力。

福建省是我国发展体育用品产业较好的地区。据福建省第一次经济普查资料显示，2004 年该省体育用品制造业总产值为 333950 万元、销售收入为 324527 万元、总资产达 282788 万元、从业人数达 3.3 万余人。其中，规模以上体育用品制造业企业的总产值、销售收入、总资产、从业人数分别是规模以下体育用品制造业企业的19.1倍、19倍、5倍和8.5倍。

福建省体育用品制造业的发展主要体现在运动服装和运动鞋行业上，在全国同行业发展中属前列。但遗憾的是在这次经济普查中，国民经济行业分类未把运动服装和运动鞋行业从纺织服装、鞋、帽制造业中单独分列出，故无法取得统计数据。从目前掌握的资料看，该省晋江市是世界上最大的制鞋工业基地，有着“中国鞋都”美誉之称，共有制鞋企业3000多家，年生产量达3亿多双，产值超过100亿元，打造出“安踏”、“361度”、“德尔惠”等国内知名运动鞋品牌；石狮市灵秀镇以生产运动休闲服装著称，生产企业652家，2003年产值达12.6亿元，占全镇乡镇企业总产值的49.1%，涌现出“健健”、“豪健”、“斯舒郎”、“赛琪”、“凯而来”等国内知名运动休闲服装品牌。而彭田村有“运动服装第一村”之誉，全村几乎家家户户生产运动服装；莆田市也是该省生产运动鞋大户，每6双“耐克”鞋中就有1双是莆田台资鞋厂生产的，全市共有鞋厂3000多家，产值在1亿元以上的有13家。

据业内人士介绍，随着健身器材大量进入家庭的进程加快，目前全国几个大的健身器材生产厂家的销售都以30%～35%的速度高幅增长，且尚有在建的厂家100余个，这充分说明了居民对健身需求的旺盛程度。

据国家统计局2004年5月提供的数据，中国体育用品行业从业人数18.64万人，总资产205.62亿元，占制造业整个门类的0.14%；实现销售收入累计215.45亿元，占整个制造业门类的0.19%；利润总额累计41.15亿元，占整个制造业门类的0.16%。体育用品行业在中国经济发展、人民生活水平上升的大背景下获得了巨大发展，行业的总资产和销售收入呈现快速增长趋势。

（三）健身体育用品生产与销售市场预测方法

虽然预测是很重要的事，但做起来并不容易，需要作出完整的关于目前和未来发生情况的假设性分析。民意调查、市场研究以及支出花费计划研究视角是常被用来定义人们消费行为的方式。这些技术可以帮助我们找出哪些是消费群，以及他们如何消费和未来计划的消费方式。类似的研究多由企业或工商团体组织以及研究中心来完成，比如全美体育用品协会可以提供大量关于产品消费的信息。

专家意见法也是常用的预测工具。这些专家也许是产业组织的管理人员或销售专家。他们可以清楚地说明未来体育产业的发展趋势。商机发展潜力可以通过组织内部加以检验，销售人员是常被忽略的部分。其实他们更常与消费者接触、交流，更了解消费者的需求。这样的预测技术很实用，但由于少数的某些个人或者群体并不能代表全部，无法产生全面性的决策观点。

另一种估算方法就是参考过去的需求信息，借此决定出如何调整供给状况。特别是当管理者所需预估的供给期间与参考资料时间点接近时。而这个方法也有其不足之处：当公司整体运营改变或是时间较长时，如体育服装公司被时尚潮流所支配，三年前的公司流行产品已过时，因此引用过去的资料可能会错误地引导策略。针对这一问题，目前已发展出多种统计方法，包括时间序列分析、稳定综合增长率等，使过去的信息仍能被再利用。

第四章

宠物饲养休闲消费统计研究

按照国际上的一般规律，一个国家的人均 GDP 在 3000 ~ 8000 美元，宠物产业将快速增长。现在国内的一些大城市都达到了这一水平。此外，由于住房条件的改善，三口之家增多，城市人口的不断老龄化等一些社会和经济的因素，也正在促进这一行业的发展。宠物价格走低，宠物伴侣文化的流行，都市人养宠物的情况越来越普遍。饲养宠物已经从一种传统演进为一种时尚的大众休闲方式。

第一节　宠物饲养休闲消费及其统计发展现状研究

一、我国宠物饲养休闲消费统计

中国目前尚无国家统一完整的对宠物饲养休闲消费方面的统计，一些相关数据主要来自于公安、卫生防疫等部门。而对宠物饲养休闲消费家庭的统计调查与研究更是缺失。然而，面对这样一个快速发展的形势，面对这一休闲消费方式所带来的对资源和环境等方面的严峻挑战，我们有必要尽快进行相关的统计研究，以提供决策的依据和管理的工具。

（一）我国宠物饲养规模与消费水平统计数据

截止到 2004 年年底，我国家养宠物达 8000 万只，宠物产业拥有固定资产总值约 20 多亿元，年创产值 60 多亿元，有 6 万名从业人员。围绕在宠物饲养休闲时尚的周围，医疗、服装、托管、犬社、赛会等正在形成一个专业领域。据了解，可吸 10 小时的一罐氧气，原价 35 元，而在宠物医院，可卖到 60 元……现在的宠物医院，其利润甚至可以达到 300%。专家预测，到 2010 年，我国至少有宠物 1.5 亿只，宠物产业产值将有望突破 400 亿元。

2005 年宠物行业被评为最赚钱的行业之一，仅上海，每年养犬费用就高达 6 亿元，每个家庭每个月宠物消费平均为 300 元。在青岛，养宠物的市民每个月花在宠物身上的费用为上百元到几千元不等，并且这个数额仍会继续快速膨胀。据不完全统计，1995 年北京注册犬不足 1 万只，只有 8 家宠物医院；2000 年注册犬为 5 万只，宠物医院发展到 30 家；2005 年北京居民宠物犬发展到 40 多万只；2006 年宠物医院发展到了 201 家。2006 年北京市有注册宠物诊疗人员共计 906 人，其中宠物医师助理 200 人，宠物医师 706 人。宠物饲养量的急剧增加，孕育着宠物饲养休闲消费的新行业诞生。据北京市公安局 2006 年 7 月份的统计，北京市内登记在册的宠物就有 53.4 万只，如果加上没有注册的，数量可能达到上百万只，而且这个数字还有上升的势头。据统计，现在北京人每年要花近亿元养宠物，实际上，目前北京市宠物狗的总数量已经超过 100 万只（北京市小动物协会的统计），北京市民每年为宠物花费 12 亿元。

（二）我国宠物饲养休闲消费与资源紧张之对照统计数据

我国有 1 亿只宠物狗，全国每年消费狗粮 60 亿公斤，折合需要耕地 1935 万亩。我国耕地资源十分紧张，目前人均耕地资源不足 1.4 亩，而且耕地正以 400 万亩/年的速度在减少。我国播种面积的增长速度和绝对指标也已经持续 4 年下降，粮食播种面积的潜力也已不大。宠物的增加无疑给我国粮食安全带来一定的挑战，增加了开发耕地的压力，为环境保护带来了不利的影响。

从水资源的角度看，以北京为例，北京是一个严重缺水的城市，每年用于宠物狗的直接消费水量达到 500 万立方米，相当于北京 72 万户三口之家一个月的用水量，相当于 2.5 个颐和园昆明湖的储水量。

此外，由于宠物饲养休闲消费方式的盛行，利益驱使一些人铤而走险，捕猎野生动物。据测算，出售野生鸟与死亡鸟的比例是 1∶20，也就是说，北京人饲养的 20 万只鸟是以牺牲掉自然界中 400 万只野生鸟为代价的，破坏了人与自然的和谐。

上述是宠物饲养休闲消费方式所带来的、潜在的，但却是不容忽视的资源与环境问题。解决的途径在于正确地引导消费；建立健全相关的法规制度；在现有法规的基础之上，加强监管力度。

（三）香港宠物饲养休闲统计

1. 按饲养宠物的种类划分的住户饲养宠物的比重分布统计。

2. 按有否饲养宠物以及所饲养宠物的种类、数量划分的住户数量统计。其分类包括“有”和“无”两大类，在“有”这类中又按饲养宠物种类的数量分为“一种”和“二种及以上”两类。

3. 按房屋类别划分的在家中饲养宠物的住户数量统计。

4. 按住户人数划分的饲养宠物住户数量统计。其住户人数分为“1”、“2”、

“3”、“4”、“≥5”共五类。

5. 按住户每月收入划分的有饲养宠物的住户数量统计。其中包括住户每月收入分类及总体住户每月收入中位数的统计。

6. 按所饲养的宠物种类划分的有饲养宠物的住户数量统计。其分类包括狗、猫、龟、雀鸟、兔子、其他。

7. 按所饲养的狗、猫数量划分的住户数量统计。其分类包括1只、2只、3只及以上。

8. 按有否为其狗、猫作定期防疫注射划分的饲养宠物住户数量统计。

9. 按饲养宠物的种类划分的住户饲养的宠物数量构成统计。

10. 按是否从外地进口或本地繁殖划分的住户饲养的狗、猫数量统计。其分类包括“从外地进口”、“本地繁殖”、“不知道”三类。

11. 按获取宠物途径划分的住户饲养宠物数量统计。其途径分类包括：亲友赠送、在宠物店购买、在住户外的地方捡拾、自行繁殖、从爱护动物协会领养、其他。

12. 按会否进行绝育手术划分的住户饲养的狗、猫数量统计。其分类包括：“有”、“没有”、“不知道”。

13. 按曾否打算不再饲养现时的宠物划分的有饲养宠物的住户数量统计。

14. 按考虑不再饲养现时宠物的原因划分的，打算不再饲养现时宠物的住户数量统计。其原因包括：

- 不再喜欢该宠物；
- 宠物随处便溺；
- 宠物大了，以致地方不够；
- 经济无法负担；
- 缺乏时间照顾宠物；
- 宠物太老；
- 宠物脱毛；
- 家庭多了小孩；
- 其他。

15. 按处置宠物的方法划分的，打算不再饲养现时宠物的住户数量统计。其处置方法包括：

- 转赠亲友；
- 在公园放生；
- 交到爱护动物协会；
- 卖给宠物店；

- 在宠物店寄卖；
- 卖给亲友；
- 交到兽医院所做人道毁灭；
- 不知道/未有计划。

二、国外宠物饲养休闲消费统计

国外在宠物饲养休闲消费统计方面的经验及其数据值得借鉴，其中，尤以澳大利亚、美国和日本比较突出。在澳大利亚，从政府的层面，对全国范围内的宠物饲养休闲消费进行分地区的、国家级的统计。在美国，宠物饲养休闲消费统计更多的是从不同相关企业所组织的行业协会的角度进行统计的，旨在服务于本行业企业的经营管理需要。在日本，宠物饲养休闲消费统计主要是从相关的主管部门的管理角度出发进行。

（一）澳大利亚居民宠物饲养休闲统计

在澳大利亚，有1200万澳大利亚人与宠物为伴。澳洲750万的家庭中，有63%的家庭拥有宠物，这些宠物给它们的主人和其所生活的社区带来了很多好处。91%的宠物所有者称：他们与其宠物的感觉是很亲近的，并且认为宠物是其家庭的重要成员。对于83%的澳洲人来说，宠物是他们孩童时期的一部分。对于至今还没有宠物的人来说，其中53%都有养宠物的打算。澳大利亚宠物行业拥有3万多名员工，并创造出近6%的国内生产总值。

澳大利亚对宠物饲养休闲消费的调查和统计还是比较全面和规范的。其统计主要是按地区，分为对宠物饲养的数量和构成统计（表4－1），对饲养宠物的家庭数量及其构成统计（表4－2），还有对宠物饲养消费的数量和构成统计（表4－3）。

表4－1　2005年澳洲宠物饲养分类统计

单位：只

分类	狗	猫	鱼	鸟	其他宠物	宠物合计	构成(%)
合计	3754000	2426000	20000000	9000000	3000000	38180000	100
南威尔士	1219000	804000	7091000	2957000	1117000	13188000	34.5
维多利亚	894000	599000	4874000	2045000	744000	9156000	24.0
昆士兰	819000	443000	3530000	1714000	521000	7027000	18.4
西澳洲	338000	261000	2016000	1126000	298000	4039000	10.6
南澳洲	373000	227000	1984000	900000	245000	3729000	9.8
塔斯马尼亚	111000	92000	505000	258000	75000	1041000	2.7

资料来源：国内外宠物行业现状分析及发展趋势. http://www.petvb.com.

表 4-2　2005 年澳大利亚饲养宠物家庭的数量与构成统计

分　类	数量(百万个)	构成(%)
养狗的家庭	2.8	37.8
养猫的家庭	1.9	25.0
养狗和(或)猫家庭合计	4.0	53.3
所有类宠物饲养家庭合计	—	63.0

资料来源：国内外宠物行业现状分析及发展趋势．http：//www. petvb. com.

表 4-3　2005 年澳大利亚宠物饲养消费额统计

单位：百万澳元

分　类	狗	猫	其他宠物	合　计	构成(%)
南威尔士	958	417	237	1612	34.9
维多利亚	678	295	168	1141	24.7
昆 士 兰	536	233	133	902	19.5
南 澳 洲	235	102	58	395	8.6
西 澳 洲	272	118	67	457	9.9
塔斯马尼亚	65	28	16	109	2.4
合　计	2744	1193	679	4616	100

资料来源：国内外宠物行业现状分析及发展趋势．http：//www. petvb. com.

对获得宠物的渠道调查表明：主要渠道中的42%的饲养者表示是从亲戚、朋友或邻居处得到的；15%从动物收容所获得；15%从动物育种者处买到；14%收留流浪猫狗；7%从宠物商店购买；2%从动物救援组织获得。

关于饲养宠物所面临的挑战：36%的饲养者认为是宠物的健康问题；20%的饲养者认为是清洁问题；10%的人认为是训练宠物服从；8%的饲养者认为是找到可以照顾的对象；还有26%的人认为没有任何问题。

（二）美国的宠物饲养休闲消费统计数据

美国是世界上第一宠物大国。2001 年，宠物饲养休闲为美国经济创造了276 亿美元的消费额，每年仅宠物保险业收入就高达40 亿美元；之后，宠物一年为美国创造的消费价值达到310 亿美元。

宠物几乎成了美国人日常生活中不可缺少的一部分，上至总统，下至百姓。据宠物产品生产商协会统计，62%的美国家庭拥有至少一种宠物，目前饲养宠物的家庭比 10 年前增加了 1000 万个。大约 1/3 的美国人把宠物视为家庭成员或自己的孩子，90%的家庭在过去 12 个月中给宠物买过特别的礼物。根据美国旅游业协会的调查，14%的美国成年人近 3 年内和宠物进行过 50 英里以上的旅行。全美有宠物猫约7770万只，宠物狗约6500万只，宠物鸟约1750万只，宠物爬行动物约880万只，观赏鱼超过2.5亿尾。北美（以美国为主）是所有宠物食品最大的地区消费市场，更占有绝大部分销售份额。

目前，全美经营宠物商品的公司已有数千家，这些企业结成了一些行业协会。美国宠物产品制造商协会现有700家会员；美国宠物产业联合咨询协会有上千家会员；美国动物健康联盟有2.7万多家宠物医院。协会还监督有关宠物产业法律法规的制定和执行，牵头制定宠物产品和服务的标准，规范行业内部的经营秩序，举办各种展览和宠物交友、联谊活动。

（三）日本宠物饲养休闲消费统计

日本的宠物市场不断地成长、完善。据日本食品工业协会最近统计，日本全国有宠物狗1245.7万只，宠物猫1163.6万只。日本的宠物市场规模大约有1兆200亿日元。目前，日本宠物经济已经发展到一定的程度，并形成一条完整的产业链：宠物饲养场、宠物医院、宠物美容店、宠物食品店、宠物寄养店、宠物墓地以及宠物网站等。日本也涌现出了各式各样的宠物食品、宠物用具，相关用品的市场销售已经达到1兆日元。根据日本某大型宠物食品公司的统计数字显示，这一市场的销售额正以每年1%~2%的速度递增。

在日本，养狗的家庭已占到60%以上。根据总务省的计算，目前0~14岁的儿童人口只有1773.4万人，因此，猫狗的数量已经超过儿童人口数量的3成还要多。

（四）其他西方国家宠物饲养休闲消费统计数据

据意大利《共和国报》公布的一项研究报告统计，意大利居民目前饲养的宠物总数至少有1450万只，而整个意大利15岁以下的儿童只有870万名。对于许多不愿意要小孩的年轻夫妇，宠物成为他们感情上的替代品。这项报告还显示，意大利全国每年在宠物食品上的花销高达47亿欧元，比5年前增长了20%。

在瑞典，甚至有57%的养狗者为自己的爱犬购买了宠物保险；德国的年国民收入的17%来自犬业；西欧是狗粮和猫粮消费的第二大市场，同时是所有其他类宠物食品的主要消费市场。

三、宠物饲养休闲消费经营调查方法

（一）宠物的分类

1. 按动物分类学可将之分为五类：哺乳类、鸟类、鱼类、昆虫类、两栖与爬行类。

2. 按宠物的生理特点及饲养条件分类，将伴侣动物分为猫、狗、鸟类、观赏鱼、昆虫类和其他伴侣动物类。

3. 国外对宠物的分类：家养宠物（如犬、猫、鸟类），生态动物园宠物（包括爬行类和两栖类），观赏鱼类，昆虫类，笼养宠物（如兔、豚鼠等），围场内宠物（如马、羊等），饲养场内鸟类（如鸡、火烈鸟等），其他哺乳动物（如灵长类、啮齿类等）。

（二）宠物用品的分类

宠物用品在销售中可分为：狗类附属用品，猫类附属用品，猫、狗洁净用品，其他小动物附属用品，两栖类动物、昆虫、爬行动物用品，笼养飞禽等用品，观赏鱼类用品，馈赠予宠物及主人的礼品、纪念品等。

（三）宠物饲养消费群体调查与细分

1. 将宠物饲养消费群体按宠物饲养量的调查分类

据一项包括对北京、上海、广州等国内 8 个大城市中 4509 个样本的入户调查显示，第一层级是养狗和猫的家庭，分别占调查总体的 54.4% 和 39.6%；第二层级是养鱼和鸟的家庭，分别占调查总体的 18.3% 和 16.9%；第三层级是养乌龟和兔子的家庭，分别占调查总体的 8.6% 和 6.3%；第四层级是养鸡、小猪、蛇、松鼠、鸭等的家庭。

2. 将宠物饲养消费群体按饲养目的细分

（1）做伴消遣。以做伴消遣为目的而饲养宠物的消费群体主要集中于两类人群，即退休在家的老年人和收入较高的白领阶层，都同属于宠物饲养的休闲功能。在上述调查中有超过 70% 的人是出于好奇、情感寄托、排遣孤独、调节生活、娱乐家庭、解除工作疲劳等休闲因素。

（2）显示威望。这类消费群体主要是生活较富裕而追求更多精神满足感的人群，同样属于宠物饲养的休闲功能。

（3）安全目的。

（4）特殊用途。

（四）宠物饲养消费经营之商圈调查

1. 商圈地理位置调查

（1）消费潜力。在更加缩小的商圈范围内，综合考虑人口、经济、竞争程度等因素，并以市场定位为宠物饲养消费经营发展战略的核心。在此基础上，评估预选店址的销售情况和增长潜力。

（2）通过客流量。考察商圈内机动车、非机动车及行人的通行能力，公交线路的通行频率，机动车保有量，停车位的容量及步行者来店是否方便，道路的规划改造等。

（3）与邻店的关系。如果所经营之宠物、宠物用品或其相关服务，在市场定位方面是互相补充的，则多家店铺聚集会更加吸引顾客。但市场定位相似、业态相同，则会引起激烈竞争。竞争本是好事，它带来商品的丰富与服务质量的提高，并使消费者减少支出。但在有限区域内，过多和过于激烈的竞争，却会使经营者付出极大的代价。

（4）成本。经营场地的租赁和购买成本，对宠物经营商具有决定意义。宠物经营在商圈地理位置调查时，除了依据有关二手资料和统计数据外，还要进行必要的市场调查。对预选址居民做问卷调查或其他形式的调查，以掌握该地区居民的消费心理和习惯，使企业经营与目标顾客的需求更加吻合。

2. 商圈环境调查

（1）人口结构调查。侧重于对投资区域内人口增长率、人口密度、收入状况、家庭特点、年龄分布、受教育程度及职业构成等方面的现状和发展趋势做调研。通过对这些统计资料的调查，有利于把握区域内未来人口构成的变动倾向，并为市场细分提供依据。

（2）宏观条件调查。宠物饲养是一种较高的休闲消费，它易受宏观经济的影响，其主要宏观经济指标包括：区域内 GDP 值、当前利率水平、就业率及一般经济状况等。宠物的经营属劳动密集型的服务业，就业率会影响到从业人员的质量和数量，进一步影响顾客的购买倾向；而一个国家或地区的 GDP 的增长，一般会反映到对各种商品的购买和储蓄额的增长等方面。利率水平影响到企业运作成本和消费者的购买成本，当利率上升时，企业维持正常库存的货款成本增加，同时，消费者购买商品的费用也会增加。

（3）购买力需求调查。对宠物及其用品的需求程度直接影响宠物企业的选址。消费者当然存在主观购买需求，但还要有足够的购买力。这涉及到区域内经济结构是否合理，区域的经济稳定性，在较长时间内居民收入增长的可能性等。

（4）文化背景调查。区域内居民的价值观念、历史传统、宗教信仰、民族等文化背景也影响到消费者购买宠物的种类。有些地区具有较为单一的文化传统，而有些地区的文化背景较为复杂，如多民族聚居区。对文化背景的调查使宠物企业在进入市场前能明确如何适应市场，进一步考虑如何实施文化渗透，特别是对青少年和儿童消费者。

（5）基础设施状况调查。区域内的基础设施为市场的正常运作提供了基本保障。宠物饲养消费连锁经营企业需要相应的配送系统，这与区域内交通通信状况密切相关。有效的配送需要良好的道路和顺达的通信系统。此外，区域地理调查可以借助地理信息系统，使宠物经营企业很直观地用人口统计等诸多数据库中的自然地理要素、行政区划和有关的地理位置的数据对同区域的情况进行比较。这样势必对宠物企业的投资与开发产生积极的作用。

第二节　宠物饲养休闲消费发展前景预测

一、对宠物饲养休闲方式的调查

通过《2007 年北京市居民休闲行为调查》，我们希望了解大众的休闲行为趋势。在回收的620 份有效问卷中，有 160 人希望体验的休闲方式为饲养宠物（表4－4)，占总体的25.81%。

表 4－4　北京居民希望体验的休闲方式

选　项	希望体验的休闲方式(人)	构成(%)
居家视听阅读	216	34.84
聚会聊天	295	47.58
饲养宠物	160	25.81
健　身	222	35.81
外出看电影	210	33.87
餐　饮	214	34.52
购　物	272	43.87
旅　游	448	72.26
参与公益活动	104	16.77
博　彩	16	2.58
其　他	19	3.06

随着物质生活的富裕，人们越来越注重休闲生活情趣的培养；并且伴随传统家庭结构的变化、工作压力逐渐增大、人际关系逐渐趋于淡化，使越来越多的人将情感寄托于宠物身上，人与宠物间的依赖关系将随时间的流逝而日益浓厚，宠物饲养休闲得以快速发展。宠物正在成为中国城市里的一类新型居民，据相关资料的不完全统计，以纯种狗和猫为主的宠物市场，每年的增长速度在 20%以上；在北京以宠物为主要服务对象的医疗保健、美容修饰、宠物摄影等服务机构已有数百家。

二、对宠物饲养休闲消费发展的前景预测

（一）宠物饲养休闲消费对经济的影响

宠物饲养休闲虽然是人们出于非经济目的的一种休闲活动，但伴随宠物饲养休闲而产生的一些相关产业，如宠物餐厅、宠物医疗保健、宠物美容修饰、宠物摄影等正蓬勃发展，并取得良好的经济效益。宠物饲养休闲消费也将催生出一个新的经济产业。目前从全国范围来看，北京、上海、广州、重庆和武汉在宠物饲养休闲产业方面取得了相当大的收益。

（二）休闲场所存在的问题

如表4－5的均值比较所示：

表4－5　描述性统计

	N	Mean	Std. Deviation
个人对休闲活动的总体满意度	619	2.89	.769
个人对休闲活动的时间满意度	620	2.95	.806
个人对休闲活动的花费满意度	619	3.06	.775
个人对休闲活动的场所满意度	620	3.10	.792
个人对休闲活动的场所价格满意度	618	3.23	.796
个人对休闲活动的场所服务满意度	619	3.05	.830
Valid N(listwise)	615		

在分析过程中，我们将满意度设置为5个等级，分别是："1"表示非常满意，"2"表示比较满意，"3"表示一般，"4"表示不太满意，"5"表示非常不满意。从表4－5，我们可以分析出，北京市居民对待休闲活动的总体满意度和各项内容满意情况值均接近"3"这个变量，即评价一般。由此可知，北京居民对目前休闲活动的满意度并不高，而休闲活动的花费与其个人及家庭收入有关，休闲活动的时间使用方面也与消费者自身有密切关系，而上述的时间、花费、服务等因素中，休闲场所所能控制的只有服务。如果消费者对休闲场所服务的满意度有所提升，势必会使其整体的满意度有所提高。

目前北京居民对休闲场所总体满意度不高，说明北京的休闲场所服务水平有待提高。宠物饲养休闲场所作为各种休闲场所的一部分，也会存在着相同的服务问题，所以，提升宠物饲养休闲场所的服务水平，对宠物饲养休闲的发展有着至关重

要的作用。

(三) 对宠物饲养休闲产业发展的建议

1. 提升服务质量

这是宠物饲养休闲产业想要取得发展需首要解决的问题。我们通过用“参与休闲活动的总体满意程度”和“对目前休闲场所服务满意程度的感受”两项进行回归分析，结果及分析如下：表4-6反映的是一元线性回归模型拟合情况，相关系数R为0.160，决定系数R^2为0.025，而调整决定系数为0.024。可见，模型拟合效果比较理想。

表4-6 模型摘要

模 型	R	R^2	调整的 R^2	估计的标准差
1	.160(a)	.025	.024	.759

a 预测变量：(常量)，对目前休闲场所服务满意程度的感受.

从表4-7中可以看出离差平方和为364.518，残差平方和为355.237，而回归平方和为9.281。回归方程的显著性检验中，统计量为F=16.094，对应的α为0.000，远比常用的α=0.05要小，因此可以认为方程式极具显著性。

表4-7 方差分析 ANOVA (b)

模 型		平方和	df	均 方	F	显著性
1	回 归	9.281	1	9.281	16.094	.000(α)
	残 差	355.237	616	.577		
	合 计	364.518	617			

a 预测变量：(常量)，对目前休闲场所服务满意程度的感受.

b 因变量：个人目前参与休闲活动的总体满意程度.

表4-8是回归方程的系数以及对回归方程系数的检验结果，系数显著性检验采用t检验。回归方程的系数同时给出了标准化和非标准化结果。非标准化回归方程的常数项为2.438，自变量系数为0.148。对回归方程系数的检验结果，常数项检验对应的α为0.000，常数项显著；自变量系数检验对应的α为0.000，远比常用的α=0.05要小，因此可以认为该系数是显著的，不等于0。

回归方程为：$y=2.438+0.148x$

表4-8　系数（a）

模　型		非标准化系数		标准化系数	t	显著性
		B	标准误	Beta		
1	（常量）	2.438	.117		20.888	.000
	对目前休闲场所服务满意程度的感受	.148	.037	.160	4.012	.000

a 因变量：个人目前参与休闲活动的总体满意程度.

通过回归分析可知，消费者对休闲活动的总体满意程度与其对目前休闲场所服务满意程度的感受呈显著相关。也就是说，人们对休闲场所服务满意程度的感受将在很大程度上影响其对所参与休闲活动的总体满意程度。因此，提升服务质量对休闲场所的发展具有重要的作用。而若想又好又快地发展宠物饲养休闲产业，就一定要重视目前休闲场所普遍服务水平偏低这一现状，积极提升服务质量，以良好的服务为宠物饲养休闲在竞争激烈的休闲市场中争得一席之地。

2. 发展多样化的宠物饲养休闲场所

如表4-9、表4-10和表4-11所示，利用SPSS的交叉表分析，并进行独立性检验。H_0：休闲场所和收入这两个变量不相关；H_1：休闲场所和收入相关。

表4-9　交叉表计数

单位：元

		家庭人均月收入						
		500以下	500～1000	1000～2000	2000～3000	3000～4000	4000～5000	5000及以上
实际最多采用的休闲场所	家中	7	8	36	38	25	7	13
	户外	6	16	79	63	47	34	34
	场馆	2	7	33	35	17	19	23
	远郊	1	1	12	19	12	4	7
合　计		16	32	160	155	101	64	77

表4-10　卡方检验

	值	df	渐进 Sig.（双侧）
Pearson 卡方	21.901(a)	18	.236
似然比	22.420	18	.214
线性和线性组合	5.544	1	.019
有效案例中的 N	605		

a4 单元格（14.3%）的期望计数少于5；最小期望计数为1.48.

表 4－11　对称度量

		值	渐进标准误差(a)	近似值 T(b)	近似值 Sig.
按区间	Pearson 的 R	.096	.039	2.363	.018(c)
按顺序	Spearman 相关性	.096	.039	2.358	.019(c)
有效案例中的 N		605			

a 不假定零假设；b 使用渐进标准误差假定零假设；c 基于正态近似值.

由于 P 值为 0.236＞0.05，故接受 H_0，即人们选择休闲场所与收入是独立的；表明人们在选择休闲场所时并不主要由其收入水平决定，所以建议各宠物饲养休闲场所发展多样化的宠物饲养休闲空间，而不是仅仅局限在户外或场馆等某一固定休闲场所。这也能够为饲养宠物的居民提供更广泛的休闲空间和休闲项目。

3. 合理制定价格，突出性价比，尤其要让消费者感到物有所值

从表 4－12 和表 4－13 的相关分析可以看出，被访者的家庭月收入与其对参与休闲活动的总体满意度无关，而实际平均每人每月的休闲消费支出却与其对参与休闲活动的总体满意度显著相关，说明消费者关心的不是休闲场所的定价，而是价格和休闲体验的性价比，所以应制定合理的价格，让消费者感到物有所值，这一点十分重要。

表 4－12　相关系数 I

			个人目前参与休闲活动的总体满意程度	实际的每月每人平均休闲消费支出
Spearman 的 rho	个人目前参与休闲活动的总体满意程度	相关系数	1.000	-.201(**)
		Sig.（双侧）	—	.000
		N	619	597
	实际的每月每人平均休闲消费支出	相关系数	-.201(**)	1.000
		Sig.（双侧）	.000	—
		N	597	598

** 在置信度（双侧）为 0.01 时，相关性是显著的.

表 4－13 相关系数Ⅱ

			个人目前参与休闲活动的总体满意程度	家庭人均月收入
Spearman 的 rho	个人目前参与休闲活动的总体满意程度	相关系数	1.000	-.072
		Sig.（双侧）	—	.073
		N	619	617
	家庭人均月收入	相关系数	-.072	1.000
		Sig.（双侧）	.073	—
		N	617	618

Sig.（双侧）＝0.073＞0.05，相关性不显著.

通过调研，我们认为宠物饲养休闲方式将会受到越来越多的人的喜爱，并将蓬勃发展。另外，宠物饲养休闲将作为一种新的产业形式为社会带来更多的经济效益。规范宠物饲养休闲场所的服务，形成一种和谐的发展环境，是宠物饲养休闲业所要面对的首要任务。树立良好的行业道德规范，提供优质的服务，制定严格的预算制度和统计制度，才能在更好促进产业发展的过程中获得更大的经济效益。

第五章

文化娱乐休闲市场统计

文化娱乐休闲市场是中国发展最快的市场之一，也是未来上升空间最大的产业之一。面对这一不断快速变化的市场以及日益增长的旺盛需求，这方面的统计工作变得愈发复杂，这里不但有我国统计体制等方面的历史原因，也存在多变的市场因素。

第一节　文化及其相关产业统计

一、文化产业的界定与统计范围

（一）我国文化及其相关产业的概念和行业界定

目前，国际社会尚未形成统一的文化产业定义和行业划分标准，各国之间对文化产业的概念内涵、行业范围、统计口径等均存在差异。我国以国家统计局的《文化产业及相关产业分类》为标准，对文化产业的概念和行业构成进行了界定。

我国“文化产业”的概念为：为社会公众提供文化、娱乐产品和服务的活动，以及与这些活动有关联的活动的集合。根据上述界定，文化及相关产业的行业范围包括：提供文化产品、文化传播服务和文化休闲娱乐的活动，它构成文化产业的主体；同时，还包括与文化产品、文化传播服务、文化休闲娱乐活动有直接关联的用品、设备的生产和销售活动以及相关文化产品（如工艺品等）的生产和销售活动，它们构成文化产业的补充。

《文化产业及相关产业分类》还可以组合出文化产业核心层、文化产业外围层和文化产业相关层。其中三个层次的关系如图 5 - 1，而文化及其相关产业的分层统计如表 5 - 1。

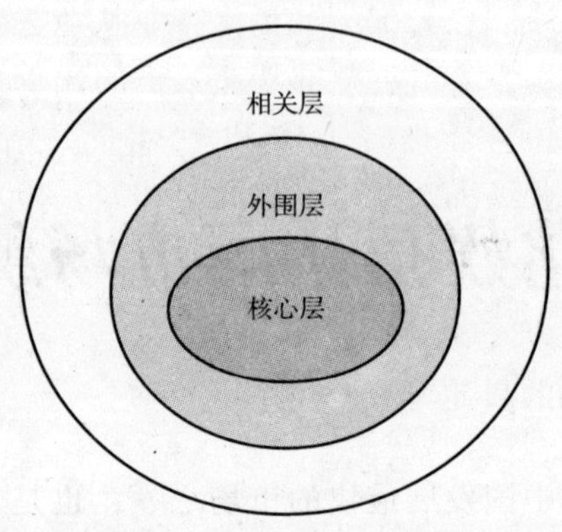

图 5－1　我国文化及其相关产业三个层次关系图

表 5－1　我国文化及其相关产业分层统计表

层　别	文化及相关产业分类合计
核 心 层	第一部分　文化服务
	一、新闻服务
	二、出版发行和版权服务
	三、广播、电视、电影服务
	四、文化艺术服务
	核 心 层 小 计
外 围 层	五、网络文化服务
	六、文化休闲娱乐服务
	七、其他文化服务
	外 围 层 小 计
相 关 层	第二部分　相关文化服务
	八、文化用品、设备及相关文化产品的生产
	九、文化用品、设备及相关文化产品的销售
	相 关 层 小 计
三部门合计	
文化部	
广播电影电视总局	
新闻出版总署	

资料来源：中华人民共和国国家统计局 http：//www. stats. gov. cn.

根据国家统计局的初步测算结果显示，2006 年我国实现文化产业增加值 5123 亿元，同比增长 17. 1%，比 2004 年增加 1684 亿元。同时，文化产业增加值占 GDP 的比重为 2. 45%。2006 年，文化产业超过当年 GDP 增长速度 6. 4 个百分点，拉动

GDP 增长 0.36 个百分点。而且，2006 年文化产业从业人员 1132 万人，比 2004 年增加 136 万人。文化产业从业人员占全部从业人员的比重为 1.48%，占城镇从业人员的比重为 4%，分别比 2004 年提高 0.16 和 0.24 个百分点。在文化产业经济总量继续扩大的同时，文化产业经济效益明显提高。2004~2006 年，文化产业从业人员人均创造增加值呈现逐年上升态势，3 年中分别为 3.45 万元、4.02 万元和 4.52 万元，2006 年比 2004 年增加了 1.07 万元。

（二）国外文化产业的界定与统计范围

1. 澳大利亚

澳大利亚统计局以实用的具体活动为基础确定文化产业和休闲产业的定义。认为文化、休闲产业包括文化遗产和古迹、艺术活动、体育和娱乐活动、餐饮业、文化产品的制造和销售、文化休闲设施建设等。2001 年澳大利亚文化产业增加值为 118 亿澳元，占 GDP 的比重为 3%，其经济规模与道路交通业、住宅建筑业、教育业的规模相当；2001 年从事文化产业工作的就业人数为 26 万人，占澳大利亚全国就业人数的 3.1%。居民用于文化娱乐活动的支出比重较高。2000 年居民用于文化和娱乐的支出占消费总支出的比重为 12%，在所有消费支出项目中居第 2 位，仅次于住房、水电和燃气的支出。

2. 英国

英国对文化产业的界定比较宽泛，认为“那些出自个人的创造性、技能及智慧和通过对知识产权的开发生产可创造潜在财富和就业机会的活动”统属文化产业。包括出版、音乐、表演艺术、电影、电视和广播、软件、游戏软件、广告、建筑、设计、艺术品和古董市场、手工艺品以及时装 13 个行业。2000 年，英国从事文化服务以及相关行业活动就业人数为 187 万人，占就业总人数的 7.6%。用于文化娱乐消费支出 654.67 亿英镑，占居民最终消费支出比重的 11.60%，占 GDP 比重的 7.34%。

3. 美国

美国文化产业主要包括三个活动：文化遗产古迹和艺术创作，具体为博物馆、历史古迹和公园、图书馆和艺术创作活动；艺术表演和展览活动，以艺术表演者和表演团体、艺术展览和电影拍摄为主要活动内容；艺术家，如手工艺者以及在国际舞台上表演的艺术家。文化产业是以这三个方面的活动为主体，开展相关的文化产品销售和服务等商业经济活动。2001 年根据北美标准产业分类划分的信息和文化产业，以及艺术、娱乐、消遣业两大部门增加值为 4063 亿美元，占 GDP 的比重为 4%；这两大部门从业人数为 553.5 万人，占从业总人数的 4.8%。1997 年美国从事艺术、设计、娱乐、体育和媒体的单位数量约 10 万个，营业总收入为 1047 亿美元，从业人数为159万人，约占就业总人数的1.2%。

4. 日本

日本把文化产业统称为“娱乐观光业”。产业范围包括音乐及戏剧演出、电影制作及放映、美术展览、信息传播、体育健身、个人爱好与创作、娱乐业、观光旅游等。2001年日本从事娱乐、广播电视、信息服务、广告等文化行业的人数为391万人，占日本全国从业总人数的6.5%。

5. 韩国

1999年2月韩国发布的《文化产业振兴基本法》将文化产业定义为：与文化商品的生产、流通、消费有关的产业。具体行业门类有：影视、广播、音像、游戏、动画、卡通形象、演出、文物、美术、广告、出版印刷、创意性设计、传统工艺品、传统服装、传统食品、多媒体影像软件、网络以及与其相关的产业。另外，韩国统计厅的文化产业统计指标包括：出版产业、唱片产业、游戏产业、电影产业、广播产业、演出产业、其他文化产业（建筑、摄影、创意性设计、广告、新闻、图书馆、博物馆、工艺品及民族服装、艺术文化教育等）。2002年，韩国文化和旅游部经费支出达13985亿韩元，占政府部门总支出的比重从1980年的0.47%升至1.2%；韩国有各种剧院、电影院等表演场所共1332个，博物馆、艺术馆、展览馆等共1036个；韩国共有78家电影制片厂，2002年影片出口量为133部，总收入为1495万美元。2003年各种图书馆共有10546个，拥有123万个座位和14265名工作人员，藏书量为18136万册；新出版的图书种类共有2516万种，图书发行量为8038万册。

二、文化产业对经济的贡献统计

我国文化产业在国民经济运行中的贡献和地位不断上升，增长速度高于整体的国民经济增长速度，成为提供就业机会的国民经济重要行业、产业结构优化的主导行业和国民经济增长的重要支柱产业。但与其他西方发达国家相比，我国文化产业的经济贡献还相对较低。通过对上述统计数据的观察，无论文化产业从业人员占全国从业人员的比重，还是文化产业增加值占GDP比重这两个指标，我国的水平都较低。美国和英国这两项指标之比接近1:1，而我国为1.8:1，这表明我国文化产业的劳动生产率水平亦较低。

（一）找出影响文化产业对经济贡献水平的因素

1. 政府的支持力度

文化产业的发展离不开政府政策和资金投入的支持。我国政府已陆续出台了一系列支持文化产业发展的政策，如支持大型文化产业集团的组建、帮助国有文化事业单位转企改制、鼓励民营企业投资文化产业等。

法国政府对文化事业及相关产业的支持主要有三种形式：一是中央政府直接提供赞助、补助和奖金等；二是来自地方财政支持；三是政府通过制定减税等规章，鼓励企业为文化发展提供各类帮助。美国政府对文化产业的支持主要体现为制定文化产业的宏观战略，美国政府极力帮助本国的文化产业向其他国家扩张，并且利用其在国际上的政治、经济地位，极力推广所谓的自由经济，阻碍其他国家对本国文化产业实施的保护性政策，为美国文化进入世界各国清除障碍。英国政府支持文化艺术门类的产业发展，特别是对那些优秀的、具有创造性的文化艺术门类提供帮助。影视、音乐、网络游戏是韩国文化产业发展的三大重点，韩国政府对它们投入了大量的资金支持。以网络游戏为例，这类企业平均每年可以得到 1.7 亿美元的政府拨款用于新游戏研发。而且，对于出口产品在语言译制上的费用，政府几乎提供全额补助。

透过发达国家发展文化产业的成功经验，政府对其扶持起到了重要的，甚至是关键性的作用。

2. 经济发展水平

有资料显示，世界一些发达国家的文化消费已经达到总消费的 1/3 以上。西欧和北美的文化消费已转向享乐主义，这种消费观念在本质上推动了现代文化产业所提供的消费性、娱乐性和休闲消遣性的流行文化或消费文化的发展。因此，崇尚享乐主义观念和消费社会对西方文化产业的产生和发展产生了巨大的刺激作用。

目前，我国新型文化消费观念逐渐兴起，国内文化消费需求空间巨大。据统计，2006 年我国城镇居民人均文化娱乐用品及服务支出为 591.1 元，农村居民人均文教娱乐用品及服务支出为 305.1 元。据此估计，国内城乡居民对文化消费的需求约为 5700 亿元，比上年增加 800 亿元，增长 18%。这些数据表明城镇居民的平均生活水平已开始走进了富裕时代，为当地的文化产业发展提供了客观物质基础，然而，我国城镇家庭人均的文化消费却仅占总消费性支出的 6.6%。与西方发达国家相比，我国的文化消费存在着很大的提升空间。

3. 基础设施发展水平

文化产业发展的前提条件，不仅需要经济基础，还需要一定的基础设施建设，完善的文化基础设施是文化繁荣的标志之一。它不仅有利于营造无形的文化氛围，也有利于创建良好的文化环境。文化产业基础设施的建设主要体现为如图书馆、博物馆、群众文化馆、歌舞厅等文化机构的数量和种类。文化产业机构有三种类型：第一种是为群众提供文化素养提高的学习场所，第二种是为群众提供休闲娱乐的场所，第三种是为公民整体的文化福利以及国家与民族文化的保护与发展的机构，如博物馆、展览馆等。

文化机构是文化产业的主体，无论是作为生产和提供终端消费品的机构，还是文化中介服务机构，都会产生驱动文化产业发展的促进力量。国外政府主要采取政府筹资、社会捐助等形式，加大对公益性基础设施的投入。在国内，要积极鼓励民间多元化资本参与文化建设和文化产业投资，允许民营资本、私营资本以承包、租赁、股份合作等形式经营国有大型文化设施和文化场所，以出租、出售、转让文化资源的形式，吸纳内外资本，吸引国内外企业到本地区进行文化基础设施建设和产业开发。

（二）对影响因素的回归测算分析

根据国内外研究现状，文化产业对当地的经济贡献可以用文化产业增加值占GDP比重指标来度量。可以尝试以人均文化娱乐消费性支出、文化机构数量和文化产业财政补贴占当地财政支出比重作为测算当地政府投入力度、经济基础和文化基础设施的指标。

其中，因变量为文化产业经济贡献 Y_1，变量的观测指标为文化产业增加值占当地 GDP 的比重；自变量包括三个：政府扶持 X_1、经济基础 X_2、文化基础设施 X_3。X_1 的变量观测指标是文化产业财政补贴占财政支出的比重，X_2 的变量观测指标是人均文化娱乐消费性支出，X_3 的变量观测指标是文化产业机构数量。

1. 负向影响分析

政府对文化产业的财政扶持对文化产业的经济贡献是负向影响。这主要是由于文化产业占当地 GDP 比重较大的地区，在其他条件不变的情况下，政府增加对文化产业的资金补助会提升文化产业总体规模，但相对降低了文化产业增加值占当地 GDP 的比重。由于政府的资金扶持并不会真正的提升文化产业实力，它仅适合在文化产业发展初期所采取的有效措施，而当文化产业达到一定规模后，就应该注重文化产业质的提高，依靠改善文化环境和当地群众的文化消费习惯来提升文化产业的产业地位。

政府可以利用资金或免税、减税等政策支持推广公众艺术的具体计划，并鼓励企业参与到计划中，在公共设施、服务及场所使用各种充满文化气息的设计和创意。这样通过建设文化创意社区的概念把艺术、文化、设计、商业和科技的元素融合在社区规划及复兴工作中，如北京的 798。文化创意社区也可以通过组织艺术讲座、企业家精神培训规划、创意思维课程，以及文化盛事和节日休闲活动等支持文化产业发展。

2. 正向影响分析

（1）人均文化娱乐消费支出对文化产业经济贡献具有显著正向影响。由于人均文化娱乐消费支出与当地经济基础有强正向相关关系，因此，各地区的经济基础是文化产业发展的主要影响因素。近年来，我国人均文化娱乐消费支出在所有消费支出项目中增长最快，达到了52%的增长率，这也说明我国总体文化市场的需求潜力巨大。2006年，我国城镇居民恩格尔系数为35.8%，农村为43%，人们的需求结构已经发生变化，特别是对精神文化有了更高的需求。

为此，建议政府与社区发挥催化作用，通过激发新颖高雅的需求，形成文化氛围，从而发展文化产业。政府可通过在公共场所加入艺术作品的元素，拓宽市民的视野，更广泛的接触艺术，从而提高市民艺术欣赏力。认识艺术对生活的意义。同时，各地区要注重开发当地优秀的民间和民族特色文化，引导公众的消费观念和习惯，从而增加当地的人均文化娱乐消费支出。

（2）文化机构数量是文化产业经济贡献的显著影响因素，但影响程度却相对较小；建议各地区不仅重视艺术文化基础设施建设，更需要重视丰富基础设施种类、丰富为公众提供的文化服务。目前我国有国家、地区和少数民族图书馆，但与世界多种图书馆形式相比仍有差距。可设立附属艺术图书馆，以聚集当地内容和文化，从而激发人们更强烈的意识和对艺术的兴趣等。他们有潜力发挥研究中心和旅游者参观场所的作用。同时，也可以建立细分图书馆，为生命科学、医学、法律、设计和传媒等经济部门提供深度信息。图书馆可以将艺术、商务、技术和休闲功能无缝整合进图书馆的设计、收藏和服务的各个方面，将许多活动与博物馆、图书馆紧密结合起来，也可使参观者体验到我国丰富的文化遗产和历史演进历程。

若要提升文化产业对当地经济的贡献，则增强当地的经济基础、营造当地文化氛围、引导公众进行更多的文化和娱乐消费是根本方法。改善文化基础设施，为群众创造良好的文化环境也是增强文化产业经济贡献的主要措施。同时，政府应规范和灵活运用财政补助这个资金扶持措施。当文化产业处于发展初期时，可采取资金和政策相互配合的双向措施来扶持当地的文化产业。政府的财政补助是公益性文化产业的主要扶持力量。当文化产业发展到一定规模后，就要以战略性的政策扶持为主。

三、目前我国文化产业统计中存在的问题与政策建议

相对文化产业在社会经济中所起的作用与社会上对文化产业信息的需求来看，目前我国文化方面的统计数据远远满足不了人们对文化信息日益增长的需求。

（一）目前我国文化产业统计中存在的问题

1. 对文化产业统计重视不够，未将文化产业统计全面纳入国家统计体系的主要工作流程

人们对文化产业已成为当代经济的重要支柱产业之一的地位还认识不足，没有

从根本上转变“事业型”工作的传统思路和行政机制。由此导致对文化产业统计的轻视与应付。从我国统计资料来源看分两类，一类是由国家统计局系统负责进行的统计工作，如工业、农业等；一类是由行政主管部门负责的统计工作，如文化、体育等行业。文化产业统计资料大部分是由文化部门提供的，而非通过国家统计部门获得的一手资料。

2. 对文化产业定位于“事业统计”，而非“产业统计”

从文化统计来看，还没有适应文化生产已从“事业模式”向“产业模式”转变这一事实，文化统计还停留在事业单位统计描述的初级阶段。容易使人们误认为现在公布的文化统计指标还具有事业单位性质，还会就此数据推论事业单位的发展情况。而对文化产业现状有更多了解，并希望分析其发展趋势与特点的人或单位来说，又无法找到恰当的统计资料，因而无法进行产业化、市场化后公益性文化组织机构与经营性文化企业发展的定量分析与对比研究。

3. 目前的文化统计较多关注“实物量”统计，缺少价值量核算

从国家统计系统公布的统计资料来看，文化统计仍主要停留在人员数、机构数、演出场次、图书册数等“实物量”指标的描述上。这些实物量指标虽然可以反映文化产业发展的现状，但它反映的仅是某一方面的情况，无法对整个文化产业的发展状况做出整体描述。国家统计系统的任务之一就是能够提供较为综合的核算指标，为国家的宏观管理提供决策依据。

与实物量指标相比，加之两指标具有明显的优势，它不仅可以将不同文化产品的价值量加总到一起，反映文化产业的总规模与整体发展态势，还可以从相对指标反映文化产业的发展速度、规模效益与人均占有量，也可以对文化产业发展的未来趋势进行统计预测与模拟分析。

在目前的统计方案中，虽有少量的价值量指标，如经费支出、总支出等，但这些价值量指标是从费用或支出的角度设置的，不是从产出的角度设置的，因此，不是严格意义上的反映文化产业“生产”状况的指标。

从综合的角度看，反映文化产业生产状况的价值指标是文化产业增加值，它是文化产业产出额与中间消耗的差额，它不仅可以从静态上反映文化产业发展的规模，还可以从动态上反映文化产业发展的速度。由于它比“实物量”指标更具可比性，因此，在国际比较中也是最为常用的指标。

理论上看，中国的国内生产总值包括了文化产业增加值，这是事实。但是，目前的统计资料还没有单独公布文化产业增加值指标，文化产业增加值包括在“文化、体育和娱乐业”中，特别是还缺少对文化产业分类的增加值指标的统计。

从统计应用的角度看，社会上对文化产业增加值指标运用的意识还不强，比如，在文化事业发展规划中大多还在使用实物量指标，习惯于用机构数、人员数、演出场次、出版册数等作为文化发展的规划目标或规划完成情况指标，很少将文化产业增加值、文化产业增加值增长速度、文化产业增加值占 GDP 的比重等指标作为规划指标，这也限制了文化产业增加值统计工作的加强。

4. 缺少文化产品生产全过程的统计内容

文化产业统计应该包括文化商品统计与文化服务统计两大类。由于文化商品是一种市场性生产行为，经过从投入到产出的生产全过程，因此从统计的角度看，文化商品统计业应该包括反映文化商品生产全过程的指标。首先，从生产的投入看，应该包括原材料统计、中间消耗统计，而不仅仅是劳动力投入统计、营业盈余统计，也不是不加区分地将所有文化产品的生产都视为非盈利性的；其次，从生产结果看，应该从产出的角度测算反映文化商品生产结果的指标，而不是仅仅用生产费用指标代替产出指标；最后，从生产效率的角度看，应该从生产率的角度反映人均文化产业增加值、文化产业增加值增长率、文化产业与相关产业经济增长速度的比较等指标。

从我国目前的情况看，文化统计大多集中在文化服务方面，虽然社会上对文化商品统计信息的需求愈来愈迫切，但至今还没有一套完整的统计制度与方法。文化商品的生产过程有些包括在第二产业中，致使文化商品价值的统计也包括在第二产业中。如何将其从第二产业中分离出来，汇总到整个文化产业中去，是值得进一步研究的课题。

（二）针对目前我国文化产业统计中存在问题的政策建议

1. 尽快建立健全我国的文化产业指标体系，将文化产业统计纳入国家统计系统

完善文化产业统计，首先是国家统计系统要破除文化产业统计工作流程的传统概念，将文化产业统计纳入国家统计系统的总体规划。文化产业统计的主要内容应由国家统计系统完成，而非主要依赖文化部门提供的信息，这样才能保证文化产业数据资料的完整、及时，保证统计范围涵盖于文化产业的各个门类和部门，保证反映文化产业发展的全貌。

发达国家的文化产业统计指标体系较为完善，文化产品统计涵盖范围广、覆盖面宽，不仅包括文化服务统计，也包括文化商品统计，不仅包括传统的文化产品统计，也包括如动漫、在线游戏等新兴的文化产品；文化产业统计数据发布较为及时、完整。

我国目前的文化统计指标虽然在一定程度上能够反映文化事业发展的状况，但从内容构成看，与国际上发达国家相比还存在一定问题。应及早制定与国际接轨的网上文化产品交易统计方法与制度。

2. 建立以文化产业增加值为中心的一整套价值量指标

文化产业增加值是反映文化产业发展状况的综合指标，也是GDP的重要组成部分。文化产业增加值作为核心指标，能够反映文化产业的发展规模和水平。但只靠这一价值量指标不能从不同的角度、方面、层次来动态地反映文化产业的变化趋势，不能够全面客观地考核文化产业或企业的运行业绩。为此，应以文化产业增加值为中心，设立包括文化产业拥有资产总额、文化产业营业收入、文化产业进出口总额及文化产业构成等系列价值量指标。

3. 应将文化产业统计调查制度化和规范化

从目前我国的文化统计现实出发，可以由统计部门牵头开展文化产业统计专项调查工作，以便为社会提供较为全面的文化产业规模、结构和效益等信息资料。应针对不同文化商品制定不同的调查方案，将文化产业调查工作在全国范围内铺开，并定期进行，以得到全面、连续的统计数据。

四、我国文化产业统计指标体系研究

（一）文化产业统计指标体系的主要框架

文化产业涉及到许多部门和单位，包括文化、教育、文物、电影、出版、广播电视、档案、文联、宣传部、科技局、体育局、旅游局、杂志社、报社等部门或企业，及部队办、社会办、企业办的文化单位，大量的个体私营文化产业单位等，各部门、单位统计调查内容各不相同。从调查的项目看，主要包括文化事业统计指标（如机构、人员、文化业务开展情况等）和财务统计指标（资产负债、经营收支、损益分配情况等）。为了进行全社会文化产业综合统计，需要建立相应的指标体系。

文化产业统计指标体系主要分为两大部分，即文化事业统计指标体系和文化产业财务统计指标体系。通过文化事业统计指标体系可以反映全市文化业务活动的开展情况，通过文化产业财务统计指标体系可以核算出文化产业的增加值及其对GDP增长的贡献份额。

（二）文化事业统计指标体系的主要内容

主要指标包括：出版图书种类、总印数、总印张、排版字数、定价总金额；期刊杂志；报纸；文化艺术表演团体机构数、人员数、本年新排上演剧目数、演出场次；艺术表演场所机构数、人员数、座席数、演出场次、观众人次；公共图书馆机构数、人员数、总藏量、本年新购藏量、图书流通人次、阅览室座席数、为读者举办信息服务和活动次数、参加人数；群众艺术馆、文化馆（站）机构数、人员数、总藏量、举办展览次数、组织文艺活动次数；艺术科研机构机构数、人员数、完成科研项目及获奖项数；各类文化市场机构数、人员数；其他文化机构机构数、人员数；文物保护管理机构数、人员数；文物商店机构数、人员数；电影发行机构数、座位数、演出场次、观众人数、票款收入等方面。

除了上述谈到的指标外，对于文化逐步转向产业定位的今天，统计文化事业单位经费自给率指标也是十分重要的，即指文化事业单位自筹经费占全年总支出（事业和经营支出）的比例。该指标衡量文化事业单位经费自给的程度，是反映文化事业单位走向市场和市场化程度的一个重要指标。

目前对文化事业发展的统计，各地主要以“文化事业情况表”为统计依据，详见表5－2。

表5－2　文化事业情况表

指　标	计量单位	代　码	实际数	
			本期末	上年同期
甲	乙	丙	1	2
一、广播电视电影业	—	—		
电影发行单位数	个	01		
#电影发行公司	个	02		
电影院线	个	03		
电影放映单位数	个	04		
#院线电影院	个	05		
电影放映场次	万场	06		
电影观众人次	万人次	07		
电影票房收入	万元	08		
#引进影片票房收入	万元	09		
国产影片境外票房收入	万元	10		
二、文化艺术服务业	—	—		
艺术表演团体数	个	11		
艺术演出场次	万场	12		
艺术表演观众人次	万人次	13		
艺术表演场馆	个	14		
文物保护管理机构数	个	15		
博物馆数	个	16		
文物展览参观人数	万人次	17		
纪念馆	个	18		
纪念馆参观人次	万人次	19		
公共图书馆数	个	20		
公共图书馆总藏量	万册、件	21		
书刊文献外借人次	万人次	22		

续表

指　标	计量单位	代　码	实　际　数	
甲	乙	丙	本期末	上年同期
			1	2
书刊文献外借册次	万册次	23		
电子阅览室终端数	万次	24		
阅览室座席数	万个	25		
群众艺术馆数、文化馆数	个	26		
文化站数	个	27		
档案馆	个	28		
档案馆馆藏总量	万册	29		

资料来源：中华人民共和国国家统计局 http：//www. stats. gov. cn.

（三）文化产业财务统计指标体系的主要内容

文化产业财务统计指标体系按法人单位的经营性质分为两类：其一，对文化产业的企业经营性事业单位来讲，主要设置单位数、从业人员数、从业人员报酬、主要业务收入、税金、利润、资产等指标；其二，对文化产业的行政、非经营性事业、团体单位来讲，主要设置单位数、从业人员数、全年收入、经常性支出、资产等指标。

第二节　文化娱乐休闲经营管理统计

一、电影、演出及消遣场所管理统计

（一）演出场所经营管理统计

演出场所的经营管理统计，目前主要是通过“艺术表演场所情况表”进行统计的（表5－3）。其中，电影院的经营管理统计还应包括：电影院的总数、电影院的上座率、电影发行放映的院线数量及其所辖影院数量、银幕总数、票房总收入及其排名等指标。我国2006年电影票房收入已经达到26.2亿元人民币，但与美国的94.9亿美元相比还有不小的差距，而且我国影院上座率仅在20%左右。

表 5－3　2006 年北京市艺术表演场所情况

项　　目	单　　位	数　　值
艺术表演场所个数	（个）	42
#剧场、影剧院	（个）	34
#儿童剧场	（个）	2
音乐厅	（个）	4
从业人员	（人）	1291
观众座席数	（个）	35809
演出场次	（场）	31408
#艺术演出场次	（场）	8253
电影放映场次	（场）	23051
观众人次	（千人次）	5042
#艺术演出观众人次	（千人次）	3960
电影放映观众人次	（千人次）	1022
艺术演出分成收入	（万元）	14070
电影放映分成收入	（万元）	986

资料来源：北京统计信息网 http：//www. bjstats. gov. cn.

（二）消遣娱乐场所经营管理统计

除了上述涉及到的场所和统计指标外，消遣娱乐或者说是文化休闲还包括其他许多类型的场所和指标（表 5－4）。从管理的角度看，还应注重服务管理统计，表 5－5是以 KTV 消遣娱乐场所为例进行的服务管理统计，以及进行消遣娱乐场所的使用率指标的统计，因为这是反映其经营效率的重要指标。

表 5－4　2006 年北京市文化娱乐机构情况

项　　目	个数（个）	从业人员（人）	营业收入（万元）	建筑面积（千平方米）
总　　计	3215	17150	62554	99
歌舞娱乐场所	882	6990	20981	49
电子游艺场所	55	203	739	1
网　吧	1149	5935	14507	41
音像制品批发零售	1087	3849	25157	7
画店画廊	42	173	1170	1

资料来源：北京统计信息网 http：//www. bjstats. gov. cn.

表 5－5 **KTV 服务员综合实操考核评定表**

姓名	形象			仪容仪表			礼貌用语			表达能力			酒水知识			人事架构			实际操作			总分			备注
	优	良	差	优	良	差	优	良	差	优	良	差	优	良	差	优	良	差	优	良	差	优	良	差	

（三）预测电影院类休闲设施的需求状况

1. 问题的提出

一个开发商或当地政府部门考虑是否要在某地区中心兴建一个作为多功能休闲设施的电影院（以电影院为例，方法可以被应用于其他类型的休闲设施）。开发商想知道在这里修建这样一个设施，需求状况如何。有多种方法可以用来研究这个问题。

2. 可行性

第一种方法是调查此地现有电影院的供求状况，以弄清现有设施是否很好地满足了当地需求。然而，这样得到的结论并不完整，你会发现：一个管理好的、地理位置好的电影院的利用状况很好；而一个管理不好，地理位置不好的电影院的利用状况就不好。另外，要想从潜在竞争者那里获得商业信息也不是一件容易的事。

第二种方法是访谈当地居民，问他们是否愿意去电影院，是否因为目前没有足够的设施而无法去。即便做这个调查的时间和资费都没有问题，调查结果也还是不够准确的。人们是否真正参加过此类活动，取决于人们是否如实回答以及他们回顾这些活动的准确性。让人们预测自己某个假定未来的行为是有很大风险的。

第三种方法是选择一个人口和类型同自己相当的地区进行比较，研究比较对象的电影院供应状况和使用状况。当然这是一个很费时的过程，有时成功有时不成功。因为这个可比对象不容易寻找，另外涉及商业机密的资料也不容易搜集到。

第四种方法需要使用二手资料，最合适的是全国调查和人口统计调查，通过这些资料预测这个地区对电影院座位的大致的需求量。目的是比较该区域要兴建新设施的需求状况和现有设施的需求状况，评估是否有必要扩建设施。

3. 具体方法

这里使用的大多数方法被称为“全国市场需求分额”法，图 5－2 描绘了这种方法。

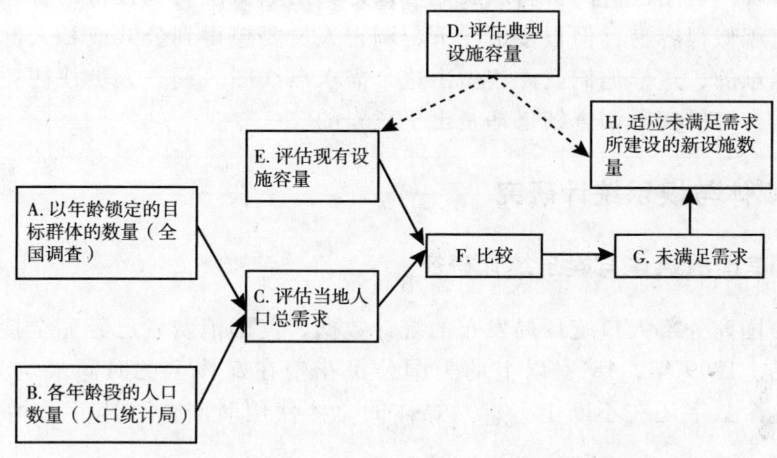

图 5－2　为某个休闲设施预测市场需求——全国市场需求法

（1）特定研究对象比率。电影院消费者的一个特征是年龄段不同。来电影院消费的基本上以年轻人和老年人为主。假如：所研究的城镇中年轻人比国内平均年轻人比例大，那么所研究的城镇其电影市场就比国内平均年轻人市场要大，反之亦然。全国调查即对去电影院的不同年龄段的消费群体进行调查。

（2）不同年龄段的总人数。按年龄分组与所研究的不同地区进行比较，年龄结构很重要。

（3）估算当地需求总量。按年龄分组，统计各年龄组中看电影人数，再把各年龄组人数加和，得到每周看电影总人数。

（4）评估典型设施容量。假设一个能容纳一定人数的电影放映厅，估计每周销售门票的张数是可行的（这是一种假设，真正调查时，可以通过专家计算出确切的数字）。

（5）评估现有设施容量。根据容纳人数，计算电影院一周能接待的人数。

（6）比较。预测出电影院每周总需求量人数。

（7）未满足的需求量。估计每周未满足的需求量人数。

（8）未满足的需求量的新建设施数量。根据满足未满足的需求量的情况，计算该地共需要几座电影院。

4. 给出建议

全国市场需求法并不能准确地预测需求量，它只能提供一个大致的需求量图表。一个管理良好、规划合理的电影院的需求量要远远高于预测的需求量。全国调查中去电影院的人数是个平均值，因此各地会有高于平均值的电影院也会有低于平均值的电影院。运用已有的资料，我们可以计算出电影院每周接待的合理人数。计算这个数值貌似很容易，但很多情况下，调查人员要想得到公共或私人部门的相关数据是很困难的，这样他们就无法做出这个需求点线图。调查人员往往凭直觉进行预测，然而有时候实际调查结果却是出乎意料的。

二、媒体与娱乐统计研究

（一）美国的媒体与娱乐统计研究

根据美国商务部人口统计局发布的统计数据，美国消费者已经完全接受了媒体与娱乐产品。1999 年，18 岁以上的美国公民花费在媒体上的时间平均为 3405 小时，之后这个数字还在不断上升；对媒体的总体使用时间，2001 年会增加到 3440 小时。

消费者购买或租赁媒体娱乐产品和服务的支出主要来自可自由支配的那部分收入。伴随着一种媒体形态超出商务部所计划的徘徊在 1% 左右的渐进式增长而呈现稳固上升的趋势，就必然有另一种媒体形态呈现下降趋势，消费者的时间和支出相应地从另一种媒体游离出来。这种商业现象的焦点，实际上主要集中在美国“娱乐业供过于求”这一问题上。对于普通的美国民众而言，有太多的娱乐“产品”可以轻易地获得。每天有数以千计的娱乐选择摆在消费者面前，从令人眼花缭乱的有线电视频道到影碟和电影院的故事片，从 CD 到超过 150 万种的印刷品，从各种报刊的印刷版和网络版到当地的各种广播电台、电视（通过因特网可以获取数百个频道），诸如此类，不一而足。消费者决定如何分配自己的金钱和时间，又为什么做出这样的决定，这才是今天每一个媒体工作者和研究媒体娱乐产业的人面临的关键问题。

从媒体使用程度来看，消遣时间是一个较好的统计途径。在美国，家庭影院在电影观众中扮演着越来越重要的角色。剧院的电影观众在逐渐减少，这意味着越来越多的人选择了在他们舒适的客厅观看电影，这是因为租用影碟的费用要低得多，比到影院看电影省钱。网络会明显落后于其他大众媒体。2001 年美国人均使用媒体的情况表明，电视是排在第一位的——1551 小时，无线电广播排第二位——1072 小时，网络排第三位——642 小时，普通有线电视以 612 小时排在第四位，第五位是音乐唱片——336 小时，其后依次是公共电视（188 小时）、日报（153 小时）、按片计费的付费有线电视（109 小时）、消费类图书（99 小时）、消费类杂志（79 小时）、家庭影院（60 小时）、消费类互联网接入（39 小时）、家庭视频游戏（37 小时）、剧院电影（12 小时）和教育软件（2 小时）。

媒体消费支出的统计数据勾勒出一幅受众消费偏好的图景。2001 年美国人均媒体娱乐支出总计 685.18 美元，其中花费在普通有线电视上的娱乐支出最多，为 196.62 美元，第二是家庭影院（113.72 美元），第三是消费类图书（102.86 美元），第四是音乐唱片（71.56 美元），第五是日报（58.31 美元），其后依次是消费类互联网接入（49.32 美元）、消费类杂志（40.92 美元）、剧院电影（27.56 美元）、家庭视频游戏（21.65 美元）和教育软件（4.66 美元）。

（二）数字娱乐休闲消费统计的分类研究

1. 在线游戏

据国外一项权威调查显示：近两三年内，整个数字娱乐市场总值将达到 1000 亿美元。其中，游戏机市场在 2000 年达到近 100 亿美元，超过了电影业的销售收入。在我国，以 2001 年 7 月中旬的调查数据计算，目前国内已有超过 300 万的网民参与网络游戏。以每人每年消费 100 元计算，目前就已存在 3 亿元的市场。由此可见游戏也是目前各类互联网服务中网民最能接受的付费服务。

2. 在线音乐

根据 Jupiter 传播的一份报告显示，2003 年有 3300 万人上网购买音乐，福布斯研究的一份报告指出：截至 2005 年，在线音乐销售将增加 33 亿美元。相比游戏市场，这并不是一个很大的数目，不过一旦用户开始全面接受在线音乐，所有的在线音乐运营商都会成为唱片制造商。因此在某种程度上讲，谁抓住了在线音乐谁就抓住了未来的唱片工业。美国 Forrester 市场调查公司近年发表的一篇报告指出，MP3. com 一个月的网页浏览量约 1.5 亿人次，而 Napster 的用户已经超过 1300 万人。也就是说，每天有超过 5 亿首歌在互联网上流通。如果这 5 亿首歌都是带版权收费传播的，每首歌仅收 1 美元，那么这就是 1000 多亿美元的市场。

3. 网络电视

在我国，新华社也和中国电信一起开始与广电竞争网络电视的市场。单从现在来看，网络电视在短期内还不会有很快速的发展，但网络电视绝对会是将来数字娱乐业的一个亮点所在，因为它具备了媒体的所有优点，并且很容易将传统电视庞大的用户群转化过来。

4. 卡通产业

卡通意指漫画和经过图形图象技术处理生成的动画的表现形式。卡通产业是以卡通形象及品牌为核心，由漫画、动画、影视、图书、音像制品以及衍生产品和特许经营产品等所形成的产业链。卡通产业具有当今知识经济的全部特征，并涵盖艺术、科技、传媒、出版、商业等多种行业。卡通形象的专有权和衍生产品，形成了完整的产业链，在文化产业中具有龙头地位。

卡通强大的集聚与扩张功能在于，通过卡通载体和平台的无限魅力，辐射、渗透到生活的每个环节，呈现一种随处可见动漫影子的景况。从世界范围来看，美国、日本、英国和荷兰都是动画片的制作强国。在美国和日本等国家，动画产业在国民生产总值中占有非常重要的地位。日本动漫艺术及相关产业的年总产值已逾1兆亿日元（约6800亿元人民币），总资产更高达6000兆亿日元。其动画业仅次于旅游业，已经成为日本国内六大支柱产业之一。韩国动画产业后来居上，其产值仅次于美国和日本，跃居世界第三，其动画生产量占全球的30%，是中国的30倍。

5. 传媒业

近年来，国际电视传媒业在技术与市场的双重推动下，呈现了跨国覆盖、数字信息化、频道细分、传播媒介连锁集团化等重要特征。传媒赖以生存的传播渠道随着科技的发展不断更新，网络被誉为“第四传媒”不过短短数年，通过手机终端提供的移动应用服务、数据广播、网络电视等又在争夺“第五传媒”的称号，传统传播渠道的地位面临着严峻的挑战。当新的传播渠道出现并逐渐普及时，依靠传统传播渠道的传媒的用户使用率随之下降，利润不断收缩，传媒的生存受到了威胁。这时作为传媒可以采用混合并购的方式，将新兴传播渠道纳入旗下，逐渐实现传媒转型。实际上现在西方发达国家的传媒集团已经很少由单一的传媒种类构成。以美国在线——时代华纳集团为例，这个全球性的传媒集团出版64种平面媒体，拥有2.68亿读者，旗下的时代华纳贸易公司拥有两个出版社和书刊直邮服务。WB Television Network公司经营着16座电视广播站，拥有全美电视用户的25%。时代华纳有线系统公司拥有有线用户1280万个，是美国最大的有线电视网，控制了全美最大的100个市场中的22个。华纳兄弟国际电视公司向175个国家的电视台发行40种语言4万个小时的电视节目及部分电影节目，华纳兄弟国际影院公司在多个国家拥有1000多个电影院线。华纳兄弟旗下的影音资料馆The West Wing拥有6500部电影、3.2万个电视节目及1.35万个动画节目，AOL拥有2800万顾客，华纳音乐集团是全球最大的音乐内容及产品提供商之一。

（三）我国的数字娱乐休闲消费统计研究

数字娱乐业不只是人们通常所说的电脑游戏，它覆盖了以数字技术向人们“制造快乐”的各个领域：提供视听享受的音乐、DVD、VCD、交互电视；重在体验的电脑电子网络游戏；陆续开发出的新式娱乐产品MP3、数码摄像机、电子显微镜等；甚至可以说网络聊天、网络媒体都可以称为一种数字娱乐业。一切通过数字技术，如计算机、互联网等为人们提供娱乐的东西都可以称为数字娱乐业。中国社会调查事务所（SSIC）近年在北京、天津、上海、哈尔滨、广州、武汉六地对1700

个居民进行的专项调查显示，被调查家庭未来两年的购买电器意向中，购买电脑（34%）仅次于购买彩电（41%），名列第二。购买电脑的目的，72%的被调查者是希望借助这个现代化的手段，获取更新的信息，“上网”享受网络服务是他们主要的目的。电脑时代的到来意味着网络消费会日益升温。在互联网走向大众化的同时，互联网也在大众化的影响下蜕化成为一个在线娱乐平台，而不仅仅是一个信息交互平台。

从目前来说，中国数字娱乐业还远远不能称为一个产业，如在游戏方面，我们无论硬件还是软件都拿不出像样的制作公司出来。在数字音乐方面也是一样，我们传统的唱片公司都因为盗版生存艰难，而无暇顾及数字音乐方面的发展。但没有人能够否认中国数字娱乐业的巨大市场，目前美国、日本、韩国等都在开始进军中国这一市场，特别是在线游戏。日本著名游戏厂家世嘉公司悄然进入中国，迪士尼和海虹联手做中文网站，意图也是数字娱乐。我们可以做一个很简单的预算，中国现有4000多万台个人计算机，假设其中1/2左右会消费数字娱乐产品，如在线游戏，假设每台计算机每年在数字娱乐方面消费100元，那么每年就有20亿元的市场。如果网络电视、数字音乐这些开始成熟并普及起来，这个数字绝对不只是100元，而是100元的几倍、十几倍，那么数字娱乐的消费空间有多大就可想而知了。

我国卡通消费市场空间巨大，需求远未充分释放。按照国内制作能力与较低收费标准测算，国产动画节目播出市场需求缺口每年25万分钟，其制作收入每年约37.5亿元，其衍生产品收入约112.5亿元，其国际市场播出收入约50亿元，合计达200亿元。随着经济迅速发展，数码及多媒体技术广泛运用，消费方式进入“看图”时代，我国居民的卡通文化需求将进一步释放，卡通衍生产品市场总值将进一步提高，前景不可限量。

我国上空有境外卫星频道333个、境外电视节目220个，已经成为世界传媒集团争夺扩张的焦点地区。作为电视大国，我国现有电视机2.8亿台，电视观众9亿多，整体呈现中央台、省级卫星台、地方城市电视台、境外电视台四足鼎立的格局。自1990～2000年的10年间，我国媒体广告收入增长了20倍，2001年达到794.88亿元，年均增长27%，比同期GDP增长速度快4倍，预计未来年均增幅仍将达到10%～15%。与国外水平相比，2000年我国媒体广告占GDP比重为0.79%，发达国家为2%，国际平均水平为1.5%，据此推算，我国2001年广告总额应为1600亿元。我国传媒业是世界上少有的、市场总量与增长潜力巨大的行业。

（四）消费类出版物的统计数据

截至2007年4月底，全国期刊总数迅速增长到9468种，品种得到极大的丰富。目前，我国期刊种类已涉及到多个学科、不同领域，极大地满足了社会政治经济发展的需求和人们的消遣阅读需要。

国外多数期刊业发达的国家都将走市场化道路的期刊分为消费类期刊和商业类期刊两大门类。

消费类期刊（consumer magazine），主要指以满足大众消费者个人兴趣爱好为主要内容的各类杂志。通过对我国消费类期刊的统计分类，发现我国共有消费类期刊1276种，占我国全部期刊总数的13.04%。从期刊结构总体上看，我国期刊大类中，比重最高的是商业、行业与专业类期刊，共有4984种，占全国期刊的50.95%。其次是学术类期刊，共有3522种，占全国期刊的36.00%。两者相加占据了全国期刊的86.95%。而消费类期刊只占13.04%，成为比重最小的期刊类别。

据新闻出版总署计财司统计，在2003年，我国期刊出版品种是图书的4.77%，期刊总印数是图书的44.18%，期刊总印张是图书的23.61%，期刊总定价约为图书的18%，期刊销售收入是图书的24.26%，期刊行业利润是图书的10.38%，期刊所有者权益是图书的11.15%。

对消费类期刊进行细分，可以分为娱乐休闲类、生活服务类、文化艺术类和时政社会类四个二级分类，并还可进行25个三级分类。

从消费类期刊的四个二级分类看，在我国1276种消费类期刊中，比重最高的是文化艺术类，为521种，占40.83%；其次是娱乐休闲类，有382种，占29.94%；排第三位的是生活服务类，有250种，占19.95%；最少的是时政/社会类，只有123种，占9.64%。而在文化艺术类中，最主要的又是纯文学杂志，数量为318种。这些纯文学杂志除极少数外，大多数都并非真正意义上的大众消费性杂志。因此，如果去掉这318种文学杂志，则真正的消费类杂志数量就变为958种，占全国杂志总数的9.80%，不到1/10。

统计显示，消费类出版物中的消遣类出版物，应随着人们日益强烈的休闲需求的增长而具有极大的上升空间。

（五）关于媒体讯息重要程度评价的统计指标

到达率（reach）：指媒体节目所能传达的受众群规模或不同人群的数量。

频率（frequency）：指在媒体活动中每一受众所感受到同一节目的次数。

冲击力（impact）：指讯息传达给受众时的印象强度。

连续力（continuity）：指在媒体活动中同一风格连续的表现，借以增加知名度。

媒体预算：可以用到达率与频率的乘积来体现。

$$\$(\text{媒体预算}) = R(\text{到达率}) \times F(\text{频率}) \qquad (\text{公式 } 5-1)$$

印刷品直接邮递回收率：与客户的联络、消费类期刊的发行以及各类商情的发布都需要印刷品的直接邮递并及时得到反馈。

$$\text{回收率} = \frac{\text{订购数或应征数}}{\text{发出总数}} \times 100\% \qquad (\text{公式 } 5-2)$$

每一份订单（或应征数）的成本：所有的邮递费用都应由实现的订购或应征数量来分摊。

$$\text{每一份订单(或应征数)的成本} = \frac{\text{邮寄费用}}{\text{订购(或应征)件数}} \qquad (\text{公式 } 5-3)$$

三、博物馆类休闲场所的经营管理统计研究

（一）博物馆的分类及其基本统计指标

我国目前各地对博物馆类休闲场所的经营管理统计并未形成统一的模式。

香港对博物馆的分类包括：历史博物馆、文化博物馆、艺术馆、科学博物馆和电影资料馆共五种。上海市对博物馆的统计分为博物馆、纪念馆及群众艺术馆和文化馆（站）两大类。在第一大类中又进行了细分（表 5－6）。

表 5－6　2006 年上海市博物馆、纪念馆情况

指　标	机构数（个）	馆内藏品实际数量（万件）	一至三级藏品	展览活动（次）	参观人次（万人次）
总　计	106	75.64	18.14	196	1114.5
综合性	15	1.83	0.68	61	309.7
历史类	15	8.10	2.36	24	275.8
艺术类	6	12.91	12.88	20	115.3
科学类	3	26.66	0.40	10	300.6
人物类	18	10.17	1.80	34	39.1
行业类	37	13.68	0.02	38	69.3
高校类	12	2.29	—	9	4.7

资料来源：上海统计网 http：//www.stats－sh.gov.cn.

从指标统计的角度看，博物馆主要统计机构数、人员数、藏品量、参观人次（香港统计为“入场人次数”）、举办陈列展览次数、建筑面积；而群众艺术馆和文化馆（站）主要统计单位数、从业人员数、举办的活动数、讲座或展览数等（表 5－7）。

表 5－7　2006 年上海市群众艺术馆和文化馆（站）情况

指　　标	合　计	群众艺术馆	文化馆	文化站
单位数(个)	250	1	29	220
从业人员(人)	3756	54	1142	2560
组织活动				
文艺活动(次)	47458	116	856	46486
各类理论研讨(次)	99	6	93	—
各类讲座(次)	162	6	156	—
举办训练班				
班次(次)	28739	33	1908	26798
结业人次(万人次)	56.3	0.4	2.3	53.6
举办展览个数(个)	2256	9	240	2007

资料来源：上海统计网 http：//www.stats－sh.gov.cn.

（二）博物馆的导游讲解服务业务统计

通常，博物馆的讲解员承担义务讲解、公派导游和收费导游等导游讲解服务工作。这里以北京定陵博物馆为例进行研究。

定陵博物馆设有义务讲解员，义务讲解分在 4 个地点，即明十三陵博物馆、第一陈列室、第二陈列室和地下宫殿，每天的讲解时间为 9:00～16:30。主要面对前来参观的散客提供讲解服务。具体统计分析见表 5－8。由于每年 4～10 月为旅游旺季，游客量大，义务导游次数较多；每年 11 月～次年 3 月为旅游淡季，客流量小，导游次数较少。7、8 月份为暑假，参观者以中学生居多，导游讲解服务需求次数上升。

表 5－8　定陵博物馆 2002～2005 年义务导游讲解服务人次统计分析

指　标	1月	2月	3月	4月	5月	6月	7月	8月	9月	10月	11月	12月	全年
2002 年	457	356	567	1286	2067	2205	2778	2679	979	1578	567	545	16064
2003 年	564	456	512	1489	0	0	342	679	235	1896	689	645	7507
2004 年	765	508	765	1864	2457	2314	3006	2986	1067	1587	783	657	18759
2005 年	657	345	546	1493	1655	1934	2764	2704	846	2479	976	366	16765
平均数	610.8	416.3	597.5	1533	1544.8	1613.3	2222.5	2262	781.8	1885	753.8	553.3	1231.2
季节指数(%)	49.6	33.81	48.5	125	125.47	131	180.5	183.7	63.5	153.1	61.22	44.94	100
2008 年预测	724	493.5	708	1817	1831.4	1913	2635	2682	926.8	2235	893.6	655.9	17515

公派导游由主管讲解班的领导委派定陵博物馆一级讲解员为因公务来参观的客人进行免费的讲解。2005 年共接待 142 人次，据此预测，2008 奥运年该项导游讲解服务业务将接待 150 ~ 200 人次左右。

定陵博物馆收费讲解体系可以满足不同层次游客的需求，包括游客量较大时期。具体统计分析见表 5 - 9。收费讲解是在博物馆开放时段里，随时有 8 名学历在大专以上的讲解员为游客提供中、英、日文导游讲解服务。其中中文导游讲解服务收费为：5 人及以下 60 元，6 人及以上 100 元；外文导游讲解服务收费为：5 人及以下 100 元，6 人及以上 150 元。这种方式接待的游客可能是几个人的小团，也可能是数十人的大团，在这些讲解服务中，对讲解员的表达能力、语言水平及与人的沟通能力要求均较高。

表 5 - 9　定陵博物馆 2002 ~ 2005 年收费导游讲解服务统计分析

指　标	1月	2月	3月	4月	5月	6月	7月	8月	9月	10月	11月	12月	全年
2002 年	234	424	224	556	757	866	756	788	908	967	423	244	7147
2003 年	555	534	323	555	0	0	66	352	424	546	757	535	4647
2004 年	242	353	664	774	979	907	968	755	899	797	523	244	8105
2005 年	642	536	646	758	977	976	1067	1046	906	890	533	244	9221
平均数	418.3	461.8	464.3	660.8	678.25	687.3	714.3	735.3	784.3	800	559	316.8	606.71
季节指数(%)	68.9	76.11	76.5	109	111.8	113.3	117.7	121.2	129.3	131.9	92.14	52.21	100
2008 年预测	683	754.5	759	1080	1108.3	1123	1167	1201	1282	1307	913.4	517.6	11896

通过对讲解员进行历史知识、英文导游等方面的培训、考核，以及现场游客为讲解员打分的方法，建立健全监督考核的行为规范和包括岗位责任制及奖惩制度等在内的规章制度，以保障导游讲解服务的高效提供与服务水平的稳步提高。

第三节　收视统计

一、广播电视收视基本统计指标

（一）收视数据分类

收视数据指的是通过调查获得的关于广播电视节目收视情况的数据。按照使用主体的不同可以分为电视的收看数据和广播的收听数据。按照获得数据的内容不同又可以分为收视数据和满意度数据。

我国主要采用收视数据。收视数据是利用统计方法，在作为总体的收视人群中抽取部分样本，根据样本的情况来推断总体情况。它一般从以下几种方式获得：

人员测量仪：一种可以记录受众收看或收听时间的专门仪器，可以定时反馈给数据中心。

日记卡：由受访者填写特定格式的表格，记录自己的收视行为。

面访：通过上门或拦截访问了解受众的收视行为。

电话访问：由访员向目标受众打电话了解受众的收视行为。

（二）收视率指标

电视收视率是指在报告期内收看某一节目的人数（或家庭户数）占同期观众总人数（或家庭总户数）的百分比。

$$\text{收视率} = \frac{\text{报告期收看某一节目的人数(或家庭户数)}}{\text{同期观众总人数(或家庭总户数)}} \times 100\% \qquad \text{(公式 5-4)}$$

收视率分为家庭收视率和个人收视率，一般而言，家庭收视率大于个人收视率。目前采用的收视率数据采集方法有两种，即日记卡法和人员测量仪法。根据2002年CSM提供的全国33个城市156个频道的电视剧报告，在17:00～24:00时共播出1564部电视剧，平均收视率为3.57%，其中国内剧为1461部，平均收视率为3.70%。

（三）播出时间指标

播出时间指标主要包括广播电视节目套数、平均每日（周）播音时间、转播中央台（或省台）时间、自办节目时间、节目制作时间、被中央台采用时间、制作广播剧电视剧数量等。

（四）覆盖率指标

节目覆盖率主要包括节目覆盖人口数、覆盖率、有线电视用户数、有线电视入户率、数字电视用户数、广播/电视综合覆盖率、无线广播/电视综合覆盖率、农村广播/电视综合覆盖率、农村有线广播/电视用户数等。

（五）广播电视事业基本情况统计表

表 5-10 广播电视事业基本情况统计表

指 标	计量单位	代 码	实际数	
			本期末	上年同期
甲	乙	丙	1	2
一、广 播	—	—		
广播电台数	座	01		
广播节目套数	套	02		
广播节目制作时间	小时	03		
二、电 视	—	—		
电视台数	座	04		
电视节目制作经营机构数	个	05		
电视节目套数	套	06		
电视节目制作时间	小时	07		
三、广播电视节目传输覆盖	—	—		
中、短波广播发射台、转播台数	座	08		
中波发射机功率	千瓦	09		
短波发射机功率	千瓦	10		
调频发射台、转播台数	座	11		
调频发射机功率	千瓦	12		
电视发射台、转播台数	座	13		
电视发射机功率	千瓦	14		
有线广播电视传输干线网络总长	千米	15		
有线广播电视用户数	万户	16		
#付费电视用户	万户	17		
#数字电视用户	万户	18		
卫星地球站	个	19		
微波实有站数	个	20		
微波传送线路长度	千米	21		
广播节目综合覆盖率	%	22		
电视节目综合覆盖率	%	23		

资料来源：中华人民共和国国家统计局 http：//www. stats. gov. cn.

（六）电视节目国际贸易统计指标

电视节目国际贸易统计主要是按各省、市、自治区以及国家广电总局进行分类统计的，通常以年为时间周期。具体统计指标包括以价值量——万元为计量单位的电视节目进出口总额、电视节目进口总额和电视节目出口总额；以时间——小时或部、集为单位计量的电视节目进出口总量、电视节目进口总量和电视节目出口总量；全年进口电视剧（小时/部）以及全年进口动画电视（集）等。

二、电视收视比例的理论研究

在电视频道和栏目的评价指标中，大多数为相对指标，如收视比例（又称收看比例、观众规模）、期待度（又称满意比例、喜爱度）以及频道评价的指标，如频道包装形象、频道权威感、频道创新、大型活动、品牌栏目、节目品味格调、贴近性、广告可信度、广告实力感等，它们的相对指标均剔除了覆盖入户的影响。一方面，不能收看这个频道的样本，自然无法评价这个频道和栏目，所以剔除了覆盖入户的影响，对于不同入户率的频道之间的对比起到公平的作用。

根据各地卫视频道在全国分区覆盖入户和收视调查数据，计算一个假定各地或各区域入户率都为100%时，也即所有电视人口都可以看到的加权收视比例。具体为：在抽样可推及的区域条件下（或分本地和外地取得数据，或分大区取得数据，但最好能按省来进行，因为即使一个大区内相邻的两个省的收视，也是有差异的，不过目前的抽样限于经费尚不能进行分省的计算），分开计算其各区域的相对收视比例，按相对收视比例基本不变的原则，计算100%入户率条件下的绝对收视比例，再计算加权后的绝对观众比例和相对观众比例。事实上，此时这两个数据是相等的。

将同样原始数据的几组数据进行对比可以发现，分本地和外地两个区域，或分几个大区（其中一个区为调查卫视所在区）时，绝对收视比例均会随着入户率的提高而提高，而相对收视比例则下降，当入户率等于100%时，绝对收视比例和相对收视比例相等。因此，以这样的标准计算，相对而言可以做到所有频道在相对公平条件下的收视比例对比和排序。

由于在调查中我们可以计算出分区的入户率、绝对收视比例以及电视人口数（或者是100%入户率条件下的观众数量），故可以根据公式5-5，计算出在此100%入户率假设条件下的相对收视比例，同时也是这一条件下的绝对收视比例。

$$\begin{aligned}\text{相对收视比例}\\(100\%\ \text{入户率下})\end{aligned} = \frac{\sum \text{分区电视人口} \times \dfrac{\text{绝对观众比例}}{\text{入户率}}}{\text{全部电视人口}} \times 100\%$$

$$= \left(\sum \text{分区电视人口权重值} \times \frac{\text{绝对观众比例}}{\text{入户率}}\right) \times 100\% \qquad \text{（公式 5-5）}$$

根据实际结果并做适当转换处理后的数据，依然保持了原有数据之间的差值和位次。由此可以了解到，采用以往处理方法的结果普遍偏大，这应当与其本省所占的观众规模权重较大有关，以此简单除整体入户率，会夸大相对收视比例，而按公式5-1计算的相应结果，则考虑了分区的收看因素，因此结果相对可靠。进一步分析表明，其位次上也有一定的变化，即被低估了。这种计算方式不仅仅对于频道、栏目的相对收视比例这样的指标可以使用，对于频道或栏目的期待度、满意比例、频道包装形象、频道权威感、频道创新、大型活动、品牌栏目、节目品味格调、贴近性、广告可信度、广告实力感等需要用入户率调整的指标，都可以如此计算，并使用这样计算的数据结果来横向比较和做排序。

三、电视收视率的实证研究

收视率、营业收入和节目时间是直接影响到媒体管理的三大指标，其中收视率是最重要的，因为营业收入的多少主要取决于收视率，而收视率又直接受到受众群体的年龄构成、收入等因素的影响。只有调整好节目播出的时间长短，根据不同的观众调整节目才能真正提高收视率，进而提高营业收入。除了收视率的因素，管理的主要目的还是要提高营业收入，所以媒体还要进一步扩大受众范围，提高节目质量，作好节目定位才能在众多电视台的竞争中处于有利位置。

中国旅游卫视是中国唯一一家覆盖全国的专业旅游卫星电视频道。节目以全国及全球的旅游资源为素材，将知识性、趣味性、娱乐性、欣赏性融为一体。根据AC尼尔森2002年的收视调查报告显示，中国旅游卫视的平均收视率处于中国大陆所有卫星电视台前五位的位置。各节目的平均收视率达到2.1%，而其中旅游类节目的收视率成绩均为上乘。

节目播出的时间长短是直接跟收视率有关系的。收视率高的节目播出的时间相对较长，以回馈观众，并可以借此得到相应更多的广告收益。

根据目前国内外电视频道的现状和形态，除地面（无线）电视的综合频道之外，电视专业频道可以分为三个层次：第一是大众化专业频道，如新闻、电影、电视剧、娱乐、体育等频道；第二是分众化专业频道，如财经、历史、探索、国家地理等频道；第三是小众化专业频道，如机场、钓鱼、高尔夫等频道。旅游卫视，包含休闲、时尚、娱乐、文化等元素，应属于第一层次的大众化专业频道。

旅游卫视的观众主要集中在20～60岁，20～29岁的观众应是有独立经济来源的年龄层，年轻、时尚，有一定的可自由支配收入，所以会更关注旅游等方面的精神享受型节目，这也正是旅游节目最重要的定位人群。30～39岁的观众拥有较好的经济基础，事业有成，家庭稳定，他们会在最大程度上关注旅游节目，尤其是自驾车旅游节目和探险游节目，所以这个年龄层的人群占有旅游节目很大的受众比重。通常40～55岁是家庭负担最重的时期，受众比例有所下降。而年龄稍大的人虽然有闲暇时间和可自由支配收入，但他们多选择老年游等节奏缓慢的活动。由于旅游卫视节目定位是“资讯立台，时尚、娱乐并重”，因此老年段受众不是旅游卫视的主要目标受众人群。

在家庭收入构成方面，家庭月收入在2000～3000元的中等收入观众是最大的客户群，他们成为旅游节目最大范围的受众；而家庭月收入超过3000元，在收视统计上就被称为是高收入人群了，最符合旅游卫视推出节目时的定位，所以也成为了一个大的收视群体。

从收视群体的覆盖方面来看，旅游作为一种满足精神需求的活动不是生活必需品，所以要从最具经济实力的大城市做起，逐渐覆盖其他地区。

旅游卫视根据目标观众收视习惯，编排节目，以期出现“金字塔式的收视结构”：18～20点以娱乐、休闲节目为主，20～22点是都市情感剧，22～24点是为中产阶级量身定制的旅游节目，24点以后更是针对高端人群的高尔夫或是奢侈品节目。旅游卫视应将核心收视观众定位于25～44岁之间，这部分观众受教育程度偏高，收入也较好；次重要观众群是15～24岁学生，这部分人虽然没有什么固定收入，但他们青春、时尚，充满好奇心，热爱旅游，乐于接受新鲜的事物，也是未来社会的中坚力量，是不可小视的潜在消费人群。对于高端受众群的吸引也一定要很坚持，例如私人游艇、私人飞机和自驾车旅游等内容将是他们关注的焦点。不过如果光凭为高端客户量身定做的栏目，难以根本吸引大量的广告客户，因此通过可以实现节目“个性化与灵活性相结合”，扩大收视群的数量是提高效益的关键。

第四节　主题公园经营统计

一、主题公园的分类统计

（一）主题公园的基础分类

大型公园和目的地公园。主要特点：年游客量500万人次以上，游客市场为全国市场和国际市场。主题鲜明或有多个部分构成主要的品牌吸引力，有舒适的旅游住所，投资10亿美元。例如：迪士尼乐园和环球影城等。

地区性主题公园。主要特点：年游客量150～350万人次，游客市场为省内市场和邻省市场，投资2亿美元。

游乐园。主要特点：年游客量100～200万人次，游客市场为所在城市，有限的品牌和主题，投资8000万～1亿美元。

小规模公园和景点（家庭娱乐中心）。主要特点：年游客量20～100万人次，游客市场为所在城区，有时可以达到整个城市，投资大约1000万美元。

科技中心、博物馆、水族馆等教育性景点。目前此类项目增长很快。

（二）游乐园的类型

以欧式建筑为主题类型，周围建有多种游艺设备，以北京石景山游乐园为代表。

建设大量欧式建筑，游乐项目散布其间，既有观景又有游艺项目，以苏州乐园为代表。

电影拍摄表演配以游艺设备类型，以广州东方乐园为代表。它每天表演一次的电影拍摄场景都有100多位群众演员参加，十分壮观。

微缩景观类型，如深圳世界之窗，可以看世界各国的景观，晚上以节目演出结束全天活动。

强调童话色彩，充满浪漫情调，以深圳欢乐谷为代表。配以舞台演出和高档次的游艺项目，让人目不暇接。

全部由游艺机组成的游乐园，以青岛海洋游乐城为代表。

（三）美国的家庭娱乐中心分类

美国的家庭娱乐中心有这样几种类型：娱乐中心、城市娱乐中心、家庭娱乐中心、休养娱乐中心、地方性娱乐中心。也可以分为由各种游乐设备组成的儿童游乐中心、室内室外混合性娱乐中心、以SMP组成的活动中心、以饮食和娱乐活动为主的活动中心。有的社区家庭娱乐中心甚至有碰碰车、小赛车、电瓶车，像一个小游乐园。现在有一种说法是将游乐业比作一个宝塔，塔顶是以迪士尼乐园为代表的主题乐园，塔身是游乐园，塔基是家庭娱乐中心。一般来讲，家庭娱乐中心辐射半径是10~15公里，而大的游乐园可以辐射至全市、全省乃至全国。

二、主题公园的产品体系统计

（一）美国主题公园的产品体系

从不同的技术类别划分为：手工技术类产品，机械技术类产品，信息技术类产品，虚拟技术类产品。

从技术的发展进程角度划分为：传统工艺类产品，机器传动类产品和高科技类产品。其中，高科技类产品中还包括声光电类和计算机网络类产品。

从参与性的程度不同划分为：假性参与产品，象征性参与产品，体验性参与产品以及挑战性参与产品。

从产品的具体形态不同划分为：陈列类，动物世界类，攀爬类，游戏类，迷宫类，旋转木马类，游船类，滑管、滑道、冲浪类，慢速摇摆翻转类，垂直升降类，快速固定轨道类，晕旋类，暗室乘骑类，表演类，影视类，四维电影类，智能类等。

（二）中国主题公园的产品体系

目前中国主题公园的产品主要为四大类型，即展示型、体验型、互动型和复合型。其中，展示型包括陈列式和表演式，体验型包括情景式、惊险式和极限式，互动型包括重力式、体力式和智力式，复合型包括静态组合式、动静组合式以及动态组合式。

三、主题公园的基本统计指标

客流量（访问量） 该指标是指入园人数总和。在一年内的入园人数总和称为年客流量，通常以已实现的入园门票数计算。而日均客流量是一段时期内的平均结果。如香港迪士尼开业初期，日均游客达到14000人次。

人均主题公园到访次数 这一指标是指某一国家或地区居民，在一定时期内到访主题公园的人次数与对应居民人口数的比值，体现了该国或地区居民对主题公园的喜爱程度及主题公园对这一国家或地区居民的吸引程度。显然，这一指标的数值越大，表明喜爱或吸引的程度越高。如美国拥有最高的人均主题公园到访次数为0.8；日本和韩国为0.5；欧洲为0.25。

门票价格 主题公园的门票价格一般都比普通旅游景点或公园的价格水平要高。通常，主题公园的门票价格与其规模大小、投资多少呈正比。在主题公园的营业收入中，门票收入是其主要构成。例如，中国主题公园的门票收入占其总收入的80%~90%。

主题公园的营业收入 这一收入主要来自于门票收入、游乐项目收入、购物及餐饮收入等。目前美国是这方面最大的市场，其主题公园年收入接近70亿美元。

游客的人均消费额 通常这一指标应包括游客的人均每次消费额和游客每人每天的消费额两项。在美国，游客的平均消费从26~46美元/人次不等；在中国比较好的主题公园大约是12美元/人次。

游客在主题公园的平均逗留时间 通常以小时为单位，公园的规模、设施的丰富程度、对游客的吸引程度等因素都决定了游客在主题公园的逗留时间长短。游客在主题公园的平均逗留时间越长，越有助于降低经营成本，从而提高经营效益。在美国，游客在主题公园逗留的时间一般是6~8小时，而在中国大约是2~4小时。

主题公园的经营成本 主题公园的经营成本主要包括设备的折旧成本、物料消耗、能源消耗及人工成本等方面。在美国，工资占了其主题公园总体经营成本的45%~60%。

主题公园的经营费用 是指为了主题公园的正常营业而需要支出的各类费用。在美国，市场开发费用通常占总体经营费用的9%~15%，维护费用占7%~15%。

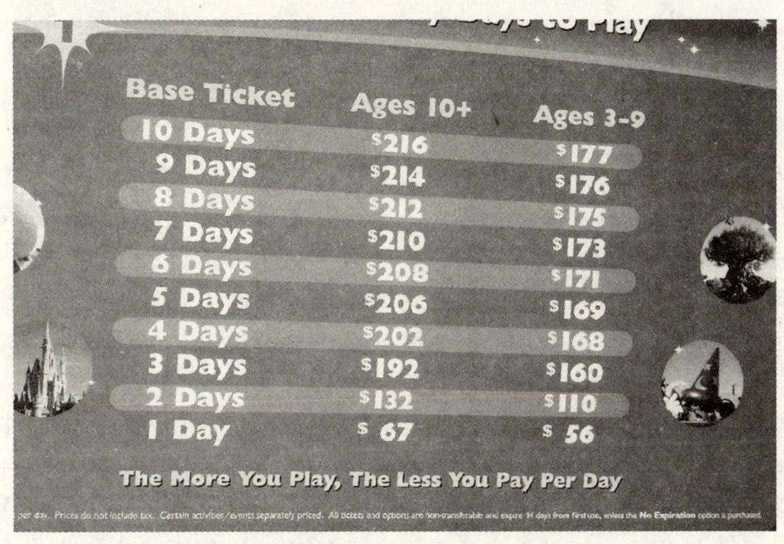

图 5－3　美国奥兰多迪士尼乐园门票价格表

上图是美国本土最大的迪士尼乐园——奥兰多迪士尼乐园 2006 年 12 月的门票价格表。这一 1 ~10 日游的价格表，体现了该公园的规模与吸引程度。

再投资比重　主题公园为了自身发展，防止游客量的衰减，通常都需要进行再投资，以进一步的改进、扩建或新建游乐项目或主题区域等。在美国，主题公园年总收入的 4% ~5% 用于新项目和新景点的再投资。再投资比重是指再投资额占年营业收入总额的比重。

主题公园的饱和容量　是指主题公园的设计最大容量。如根据香港迪士尼乐园的设计是在其开业 15 年后达到每年 1000 万人次的饱和容量。

主题公园的投资额　是指主题公园在建设时期投入的所有资金总量。如香港迪士尼乐园的建设初期总投资额为 185 亿港元。

主题公园的投资回报率　是指一定时期内投资额的回收程度，它体现了主题公园的投资效益状况。如香港迪士尼乐园预计在其开业后的 40 年内，可为香港带来 1480 亿港元左右的经济效益，相当于总投资额的 8 倍，投资回报率达 25%。

主题公园开发利用条件评价指标　由一组指标所构成，其中包括：公园面积、适游期、区位条件、外部交通、内部交通、基础设施条件等方面的指标。适游期指标是指一年当中适宜开展这一游乐活动的时间。所以，通常像迪士尼乐园这样的大型主题公园，其户外游乐设施及活动较多，就比较适宜建设在类似中国香港、美国奥兰多这样气候偏热的地区，以避免一些设备在寒冷季节不能开放的弊端，从而使所有的游乐设施和游乐项目全年都是适游期。

结语

大众休闲消费是整个社会休闲消费的主流，对休闲统计的需求，也主要是针对大众休闲消费统计的需求。因此，在休闲统计研究方面，同样应该突出这一点。本篇涉及了目前构成我国大众休闲消费的主要方面，即餐饮休闲消费、体育休闲消费、宠物饲养休闲消费和文化娱乐休闲消费。在研究方法方面，针对不同情况，主要采用了分类研究、统计指标及其体系研究、抽样调查研究及其定量分析等。

从餐饮休闲行业来看，以往已经存在一些常规的报表统计，但多是停留在对餐饮经营的规模及收入方面的统计，而尚未从消费者的角度进行餐饮休闲消费的统计。本次研究提供了这一思路，并初步构建了餐饮休闲消费的统计指标体系，还以个案的形式，进行了餐饮休闲消费趋势的季节性变动研究。

近年来，随着人们对体育产业经营化运作认识的不断深入，国内外对体育休闲、体育旅游及其统计的研究也在不断发展，本篇研究首次从体育休闲统计的角度，对国内外的有关赛事观赏、体育博彩、健身俱乐部、社区健身娱乐等方面的统计实践，进行了综合与对比分析研究，从而提出了适合于我国体育休闲发展现实的统计指标分类与指标体系。

宠物饲养作为一种大众休闲方式，在我国不过是近十几年的事情。然而，宠物饲养休闲，无论作为一种消费方式，还是作为为之服务的衍生产业，都已经发展到应该进行系统理论研究的程度了。所以，本次研究算是抛砖引玉式的，对宠物饲养休闲消费进行了统计学研究和我国宠物饲养休闲消费发展的前景预测。

文化娱乐休闲因为它的普遍、普及而庞杂，进而难以梳理和统计。本次研究分别从文化产业、休闲娱乐经营、收视和主题公园四个方面进行了研究，涵盖了文化娱乐休闲产业的绝大部分。就文化娱乐统计存在的问题与缺失方面，提出了针对性的政策建议，并进行了相关统计指标体系建设。

第二篇

时尚休闲消费统计研究

在大众休闲的基础之上追求精致生活的理念，在经济实力日益雄厚的同时逐渐深入人心。在休闲实践中，人们更加关注休闲的品质，不断求新求异、追逐时尚。

久居都市的人们循着新鲜的空气、绿色的视野、原生态的饭食和淳朴而简单的人际关系与情感，大踏步地走向了乡村。于是带来了乡村，特别是城市郊区农村经济的繁荣。对此我们从“休闲农业”、“民俗旅游”、“乡村旅游”这些名词的层出不穷上就已经可以领略到。

近年来轿车数量飞速增长并进入百姓家庭以后，人们出门的“腿”变长了，出门的路被“缩短”了。于是，自驾车旅游兴起，人们不仅可以到达城市的郊区，还可以随心所欲地走得更远。

结婚消费——让人痛并快乐着，当幸福的一代人成长起来，到了适婚的年龄（从人口统计的年龄结构来看，我国已经进入婚育高峰期），他们有资格、有条件向往，进而体验浪漫的结婚方式——蜜月旅游。于是，价格不菲的蜜月旅游也在不断的增长之中。

显然，这些都是时尚的休闲方式，更是一个潜力巨大、充满魅力的休闲市场。所以，无论从消费者的角度、经营者的角度，还是从政府有关主管部门的角度，都需要准确的统计指标和详细的统计数据，以服务于决策与管理。而目前我国在这一方面的统计工作尚未及开展。对于时尚休闲消费的统计研究，我们运用了大量的调查方法。一个可喜的信息是我国正在筹建中的旅游卫星账户系统，拟包含了“自驾车旅游花费调查”。

第六章

休闲农业与乡村旅游统计研究

城市郊区休闲农业与乡村旅游是休闲旅游业深入发展的重要表现形式，目前在我国发展迅速，已经成为建设社会主义新农村的重要内容之一。有些村落甚至已经发展成为旅游村落，农业也以休闲农业为特色，从而成为社会主义新农村的新形态和旅游产业发展的新业态，对更好地解决“三农”问题具有很现实的意义。这既是一种经济发展的选择，也是一种文化发展的选择。有条件的，特别是临近城市的农村，选择发展乡村旅游是明智之举，表现出敏锐的眼光和对未来的期盼。实践证明，乡村旅游产业已经成为郊区农民致富奔小康的一项重要产业。而乡村旅游统计研究的跟进，对广大从业人员、管理者以及消费者都具有指导意义，以适应休闲农业与乡村旅游市场需求的进一步释放。

第一节　休闲农业的统计研究

“重假日，更重休闲。”中国人的休闲意识越来越强。都市人的消费心态和消费行为正在走向成熟。家庭经济能力和配套服务、设施的完善，距离、时间等因素，促成城市居民在周末、节日举家赴郊区休闲游。

其实，无论是休闲农业、民俗旅游还是乡村旅游，只是说明问题的出发点和研究的侧重点不同，而实质内容是基本一致的。城市郊区休闲农业始于20世纪80年代，经过二十多年的发展探索，已初具规模，呈现出类型多元化、功能系列化的特征。

一、休闲农业的概念

休闲农业，是以农村生活、农村风光、农业生产的工具与劳作过程以及农村风俗民情来吸引、接待游客进行休闲活动的一种农业形态。农民利用农村有利的自然生态环境和农业生产、生活设施，开辟休闲活动场所、招揽游客，以增加收入。农业旅游活动的内容除游览农村风光外，还有林间狩猎、水面垂钓、采摘果实以及田问耕作等体验型农事活动。2004 年，北京首次评定出 30 个市级观光农业示范园，观光农业项目近 2000 项，有力地推动了京郊休闲观光农业的发展。

二、休闲农业的有关调查数据

表 6－1 是一项关于“日本都市人对都市型农业功能认识”的调查，其中对都市型农业的休闲娱乐功能，有近 50% 的人表示认同。从而进一步验证了我们的观点，即现代人对农业功能的认识在不断深化与拓展，而农业与旅游一体化发展正顺应了这一功能的变化趋势。

表 6－1　日本都市人对都市型农业功能认识的调查

单位：%

都市型农业的功能(除生产功能以外)	认同率
都市型农业中的作物生长、食品生产对孩子有陶冶情操的教育功能	85.4
有了都市农业，才能使人们深切地感受到四季的变换	75.2
美化环境、净化空气	73.6
都市农业创造了绿色，是城市的一个有机组成部分	68.5
绿化城市空间	65.5
具有形成城市景观的功能	65.1
为都市人提供了安全、新鲜、优质的鲜活农产品	53.0
防灾抗灾	50.8
休闲娱乐	45.5
有了都市农业，才能实现人与自然和谐生存与发展	29.7

节假日的郊区休闲旅游已经成为都市人生活方式的重要组成部分。以北京为例，据“221 行动计划”市场调查显示，95% 的北京市民希望到郊区休闲旅游、观光和度假，近 1/3 的市民愿意将双休日用于郊区旅游。此外，为在京的外国人服务亦是京郊休闲旅游业所要承担的重要职责。北京现有外商代表机构近万家，外资企业 7000 余家，外国驻华使馆 100 余家，常住北京的外国人士有近 10 万人，以及每年几百万的来京海外旅游者，涉外休闲、旅游、娱乐、健身等服务需求日益旺盛，北京涉外服务市场空间巨大。

三、休闲农业的分类研究

- 观光农业以观赏农村、农业景观为主，比如北京门头沟区妙峰山风景旅游区、涧沟村的万亩高原玫瑰，每到 6 月都会给游客带来浪漫之旅。
- 休闲度假农业以休闲娱乐为主，比如北京平谷——绿色休闲之都，空气质量为全市最佳，并拥有金海湖水上娱乐场等休闲娱乐场所。

- 体验型农业，即游客参与生产劳作，体验农村生活、农业生产的乐趣，比如北京怀柔县的虹鳟鱼美食节、平谷的大桃采摘活动等。
- 吃农家饭、住农家院、干农家活儿的“农家乐”——一种独具中国特色的参与型农业，是将观光、休闲、体验农业紧密结合在一起的产物，其独特魅力在于游客通过这一方式参与到旅游目的地人们的生活当中去。比如北京房山、平谷、密云、怀柔等山区县均有“农家乐”旅游。
- 生态农业旅游。它是以融入绿色生态环境为主旨的农业旅游活动。都市人可以在这里呼吸着洁净的空气、享受着田园的安宁、品尝着有机的食品……是一种追求回归于自然的农业旅游活动。比如北京密云生态农业游。
- 与工业、旅游业相融合的特色农业。北京都市型经济的农业特色与旅游特色，即第一、第二、第三产业的相互融合。比如在村办企业中搞工业旅游，像北京门头沟区龙泉镇琉璃渠村引导游客参观皇家琉璃的制作过程、购买琉璃工艺品等。这是一种由旅游活动串联起来的，集农、工、贸于一体的特色旅游。
- 山区民俗游。山区的民俗、民风、民居乃是当地农业长期发展的衍生物。北京门头沟爨底下村的古民居游，盘活了农民手中的固定资产，如今的农民也开始有了非劳动收入。延庆县的民族、民俗风情游，使民间的非物质文化遗存也具有了现实的经济意义。

农业与休闲旅游业的结合，在郊区服务城市人口的同时，也创造了更多的就业机会，改善了农民的生活环境，提升了他们的服务理念，从而使农业增加了经济效益、社会效益和环境效益。城市旅游的发展离不开城市郊区农业。作为城市旅游的拓展与延伸，到郊区休闲旅游，使都市人徜徉于传统的村落、民居之间；休闲于古朴民风、民俗的氛围里；放松于静谧的田间小路上……从而达到休闲旅游业与当地农业发展共生、互融与共荣的境界。

第二节　民俗旅游的调查研究

一、民俗旅游统计指标

民俗旅游的统计指标主要包括从事民俗旅游的行政村数量（个）、从事民俗旅游接待的户数（户）、从事民俗旅游接待服务的人数（人）、本年民俗旅游总收入（万元）等。

二、北京市市级民俗旅游接待户的规模与分布的统计数据

2003 年北京市首批推出的市级民俗旅游村共 35 个。其中延庆县、房山区各 6 个，怀柔区、昌平区各 5 个，平谷区、密云县各 4 个，门头沟区、大兴区、通州区、顺义区、海淀区各 1 个。2003 年还公布了第二批市级民俗旅游接待户共计 2644 个。

截止到 2004 年年底，北京市郊区 11 个区县共有观光休闲农业项目近 2000 个，其中市级观光农业示范园 45 个，年接待游客超过 4000 万人次，实现综合收入接近 30 亿元；郊区有 11 个区县 50 多个乡镇的 316 个村开展了民俗旅游接待工作，占郊区 3685 个行政村的 8.5%，其中市级民俗旅游村 110 个，占现有民俗旅游村的 22.2%；民俗旅游接待户已发展到 13819 户，其中市级民俗旅游接待户 5537 户，占现有民俗旅游接待户的 30.2%。2004 年郊区民俗旅游接待游客 3989 万人次，实现综合收入 7.57 亿元。目前，郊区从事民俗接待的农业人口约 4 万人，已有近 20% 的农户通过民俗旅游接待实现了小康。

2006 年 9 月北京市农村工作委员会又联合北京市旅游局推出了 1000 个北京乡村旅游明星接待户。其中怀柔区、房山区各 150 户，密云县 140 户，延庆县 130 户，平谷区 120 户，门头沟区 115 户，昌平区 100 户，大兴区 50 户，通州区 20 户，朝阳区、海淀区各 10 户，顺义区 5 户。

三、北京市市级民俗旅游接待户全面服务质量的调查研究

（一）基本情况

2006 年 9 月底至 10 月底，由北京市农村经济研究中心、北京观光休闲农业行业协会组织其下属 12 个部门共 142 人，进行了为期 1 个月的调查工作。调查区域涉及到北京市除市区以外的所有 12 个区县的 86 个民俗旅游村；本次调查对象中 78% 为市级民俗旅游接待户，就民俗旅游接待市场的主体双方——消费者与经营者，着眼于其服务质量方面，进行了全面的随机现场问卷调查，共发放问卷 507 份，有效回收 499 份，问卷总体有效回收率为 98.42%。其中针对消费者进行的市级民俗旅游接待户全面服务质量调查，共发放问卷 258 份，有效回收 253 份，问卷有效回收率为 98.06%；针对经营者进行的市级民俗旅游接待户调查，共发放问卷 249 份，有效回收 246 份，问卷有效回收率为 98.80%。

本次调研报告的统计分析，采用了 SPSS 统计分析法进行数据处理与分析。

（二）对民俗旅游接待户全面服务质量现状的消费者调查

1. 北京市民俗旅游接待户的餐饮服务质量现状

我们给出的选项从“非常满意”到“非常不满意”，分别赋值以1～7，根据SPSS输出结果，饭菜质量、就餐环境、餐厅卫生、餐厅服务均值依次为2.4、2.5、2.7、2.35，表明消费者对民俗旅游接待户饭菜质量的满意程度在“比较满意”到“还算满意”之间。最大比重均在“比较满意”这项，即依次有47.8%、45.8%、42.7%、47.8%的被访者选择了“比较满意”。统计分析表明，消费者对民俗旅游接待户的饭菜质量、就餐环境、餐厅卫生、餐厅服务状况表示比较满意。

在调查中发现民俗旅游户的饭菜，39.9%有特色，53.4%特色不明显或一般，4.7%没特色，这一统计结果说明目前民俗旅游户的饭菜特色不突出。

关于餐饮价格，我们给出的选项从“很低”到“很高”，分别赋值以1～7，根据SPSS输出结果，其均值为3.26，表明消费者认为民俗旅游接待户的餐饮价格界于“一般”到“物有所值”之间，其中选择“一般”的占57.3%。本次调查表明，通常人们在民俗旅游接待户用餐，人均每餐可以接受的价格为36元，多数人的消费基本在10～86元之间；消费者表示目前的餐饮价格比较合理，是可以接受的。

关于乡村旅游餐饮的要求方面，按认同率从高到低，被访者依次选择了绿色食品（占88.9%），卫生（占86.2%），服务周到（占64.4%），原汁原味的农家饭（占59.7%），少油、盐的健康烹饪方式（占53%），原始或传统的烹饪设施（占46.6%），与时俱进的、适合都市人口味的改良农家饭（占39.5%），游客参与采集原材料或部分烹饪过程（占32.4%）。显然，大家认为绿色与卫生最为重要。此外，超过半数的消费者还认为服务周到，原汁原味的农家饭，少油、盐的健康烹饪方式等方面也很重要。

2. 北京市民俗旅游接待户的住宿服务质量现状

我们给出的选项从“非常满意”到“非常不满意”，分别赋值以1～7，根据SPSS输出结果，住宿环境、客房卫生、客房服务、安全保卫服务均值依次为2.7、2.9、2.6、2.6，表明消费者对民俗旅游接待户住宿质量的满意程度在“比较满意”到“还算满意”之间；但是对厕所的满意度评价较低，其均值为3.15。住宿环境、客房服务、安全保卫服务最大比重均在“还算满意”这项，而对多数客房的卫生满意度“一般”，对厕所表示“稍不满意”。

在调查中发现民俗旅游户的住宿特色方面，有21.3%有特色，60.5%特色不明显或一般，17.4%没特色。

关于住宿价格，我们给出的选项从“很低”到“很高”，分别赋值以1～7，根据SPSS输出结果，其均值为3，表明消费者认为民俗旅游接待户的住宿价格“一般”，其中选择“一般”的占71.1%。本次调查表明，通常人们在民俗旅游接待户住宿，人均天可以接受的价格为33元，多数人的消费基本在10~56元之间；消费者表示目前的住宿价格是比较合理的，可以接受。

关于乡村旅游住宿设施的风格选择，按认同率从高到低，被访者依次选择了与周围环境相融合的风格（占62.8%）、新盖山村式（占41.1%）、利用旧有的民居（占37.2%）、新盖仿旧山村式（占34.4%）、原始木屋式（占24.1%）、野外帐篷（占11.9%）、前卫而现代的建筑（占8.7%）。

关于对乡村旅游住宿设施的要求选择，按认同率从高到低，被访者依次选择了卫生（占93.2%）、安全（占86.8%）、舒适（占77.9%）、交通便利（占70.4%）、服务周到（占62.8%）、农家的外形与现代的设施相结合（占41.1%）、“原汁原味”的农家住宿设施（39.1%）。

显然，在建筑风格上人们期望与周围环境的融合；在具体住宿设施要求方面人们最为重视的是卫生、安全。此外，还有半数以上的消费者选择了舒适、交通便利及服务周到。

关于在民俗旅游接待户的上网问题，32.4%的被访者表示需要上网服务，而51.8%的人认为无所谓。在调查中发现，目前只有15%的接待户能够提供上网服务；32.4%与15%的差距说明在民俗旅游接待户中网络建设的水平还远远不能满足消费者的需求。

3. 北京市民俗旅游接待户的交通服务质量现状

根据SPSS输出，我们发现市民抵达民俗旅游村的交通方式主要是自驾车（占71.9%），往返路途交通比较畅通（占51.4%）。

关于抵达市级民俗旅游村的往返路途中交通标识引导作用的满意统计量，我们给出的选项从“非常满意”到“非常不满意”，分别赋值以1~7，根据SPSS输出结果，其均值为3，表明消费者对交通标识引导作用“还算满意”。

如果是自驾车去民俗村旅游，市民平均可以接受的单次用车成本（包括汽油费、高速公路费、过路过桥费及停车费等）为113元，普遍认为应该在28~198元之间。

到民俗村旅游，在交通方面市民平均可以接受的单程耗时为不超过2小时，普遍认为应该在50分钟~3.4小时。如果乘坐公交车到民俗村旅游，市民认为便利和比较便利的占30.5%。

4. 北京市民俗旅游接待户康体游乐项目的服务质量现状

关于康体游乐项目的价格，我们给出的选项从“很低”到“很高”，分别赋值以1~7，根据SPSS输出结果，其均值为2，表明消费者认为民俗旅游接待户的康体游乐项目的价格“较低”，其中选择“一般”的占28.1%。关于康体游乐项目的参与性，多数被访者表示“一般”；但认为是比较安全的。

通过SPSS输出我们发现，目前在民俗村中康体娱乐项目平均每户为1.4个，普遍在0~4个之间；30%的民俗旅游接待户根本就没有康体娱乐项目。目前开展的康体娱乐项目主要有如下16项：周边景点游览、体育器械、棋牌、卡拉OK、骑马、文化站（活动中心）、垂钓、采摘、文化街、腰鼓、高跷、划船、游泳、野炊、滑雪、农家耕作等；其中普遍开展的是周边景点游览、卡拉OK、采摘和棋牌等项目。

5. 北京市民俗旅游接待户的购物服务质量现状

在民俗旅游接待户中销售的主要是特色农产品，占58.1%；因此，被访者购得的也只能是特色农产品，占59.7%。六成销售的商品没有注册商标；37.9%的被访者认为其产品包装一般，但对销售服务都表示比较满意。

选购乡村旅游商品时，消费者最关注商品特色，占64.4%；其次是乡土气息（41.9%）、质量（35.%）、纪念意义（19.4%）、价格（13.8%）；其中价格均值为3（一般），最大选择比重为“一般”（49.4%）。

6. 消费者对民俗旅游接待户服务质量的总体评价

本次调查表明，绝大多数消费者（占73.1%）是在周末（占49.8%）和黄金周（占23.3%）到民俗村去旅游；多数市民（占62.8%）去乡村旅游的频率为每1~6个月一次。

从出行构成上看，通常人们与家人、朋友、同事一同开展乡村旅游（图6－1），一行平均为3人，普遍为2~5人；每次平均逗留为2.35天；人均天花费为125元。消费者了解乡村旅游信息的渠道主要是亲朋好友和互联网。

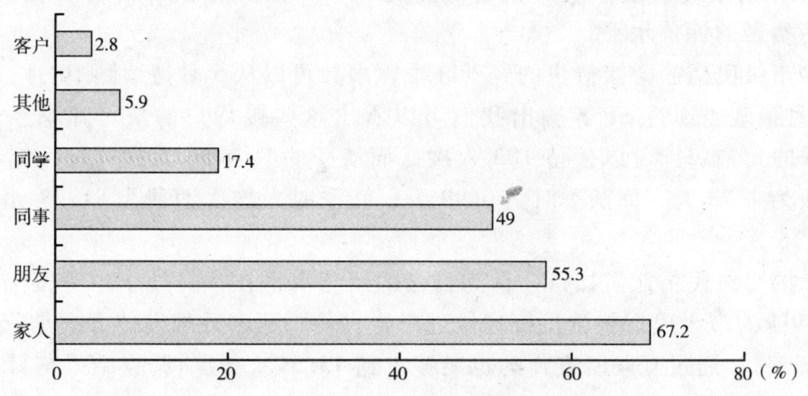

图6－1　光顾民俗旅游村的同行者构成

从民俗村的整体环境来看，半数以上的消费者（占53.3%）是认为非常好或比较好的。其中，72.8%的消费者认为在民俗村时的手机信号效果非常好或比较好；但只有14.2%的消费者了解到民俗旅游村是有废弃物处理设施的；能够刷卡消费的旅游接待户只占3.6%，能够开具正式发票的接待户占35.6%。上述状况显然是不便于商务或公务旅游活动及大额消费的。

从民俗村的总体价格水平来看，占总体65.6%的消费者认为价格适中，其中康体娱乐项目的价格较为便宜。

消费者对民俗旅游接待户的总体服务质量是比较满意的；其中被访者对食、宿两方面最为满意，均为91.3%；其次是交通（86.2%）、购物（64.4%）和康体游乐项目服务（60.9%）。

关于特色问题，在餐饮方面，消费者认为其特色不突出；在住宿方面，消费者认为特色不明显，较为一般化；在购物方面，消费者最为关注的也还是商品特色。

（三）对市级民俗旅游接待户经营者的调查情况

1. 市级民俗旅游接待户的基本经营状况

本次调查对象中78%为市级民俗旅游接待户。根据SPSS输出，最早开始从事民俗旅游接待的是在1985年，最晚的为2006年，多数经营者是在1998～2005年开始加入这一行列的，平均都经营了4.5年。其中，开始经营民俗旅游接待较为集中的是2002～2004年。

多数市级民俗旅游接待户（近80%），对其自身的经营状况表示满意，其中表示非常满意、比较满意、还算满意的分别占21.1%、37.8%、20.3%。经营者们对其在餐饮方面的经营最为满意，认同率高达94.7%，其次是住宿（89.4%）、交通（78.5%），康体娱乐服务项目和购物都是65.9%。即自我评价与自我满意度高，并高过消费者的评价水平。

这些市级民俗旅游接待户的经营旺季，多数可以从5月持续到10月，其中以5月及10月最旺。通过SPSS输出我们可以看出这些接待户的淡、旺季经营对比明显。旺季时每户每周可以接待183人次，而淡季时只有56人次；旺季时游客平均逗留天数为1.73天，而淡季时为0.99天；旺季时人均次消费为81.28元，而淡季时为75.76元。

80%的市级民俗旅游接待户认为自己的经营水平在本村处于中等偏上状态。目前有30.9%的市级民俗旅游接待户做过广告宣传；而多数的宣传方式是依靠亲朋好友（66.7%），通过互联网宣传的也能够占到45.5%，这一调查结果与针对消费者的调查结果是相吻合的。

50%以上的接待户在旺季时需要增加2～3名帮手；60%的接待户是使用自家

人经营，有50%以上的接待户还雇佣了本村人，还有13%的接待户雇佣了外村人。

84.2%的经营者对政府相关部门对民俗旅游接待户发挥服务、扶持作用的状况感到满意，其中非常满意的占31.7%、比较满意的占35%、还算满意的占17.5%。

2. 市级民俗旅游接待户对其消费群体的认知程度

80%以上的经营者们普遍认为消费者是在周末和黄金周来他们这里消费的，而平时来消费的不足10%；这一结果基本与对消费者的调查结果相一致。其消费以家庭方式为最多，占78%，其次是单位团体占52.8%、学生占41.5%。50%以上的经营者认为消费者更看中消费时的卫生、安全、服务周到、农家特色、价格便宜和舒适，其中卫生被认为最重要，占68.7%；卫生的重要性，无论是消费者还是经营者都是有共识的；而对于特色问题则差异较大，即经营者对特色问题重视不够。

根据SPSS输出，在民俗旅游接待户的客源中平均有接近50%的客人都是回头客，回头客的比重在23%～74%。这就说明在民俗旅游接待的经营当中，具有浓厚的情感色彩；同时，若想进一步留住回头客，就需要不断地在经营与产品方面推陈出新。

3. 市级民俗旅游接待户经营业主的基本情况

约50%的经营者为初中文化程度，40%为高中文化；从业的男女比例基本持平；平均年龄35岁。在从事旅游接待之前，他们还主要从事过种植业（占51.2%）、商业服务（占18.3%）、外出务工（占16.3%）、养殖业（占11.8%）、运输业（占9.8%）、建筑业（占6.9%）等。

第三节　乡村旅游及其商品的统计研究

一、乡村旅游及乡村旅游商品的概念

乡村旅游　乡村旅游是以乡村地域及与农事相关的风土、风物、风俗、风景组合而成的乡村风情为吸引物，吸引旅游者前往休闲、观光、体验的旅游活动。

乡村旅游商品　乡村旅游商品是指伴随乡村旅游而产生的、供消费者购买的、具有乡村特色的旅游商品。

二、乡村旅游及其商品的统计指标

乡村旅游者比例 具体计算可参考公式6-1，表明一定时期，某地乡村旅游对当地旅游者的吸引程度。

$$乡村旅游者比例 = \frac{报告期到某地乡村旅游的人数}{同期该地旅游总人数} \times 100\% \qquad (公式6-1)$$

参赛作品的市场转化率 许多乡村旅游商品都是通过各种竞赛方式脱颖而出的，这也是组织乡村旅游商品赛事的初衷。效果如何，可以通过市场转化率这一指标来体现。参赛作品的市场转化率越高，表明这一赛事的实际效用越好。具体计算可参考公式6-2。

$$参赛作品市场转化率 = \frac{\begin{array}{c}被批量订购或投入生产的\\乡村旅游商品参赛作品数量\end{array}}{乡村旅游商品参赛作品总数} \times 100\% \qquad (公式6-2)$$

三、乡村旅游商品的分类研究

（一）研究角度

我们研究的分类包括物化商品与非物化商品两大类，本次研究着重于物化商品，其中包括特色农产品、民间工艺品、农村生产生活用品及文体表演用品、道具、服饰等。

（二）北京乡村旅游商品的种类

北京乡村旅游商品种类繁多，以下分别从商品的功能、价值及价格、目标市场、消费人群、商品主题、市场开发程度、生产规模、商品所使用之原材料、制作工艺等9个不同角度研究了其分类情况。

1. 按商品功能分类

（1）特色农产品：具有地方特色、生态绿色、易于存储与携带、包装精巧。例如：怀柔板栗、门头沟薄皮核桃、大兴西瓜、房山磨盘柿、平谷大桃。国外有著名的荷兰郁金香花卉农业转化的乡村旅游商品。

（2）民间工艺品：富有北京地方特色，赋予创新的设计理念，是传统文化、民间工艺与现代审美的有机结合。例如：顺义中国结、门头沟麦秸画、大兴黑陶工艺、通州烙画葫芦。

（3）农村生产生活用品：为现代都市人所接受、喜爱和使用的，源于农村的生产、生活之用品。例如：朝阳高碑店的仿古家具。

2. 按商品价值及价格分类

（1）高端乡村旅游商品：单件商品100元以上。

（2）一般乡村旅游商品：单件商品60元左右。

（3）低端乡村旅游商品：单件商品30元以下。

3. 按目标市场分类

（1）主要适合于国内旅游者需求的乡村旅游商品：主要特点为中、低档商品；有一定比例的特色农产品。

（2）主要适合于外国旅游者需求的乡村旅游商品：主要特点为中、高档商品；以具有地方特色、乡村特色、富有纪念意义及观赏性的工艺品和农村生产生活用品为主。

4. 按消费人群分类

（1）主要适合于北京常住人群需求的乡村旅游商品：以特色农产品、农村生产生活用品为主。

（2）主要适合于非常住人群需求的乡村旅游商品：以民间工艺品为主。

5. 按商品主题分类

（1）乡村景区（景点）主题类商品：例如：延庆县以长城为主题的各色纪念品，房山揽胜镇纸等。

（2）乡村民俗生产生活主题类商品：例如：大兴区以西瓜为主题的各色商品、平谷区以桃为主题的特色纪念品，以及以乡村民俗生产生活为题材的各色工艺品等。

（3）民间传说、传统故事等主题类商品：例如：顺义区的八仙过海工艺葫芦、骨雕刻笑佛等。

6. 按市场开发程度划分

（1）已开发的乡村旅游商品：已经进入市场销售的乡村旅游商品。

（2）待开发的乡村旅游商品：具有开发技术、资源等条件的，富有广阔市场前景的尚未开发的乡村旅游潜力商品。

7. 按生产规模分类

（1）企业化生产加工：例如：顺义区北务镇的有机果蔬即是由北京市土茂农业开发有限公司所生产。

（2）松散的农户生产加工：目前绝大部分北京乡村旅游商品都是由松散的农户生产加工的。

8. 按商品所使用之原材料分类

（1）木制：例如：各种木雕刻工艺品（平谷桃木雕刻工艺品）、古典家具等民间工艺品以及农村生产生活用品等。

（2）农畜作物：特色农产品；以农作物为原料的民间工艺品。比如：琉璃西瓜、麦秸画、粮食豆画、草编、骨雕等。

（3）石制：石雕刻民间工艺品、石制农村生产生活用品等。例如：门头沟龙泉镇的钻石饰品、紫石砚；通州的玉器；朝阳高碑店的石雕等。

（4）泥土制：运用各种泥土制作的民间工艺品、农村生产生活用品等。例如：大兴区的黑陶制品、门头沟区的皇家琉璃制品等。

（5）骨制：运用各种动物骨骼制作的民间工艺品、农村生产生活用品等。例如：顺义区的千余种骨制工艺品等。

（6）金属制：运用各种金属制作的民间工艺品、农村生产生活用品等。例如：景泰蓝等。

（7）纸制：运用各种纸张制作的民间工艺品、农村生产生活用品等。例如：剪纸等。

（8）布制：运用各种布类制作的民间工艺品、农村生产生活用品等。例如：工艺包、布贴画等。

（9）面制：运用各种面粉制作的民间工艺品、农村生产生活用品等。例如：大兴区的面人、通州区的面塑等。

（10）玻璃制：运用各种玻璃制作的民间工艺品、农村生产生活用品等。例如：大兴区的玻璃艺术瓜、通州区的料器等。

（11）瓷制：各种民间工艺品类及农村生产生活用品类陶瓷制品。例如：朝阳区高碑店的陶瓷制品。

9. 按商品的制作工艺分类

（1）雕塑：目前北京乡村旅游商品中有木雕、石雕、骨雕、泥塑、面塑等。

（2）镶嵌：目前北京乡村旅游商品中有花丝镶嵌等工艺品。

（3）粘贴：目前北京乡村旅游商品中有各种原材料的粘贴画、粘连工艺品等。

（4）剪纸：目前北京乡村旅游商品中主要有各种剪纸。

（5）刺绣：目前北京乡村旅游商品中有刺绣服装、刺绣生活用品、刺绣画等工艺品。

（6）烫制：目前北京乡村旅游商品中有烫制葫芦画等。

（7）烧制：目前北京乡村旅游商品中有景泰蓝、料器、玻璃工艺品、琉璃制品等。

（8）编、扎、缝制：目前北京乡村旅游商品中有编、扎、缝制的服装、生活用品、工艺饰品等。

四、北京乡村旅游商品市场需求的统计特征

（一）关于需求调查的界定

针对北京乡村旅游商品的消费市场，北京市农委、北京观光休闲农业行业协会组织进行了大规模的市场调查，以期深入、准确地了解这一市场需求。

1. 调查方式

随机抽样的现场问卷调查。

2. 调查时间

2006年3月9~19日，为期11天。

3. 调查地点

覆盖北京，选择了六类地区，类型齐全。

（1）社区：上地、欧陆经典、五道口、菜市口等。

（2）景区景点：故宫、八达岭长城、天坛、长陵、龙潭湖公园等。

（3）购物中心：华堂商场、王府井工美大厦、华联商厦、民族精品店等。

（4）旅游商品市场：红桥市场、天桥大街、秀水街、西单明珠市场、万通市场、岳秀服装市场、三里屯雅秀、潘家园旧货市场、沙子口琉璃厂等。

（5）交通枢纽：西直门火车站。

（6）乡村县：朝阳区管庄、海淀锦绣大地生态基地、房山区商业街、房山区文化街、密云、通县等。

4. 调查规模

发放针对有车族、一般乡村旅游商品消费者、旅游商品经销商以及针对外国消费者的英文调查问卷共4种728份；收回有效问卷679份，总体有效回收率为93.27%；直接参与调查的调查员共计31人。

5. 调查对象

共调查了六类乡村旅游商品的消费人群，分别是：有车族的乡村旅游商品消费者、一般常住北京的乡村旅游商品消费者、非常住北京的乡村旅游商品消费者（比如来京的外地出差人员及游客）、旅游商品经销商、常住北京的外国乡村旅游商品消费者、非常住北京的外国乡村旅游商品消费者（比如来京的外国商务人员及游客）。

（二）不同群体对乡村旅游商品的市场需求

就北京乡村旅游商品消费的不同群体，我们分别对有车族旅游者、常住北京的旅游者、非常住北京的旅游者、常住北京的外国旅游者、非常住北京的外国旅游者、旅游商品经销商六类人群进行了调查分析。

1. 有车族旅游者对乡村旅游商品市场需求

（1）从“是否参与过乡村旅游”的角度分析。在132位被访者中，只有7位尚未参与过乡村旅游，占总体的5.30%，即表明有车族在解决了交通问题之后，为他们的京郊之旅提供了便捷的条件。在乡村旅游商品购物花费方面，参与过乡村旅游的人群实际人均花费为51.75元；而尚未参与过乡村旅游的人群人均花费仅为9.64元；这充分表明亲临乡村环境之中，对诱发旅游者对乡村旅游商品购买欲的重要性。此外，尚未参与过乡村旅游的人群相对于参与过乡村旅游的人群，其年龄偏大8岁，即前者人均年龄为43.07岁，后者人均年龄为35.30岁。

（2）从“性别”的角度分析。在对性别的分类研究中我们发现，人均总的乡村旅游花费男性高于女性近20.00元，即前者为200.32元，而后者为180.91元。但在乡村旅游购物花费方面则男性低于女性7元，即前者为46.44元，后者为53.82元。这充分表明女性对购物的偏好以及对乡村旅游商品的偏爱。

（3）从“年龄”的角度分析。在对年龄的分类研究中我们发现，25～44岁的中青年组参与乡村旅游的人数最多，占总体的50.00%；15～24岁、45～64岁组各占25.00%，呈显著的正态分布。其人均乡村旅游总花费及人均乡村旅游商品购物花费均随年龄的增加呈明显的下降趋势，即上述三个年龄组从低到高，其人均乡村旅游总花费及人均乡村旅游商品购物花费依次分别是202.34元、197.06元、171.88元；62.15元、49.01元、37.97元。这说明中青年人是乡村旅游商品消费的主要人群。

（4）从“相关性”的角度分析。在进行相关性分析时我们发现，乡村旅游的购物花费与其乡村旅游的总花费高度相关，相关系数为0.80；表明总花费高，其用于购物的花费亦高。乡村旅游购物花费与其年龄呈反向弱相关，相关系数为－0.20，表明随年龄的增长，其乡村旅游商品购物花费略有下降趋势。乡村旅游购物花费与其乡村旅游的逗留时间呈弱相关关系，相关系数为0.20，表明两者关系不大。

2. 常住北京的旅游者对乡村旅游商品市场需求

（1）从“是否参与过乡村旅游”的角度分析。在202位被访者中，只有19位尚未参与过乡村旅游，占总体的9.41%，即表明北京常住居民喜爱乡村旅游的程度，甚至在某种意义上讲，其已经具有了乡村旅游之习惯。在乡村旅游商品购物花费方面，参与过乡村旅游的人群实际人均花费为50.02元；而尚未参与过乡村旅游的人群人均花费仅为36.84元；这充分表明亲临乡村环境之中，对诱发旅游者对乡村旅游商品购买欲的重要性；同时还显示出北京人普遍对乡村旅游商品的偏好。

（2）从“性别”的角度分析。在对性别的分类研究中我们发现，无论是人均总的乡村旅游花费，还是人均乡村旅游购物花费，男性均低于女性10.00元左右，这充分表明女性对乡村旅游及乡村旅游商品的偏好。

（3）从“年龄”的角度分析。在对年龄的分类研究中我们发现，25～44岁的中青年组参与乡村旅游的人数最多，占总体的40.10%，而15～24岁、45～64岁组各占29.00%，65岁以上老人较少，呈显著的正态分布。前三组人群人均乡村旅游总花费及人均乡村旅游商品购物花费基本相当，均在50.00元左右；但65岁以上老人的消费能力只是上述水平的1/3。这说明中青年人是乡村旅游商品消费的主力人群。

（4）从“相关性”的角度分析。在进行相关性分析时我们发现，乡村旅游的购物花费与其乡村旅游的总花费高度相关，相关系数为0.83，表明其总花费高，其用于购物的花费亦高（表6－2）。

表6－2　一般常住北京的旅游者乡村旅游商品需求相关分析

分　类	相关系数(correl)	分　类	相关系数(correl)
购物与总花费	0.83	购物与天数	0.25
购物与年龄	－0.05		

3. 非常住北京的旅游者对乡村旅游商品市场需求

（1）从“是否参与过乡村旅游”的角度分析。18位被访者中，有13位尚未参与过乡村旅游，占总体的72.22%，这表明北京乡村旅游对外地游客的市场开发不够。在乡村旅游总花费方面，参与过乡村旅游的人群实际人均花费高于尚未参与过乡村旅游人群的预计花费近70.00元；在乡村旅游商品购物花费方面，参与过乡村旅游的人群实际人均花费为60.00元；而尚未参与过乡村旅游的人群人均花费仅为24.13元；这充分表明亲临乡村环境之中，对诱发旅游者对乡村旅游商品购买欲的重要性；同时，表明外地游客对北京乡村旅游商品的喜爱与认可。

（2）从“性别”的角度分析。在对性别的分类研究中我们发现，人均总的乡村旅游花费女性高于男性近12.00元。在乡村旅游购物花费方面男性低于女性7.00元。这充分表明女性对购物的偏好以及对乡村旅游商品的偏爱。

（3）从“年龄”的角度分析。在对年龄的分类研究中我们发现，25～44岁的中青年组参与乡村旅游的人数最多，占总体的44.44%，而15～24岁、45～64岁组各占22.22%、33.33%，呈显著的正态分布。其人均乡村旅游商品购物花费随年龄的增加呈明显的上升趋势，这说明中青年人是乡村旅游商品消费的主要人群。

（4）从“相关性”的角度分析。在进行相关性分析时我们发现，乡村旅游的购物花费与其乡村旅游的总花费高度相关，相关系数为0.80，表明其总花费高，其用于购物的花费亦高。乡村旅游购物花费与其乡村旅游的逗留时间相关系数为

0.60，二者呈显著相关关系。

4. 常住北京的外国旅游者对乡村旅游商品市场需求

（1）从“是否参与过乡村旅游”的角度分析。在152位被访者中，有35位尚未参与过乡村旅游，占总体的23.03%，表明常住北京的外国人已融入了普通北京人的生活，他们与普通的北京人一样喜爱乡村旅游。在乡村旅游总花费方面，参与过乡村旅游的人群实际人均花费为249.36元，这一数字，显示了在京外国人的消费实力；并高于尚未参与过乡村旅游的人群人均预计花费近70.00元；在乡村旅游商品购物花费方面，参与过乡村旅游的人群实际人均花费为46.27元，而尚未参与过乡村旅游的人群人均花费仅为36.71元；这充分表明亲临乡村环境之中，对诱发旅游者对乡村旅游商品购买欲的重要性。此外，尚未参与过乡村旅游的人群相对于参与过乡村旅游的人群，其年龄偏大5岁（表6－3）。

表6－3　常住北京的外国旅游者乡村旅游商品需求特征

指　标	人　数（人）	比　重（%）	人均旅游天数（天）	人均旅游花费（元）	人均购物花费（元）	平均年龄（岁）
参与过乡村旅游	117	76.97	2.56	249.36	64.27	37.62
未参与过乡村旅游	35	23.03	2.51	181.43	36.71	42.79
男	93	61.18	2.31	223.92	52.78	39.02
女	59	38.82	2.93	249.15	66.04	38.48
15～24岁	27	17.76	2.43	198.15	58.43	19.50
25～44岁	75	49.34	2.65	253.67	65.83	34.50
45～64岁	47	30.92	2.49	218.62	46.99	54.50
65岁及以上	3	1.97	2.17	291.67	27.08	74.50

（2）从“性别”的角度分析。在对性别的分类研究中我们发现，人均总的乡村旅游花费及乡村旅游购物花费，男性均低于女性15～20元。这充分表明女性对乡村旅游及其商品的偏爱，详见表6－3。

（3）从“年龄”的角度分析。在对年龄的分类研究中我们发现，25～44岁的中青年组参与乡村旅游的人数最多，占总体的近50.00%，而15～24岁、45～64岁、65岁以上组各占17.76%、30.92%、1.97%，呈显著的正态分布。人均乡村旅游总花费以65岁以上组为最高，达291.67元；而人均乡村旅游商品购物花费，则以25～44岁组为最高，达65.83元。这说明中青年人是乡村旅游商品消费的主要人群（表6－3）。

（4）从“相关性”的角度分析。在进行相关性分析时我们发现，乡村旅游的购物花费与其乡村旅游的总花费显著相关，相关系数为0.76，表明其总花费高，其用于购物的花费亦较高。

5. 非常住北京的外国旅游者对乡村旅游商品市场需求

（1）从“是否参与过乡村旅游”的角度分析。在104位被访者中，有57位尚未参与过乡村旅游，占总体的54.81%，即表明有50%以上的来京的外国商务人员及游客没有参加过乡村旅游。在乡村旅游商品购物花费方面，参与过乡村旅游的人群实际人均花费为62.13元；而尚未参与过乡村旅游的人群人均花费仅为41.86元；这充分表明亲临乡村环境之中，对诱发旅游者对乡村旅游商品购买欲的重要性；同时表明非常住外国旅游者对乡村旅游商品具有相当大的需求。

（2）从“性别”的角度分析。在对性别的分类研究中我们发现，人均总的乡村旅游花费男性与女性接近；但在乡村旅游购物花费方面则男性低于女性10.00元，即前者为46.01元，后者为56.23元。这充分表明女性对购物的偏好以及对乡村旅游商品的偏爱。

（3）从“年龄”的角度分析。在对年龄的分类研究中我们发现，25～44岁的中青年组参与乡村旅游的人数最多，占总体的41.35%，各年龄组人数呈明显的正态分布。这说明中青年人是乡村旅游商品消费的主要人群。然而，65岁以上组的人均乡村旅游总花费及其乡村旅游商品消费在各分类组中为最高，分别为343.75元和79.06元。

（4）从“相关性”的角度分析。在进行相关性分析时我们发现，乡村旅游的购物花费与其乡村旅游的总花费显著相关，相关系数为0.77，表明其总花费高，其用于购物的花费亦较高。

6. 旅游商品经销商对乡村旅游商品市场分析

（1）从“是否参与过乡村旅游”的角度分析。在608位被访者中，有131位尚未参与过乡村旅游，占总体的21.55%，表明绝大多数在京或来京的旅游者都曾体验过乡村旅游。在乡村旅游总花费及乡村旅游商品购物花费方面，参与过乡村旅游的人群实际人均花费分别为212.32元、55.27元；均高出尚未参与过乡村旅游的人群人均花费168.32元和36.38元的44.00元及18.89元。这充分表明亲临乡村环境之中，对诱发旅游者对乡村旅游商品购买欲的重要性。

（2）从“性别”的角度分析。在对性别的分类研究中我们发现，人均总的乡村旅游花费男性与女性差别不大。但在乡村旅游购物花费方面则男性低于女性10.00元，即前者为46.52元，后者为56.31元。这充分表明女性对购物的偏好以及对乡村旅游商品的偏爱。

（3）从“年龄”的角度分析。在对年龄的分类研究中我们发现，25～44岁的中青年组参与乡村旅游的人数最多，占总体的45.39%，而总体各组呈显著的正态分布。这说明中青年人是乡村旅游商品消费的主要人群。

(4) 从“相关性”的角度分析。在进行相关性分析时我们发现，乡村旅游的购物花费与其乡村旅游的总花费显著相关，相关系数为0.78，表明其总花费高，其用于购物的花费亦较高。

(三) 不同群体对乡村旅游商品的需求对比分析

通过对六大类不同群体北京乡村旅游商品消费者的调查分析，提炼出他们各自的需求特征。

1. 旅游商品经销商对乡村旅游商品需求

(1) 旅游商品经销商对经营乡村旅游商品的态度。在71位经营旅游商品生意的被访者中，有52位愿意销售乡村旅游商品，并且正在经营着乡村旅游商品，占总体的73.24%，表明市场需求普遍（表6-4）。

表6-4 乡村旅游商品经销商需求特征

指 标	人数(人)	人数比重(%)	均价(元)	经销乡村旅游商品比重(%)	从事旅游商品销售时间(年)
不愿意销售	19	26.76	51.58	15.53	1.34
愿意销售	52	73.24	64.62	22.40	2.56

(2) 乡村旅游商品销售均价。乡村旅游商品销售的均价在50.00~60.00元。

(3) 乡村旅游商品在店铺的销售情况。乡村旅游商品占这些商户经销所有商品的20.00%。其从事旅游商品销售的时间在两年左右。表明乡村旅游商品在店铺销售方面的市场占有率偏低，收益不尽如人意。

2. 影响乡村旅游的因素

常住北京的旅游者参与过乡村旅游的比重大大高于非常住者，尤以有车族旅游者为最高（94.70%），表明旅游时间及交通条件影响京郊游。

3. 外国旅游者的人均乡村旅游花费

外国旅游者的人均乡村旅游总花费普遍较高。其中，常住人群平均高60.00元，非常住人群平均高80.00元。人均旅游总花费最高的是65岁以上非常住北京的外国旅游者，达343.75元。

4. 制约旅游者选购乡村旅游商品的因素

常住北京的旅游者乡村旅游商品购物花费普遍高于非常住者10.00元以上，外国旅游者乡村旅游商品购物花费普遍高于国内旅游者 10.00 元以上，尤以 65 岁以上非常住北京的外国旅游者为最高，达 79.06 元。这表明经济实力、购物时间、购物的方便程度都制约着旅游者在乡村旅游商品方面的消费。

（四）乡村旅游商品市场需求特征分析

通过对北京乡村旅游商品市场需求特征分析，摸索规律，对指导其商品的市场开发及营销工作具有重要意义。

1. 乡村旅游商品市场需求前景

无论是常住或非常住人群，无论是本国旅游者还是外国游客，乡村旅游商品之市场需求都很大。

2. 偏好乡村旅游商品的群体

购买乡村旅游商品的主力人群是中青年旅游者。目前，常住人群是乡村旅游商品的主力消费人群。非常住人群也具有乡村旅游商品消费的较强意愿。外国旅游者偏好乡村旅游商品，且消费水平高。其中，女性旅游者更加偏爱乡村旅游商品。

3. 不同群体对乡村旅游商品的偏好方向

常住北京的本国人偏爱购买农副产品类旅游商品，而外地游客以及所有外国人都喜爱工艺品类旅游商品；旅游商品经销商也主要愿意销售工艺品类旅游商品（图 6－2）。

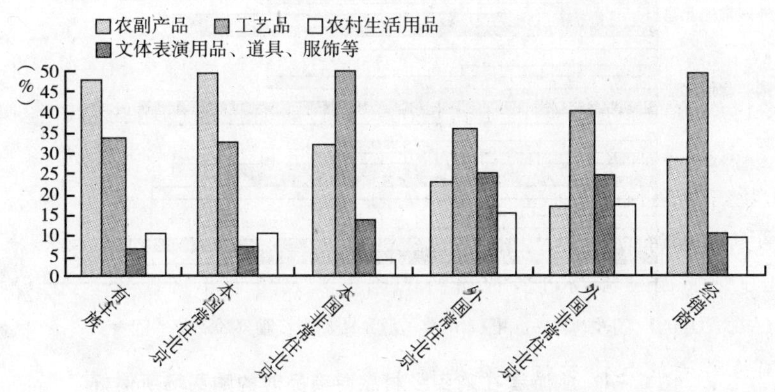

图 6－2　各类人群对不同类别乡村旅游商品的喜好程度

所有的旅游者都关注乡村旅游商品的特色及乡土气息；此外，非常住旅游者及经销商还关注其纪念意义（图 6－3）。

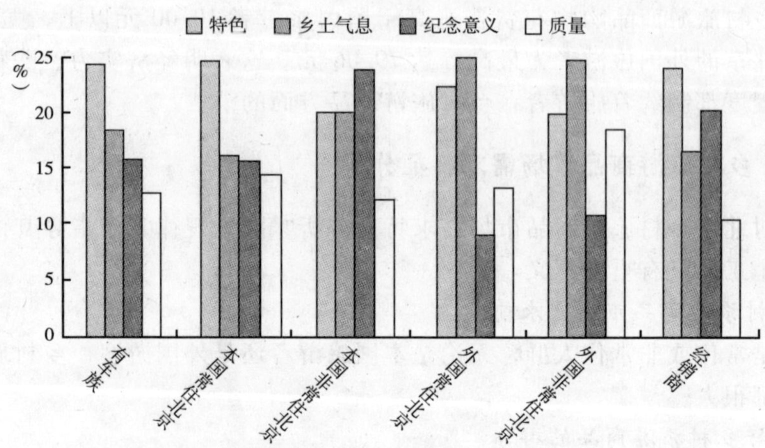

图 6-3　各类人群在购买乡村旅游商品时的关注要素

4. 旅游者选购乡村旅游商品场所的选择

在购买乡村旅游商品的场所方面，几乎各类旅游者的偏好是一致的，即乡村集市、生产现场、农户家（图 6-4）。

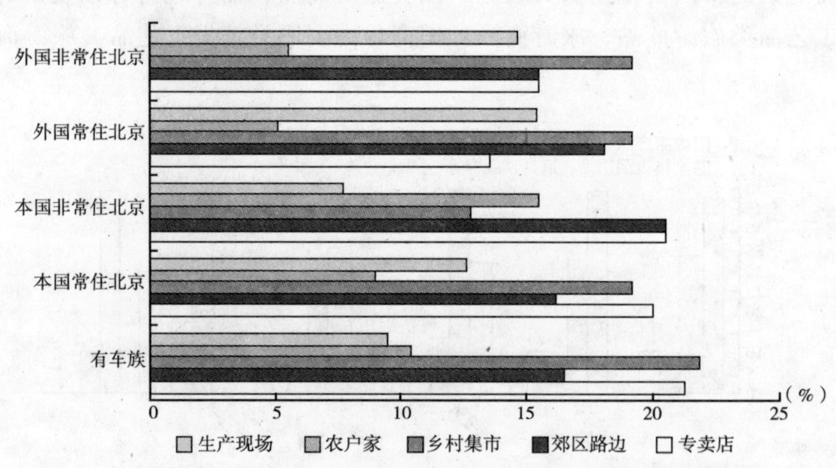

图 6-4　旅游者在购买乡村旅游商品时的购买场所偏好

5. 旅游者对乡村旅游商品选购方式的偏好

80.26% 的旅游者希望参与体验式的乡村旅游商品购物活动（图 6-5）。

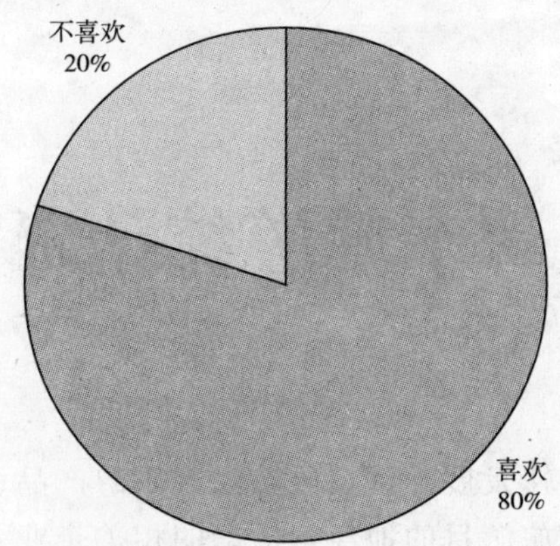

图 6－5　旅游者对参与体验式乡村旅游商品购物方式的偏好

6. 乡村旅游商品价位

人们普遍接受的单件乡村旅游商品价格在 50.00～60.00 元。人均每次乡村旅游商品花费在 55.00 元左右。

7. 影响乡村旅游购物花费相关因素

乡村旅游购物花费的多少与其旅游花费的多少显著相关，但与其在乡村旅游逗留时间长短及年龄均无关。乡村旅游购物花费的多少与其是否参与过乡村旅游高度相关，其中参与过乡村旅游的游客要比未参与过者人均乡村旅游商品花费高出 20.00 元。

第七章

自驾车旅游统计研究

在我国自驾车旅游快速发展，以及旅游者对旅游产品多样化、个性化需求日益强烈的今天，从事自驾车旅游目的地经营活动的相关企业乃至行业主管部门，需要及时地对自驾车旅游者、自驾车旅游活动本身对其旅游目的地的需求状况进行深入的分析研究。

房车旅游作为自驾车旅游的一种，更具有慵懒、闲散、随意的休闲功能。无论是房车生产还是房车旅游，在我国都正处于起步阶段，然而其增长速度是喜人的，并在不断加快。因此，与之相关的政府管理部门、房车生产及房车旅游经营企业，对房车旅游消费市场的了解，掌握房车旅游者的消费意愿和消费趋势，就变得非常必要和重要了。

第一节　自驾车旅游的调查研究

一、自驾车旅游的概念与分类研究

（一）自驾车旅游的概念研究

自驾车旅游是诞生并最早流行于西方发达国家的汽车旅游形式，比如在澳大利亚、美国，自驾车旅游至今仍是大众日常出游的首选方式，其内容融合了娱乐、观光、休闲、度假等多种元素。自驾车旅游虽然已经有了较长的发展历史，但相应的理论研究近些年来才真正引起业内学者们的重视，所以至今国内外对于自驾车旅游概念的认识仍不尽相同。

最初人们把周末开车出游叫“Sunday-drive”，它发展到后来成为“Drive Travel”。现在它已经成为风靡全球的旅游方式，自由和个性化使自驾车旅游充满了魅力；Prideaux 等人将自驾车旅游定义为“人们乘私家车或租赁车从原驻地出发至目的地，旨在进行与旅游活动相关的旅行行为”；Olsen 则考虑了时间的因素，认为自驾车旅游是"人们乘坐自己的或者租用、借用的交通工具，离家外出至少一晚上，旨在度假或访问亲友的活动"；赖斌等人认为："自驾车游实际上是旅游者以自驾形式开展旅游活动所引起的各种现象和关系"；笔者研究认为，自驾车旅游应是以自驾车为出游方式，以旅游为活动内容及出行为主要目的的行为过程。

（二）自驾车旅游的分类研究

从自驾车旅游的分类角度来看，我们可以从组织者的不同身份、不同组织目的、自驾车旅游者所使用车辆的属性不同，以及自驾车旅游的完全程度不同来研究。目前，就我国自驾车旅游的发展情况而言，组织自驾车旅游的目的可以分为盈利或非盈利两类；其中参与组织盈利性自驾车旅游的主要包括旅行社、汽车俱乐部、汽车4S店、旅游网等企业；参与非盈利性自驾车旅游组织的主要包括车友会（或称车友会性质的汽车俱乐部）以及家庭（或小团体）等（图7－1）。

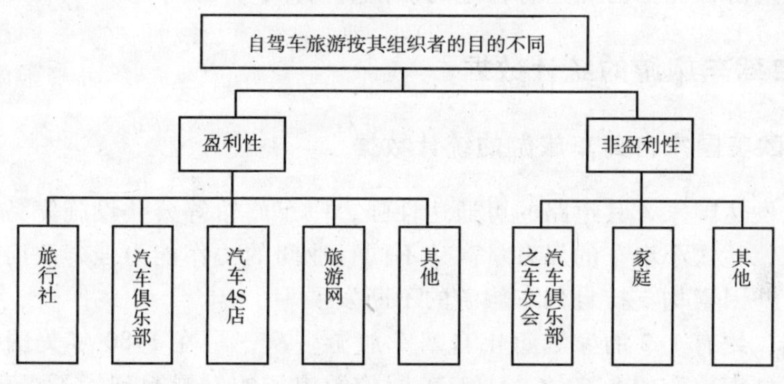

图7－1　自驾车旅游分类图

自驾车旅游按其所使用车辆属性不同分为使用自有车辆或租车，其中非盈利性自驾车旅游多以使用自有车辆为主，而一般长线行程（300公里以上）多采用租车的形式。自驾车旅游按其自驾车的完全程度不同还可以分为全自驾游和半自驾游，其中全自驾游是指整个旅游过程全部采用自驾车的形式完成，通常适合于中、短线行程，而半自驾游多在长线行程中采用，以节约时间、保存体力，通常是从常住地以飞机或火车等交通方式，先行到达目的地省或目的地国之后，租车自驾。这一业务的开展，需要汽车租赁业的发展支撑，例如国际上最著名的赫兹租车，素以其高品质的服务为荣，他们使用全球统一的客户服务电话号码，只要客人一拨号，10分钟便可服务到位，非常方便。

从目的地的距离不同分为短线行程、中线行程、长线行程。短线行程一般指旅行距离在100公里以内；中线行程一般指旅行距离在100～300公里；长线行程一般指旅行距离在300公里以上。

按出行目的地是否跨越国界分为国内自驾游和出境自驾游。目前，我国以国内自驾车旅游为主，兼有少量的出境自驾车旅游。其中，已成行的出境自驾车旅游当中，有一部分是由相关企业组织的，比如北京的1039汽车俱乐部和中旅途易旅游有限公司。

从自驾车旅游目的地之资源类型分，应包括地文景观、水域风光、生物景观、天象与气候景观、遗址遗迹、建筑与设施、旅游商品、人文活动等。

从自驾车旅游所使用之车辆类型不同分为：轿车类、4×4越野车类、房车类。其中轿车类对路况要求较高，适合于城市及其周边目的地，比如北京、苏州等地；4×4越野车类，由于其本身的通过性能好，对路况的适应能力强，适合于地域辽阔、条件艰苦的目的地，比如新疆、西藏等地；房车类则需要有营地支持，适合于长线行程营地游，比如已经建有营地的济南、天津、广东等地。

二、自驾车旅游的统计数据

（一）欧美国家自驾车旅游的统计数据

在欧美发达国家，其道路的可通达性强，汽车旅馆等公共设施完备，汽车租赁系统网络化，私人小汽车的保有量高，不同行业间的协作能力强，政府相关政策法规完善，这些因素均支持自驾车旅游的不断发展。

在美国，约有1/2的家庭每年自驾车旅游一次，早在1980年美国自驾车旅游就占到了各城市旅游的84%之多，对美国旅游市场的发展起到了不可估量的作用。在法国，雅高集团（ACCORD）和恩韦尔居雷集团（ENVERGUER）拥有汽车旅馆上千家，雅高集团属下的汽车经济型酒店客房达24万多间，占总客房数的55%。

目前在这些国家中，自驾车旅游就像我国现在参团旅游的情况一样普及。同时也因为自驾车旅游在这些地区起步较早，所以人们对当地的驾车路线以及旅游经验都比较丰富。成熟的旅游消费行为使得他们无论是在自驾车旅游的观念上还是在实践方面，都早已走在我们的前面。

（二）我国自驾车旅游的统计数据

在我国，作为自驾车旅游基础载体——私人载客小汽车数量的不断快速增长，预示着我国自驾车旅游发展的巨大潜力（图7－2，表7－1）。通过全国、全国拥有汽车最多的城市——北京、汽车增长最快的城市之一——深圳私人载客小汽车数量增长变化情况的对比，就可以说明这一问题。

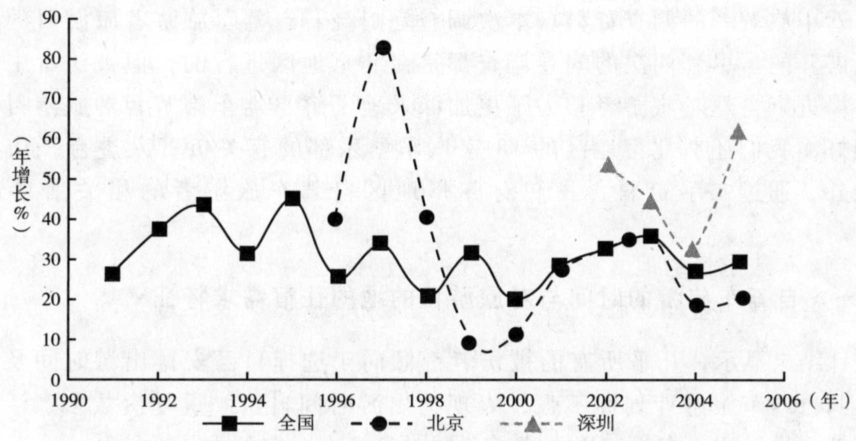

图 7－2　我国私人载客小汽车拥有量年均增长情况

表 7－1　我国私人载客小汽车拥有量年均增长情况

单位:%

	年均增长	2001～2005 年均增长
全　国	1990～2005	31.01
	31.01	
北　京	1995～2005	26.38
	30.25	
深　圳	2001～2005	47.89
	47.89	

我国近十几年来，私人载客小汽车的拥有量以年均 30% 左右的速度增长，势必会推动自驾车旅游市场的快速发展。同时，我国公路建设的日趋完善也为自驾车旅游市场的发展提供了先决条件。我国的高速公路建设目前已突破 3 万公里，总里程位居世界第二。2004 年 1～9 月公路建设完成投资，比 2003 年同期增长了 26.6%。到 2003 年年底，中国公路通车总里程达 181 万公里，居世界第三位。不过安全问题不容乐观。据《参考消息》2006 年 5 月 21 日报道，世界卫生组织统计，中国拥有全世界 2% 的汽车，但交通事故死亡的人数却占到全球的 15%。

三、我国自驾车旅游者对旅游目的地需求特征的调查研究

针对自驾车旅游者，我们于 2006 年 9 月通过随机抽样的方法，取得了 1230

多位自驾车旅游者的调查资料。本次调查是围绕着自驾车旅游者旅游目的地的相关问题展开的。尽管两次的问卷调查都是在北京地区进行的，但被访者中包括了部分外埠进京自驾车旅游者。为了更加深入地了解自驾车旅游者对旅游目的地的选择偏好，我们还对北京地区的18家汽车俱乐部的有关负责人进行了访谈式调查。此外，通过二手资料，我们对苏州地区自驾车旅游者的相关信息进行了分析。

（一）自驾车旅游的时间与对旅游目的地的住宿需求特征

统计结果显示，几乎所有的被访者都倾向于选择自己安排出游时间及行程计划。说明自驾车旅游计划性不强，表现为出游时间自由、重复次数多、活动半径大、活动安排灵活、多为双周末进行、同时又具有一定的季节性特征。

表7-2　自驾车旅游者出游时间情况表

单位：%

自驾车出游的时间	比　重	自驾车出游的时间	比　重
周　末	32.90	自己有可自由支配的时间	30.15
法定节假日	30.15	Σ	100.00
带薪假期	6.80		

由表7-2可知，北京地区自驾车旅游者的出游时间集中在周末、法定节假日和自己有自由支配的时间。其中选择周末出游的比重最大，占32.9%，法定节假日和自己有自由支配的时间比重都占30.15%。这就提示自驾车旅游的组织者和旅游目的地的经营者要重视对周末和法定节假日的利用与合理安排。我们统计出选择带薪假期自驾车出游的比重只占6.8%，说明大部分被访者没有带薪假期。苏州地区自驾车旅游者的出游时间集中在周末和与时令农副产品相对应的季节中。

根据调查问卷分析得出：86.5%的自驾车旅游者选择每半年至少自驾车旅游1次，而每次出游的时间大多持续2～5天。

由于自驾车者时间的自主性，人们在旅途中逗留的时间变长了，住宿的选择也更非常多样化了。越来越多的人喜欢体验野营、扎帐篷的住宿方式，亲近自然、节约成本。而考虑到经济与方便的游客，大多选择就近住在当地农家院。对于那些追求舒适的朋友来说，则更愿意选择住在度假村，很多开发完善的景区都有高档的度假村可供选择。

（二）对自驾车旅游目的地宣传途径的选择

尽管自驾车旅游者对住宿的选择是多样化的，但搜集旅游目的地信息的途径却有集中的趋势。

由图 7－3 可知，北京地区自驾车旅游者通过亲朋好友获得旅游信息的比重是 47%，使用互联网获取旅游信息的比重为 22%，还有少部分是通过报刊杂志和广播电视获取旅游信息。自驾游者对中介机构和汽车俱乐部的选择都只占 2%。自驾车旅游者最愿意通过亲朋好友获得相关旅游信息，其次是上网搜索。尽管通过中介机构和汽车俱乐部可以获得专业可靠的消息，但出于信任和成本等原因，人们还是更多的选择了信息来源十分有限的亲朋好友和较为浪费时间且信息未必准确的网络搜索。因此，中介机构和汽车俱乐部应不断完善服务，尽快树立良好形象，使自驾车旅游者真正愿意接受其提供的专业服务。

为了更加深入地了解自驾车旅游者获取旅游目的地信息的途径，我们运用 SPSS 软件将这些信息搜集途径（表 7－3）分别与自驾车旅游者的性别、年龄、职业和收入情况进行列联分析（CROSSTABULATION），发现自驾车旅游者的性别与这些途径的相关性最大。

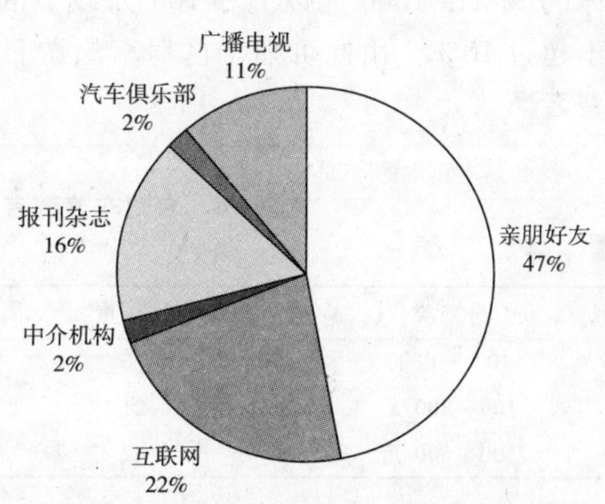

图 7－3　自驾车旅游者搜集目的地信息的途径构成

比如选择通过亲朋好友了解旅游目的地信息的男性占被访男性的比重为 96.7%，女性占 62.8%，说明男性比女性更愿意通过亲朋好友了解出游信息。选择通过互联网了解旅游目的地信息的男性占被访者比重为 33.3%，女性为 50%，说明女性比男性更倾向于通过互联网了解出游信息。运用同样的分析方法，可以得出女性比男性更倾向于通过报刊杂志获取信息，男性比女性更愿意通过广播电视获取信息等，详见表 7－3。

表 7－3　自驾车旅游者搜集目的地信息途径的性别相关性构成

单位：%

途　径	男　性	女　性	途　径	男　性	女　性
亲朋好友	96.7	62.8	汽车俱乐部	6.7	0.0
互 联 网	33.3	50.0	报刊杂志	20.0	40.9
中介机构	3.3	4.5	广播电视	20.0	18.2

日前，我国自驾车旅游资讯仍然缺乏和陈旧。自驾车旅游者亟待了解详细的线路、路况、沿线景区、天气、食宿、停车、加油、救援等资讯。但很多交通地图册信息陈旧，更新速度远远落后于日新月异的城市建设及其交通建设，特别是公路干线因维修、维护封闭和绕行的动态提前预告信息服务更是缺乏。因此相关部门与企业在加快自驾车信息服务建设的同时，还应参考不同性别对各种传播途径的偏好。

（三）自驾车旅游者的消费水平直接影响其目的地的消费价格

自驾车旅游者的消费水平跟他们出游时间是成正比的，即出游的时间越长，相对来说花费也就越多。从表 7－4 中我们看到，北京地区自驾车旅游者人均花费主要在 300～500 元之间，占 42%；消费在 100～300 元和 500～1000 元的人数都占总体的 21%；1000 元以上和 100 元以下的高端消费群体与低端消费群体所占比重均不超过 10%。由此可知，自驾车旅游目的地主要消费群体为中、高消费水平的消费者。

表 7－4　自驾车旅游者人均每次出游消费水平构成

单位：%

分　类	比　重	分　类	比　重
100 元以下	6	500～1000 元	21
100～300 元	21	1000 元以上	10
300～500 元	42	Σ	100

旅游目的地对价格的定位可以参考上述调查统计结果。短途自驾车旅游的消费主要涉及汽油、餐饮与景区门票等项。自驾车旅游者特别注重各地名吃与农家菜，购物场所不固定，消费较为随意，多为购买价廉物美的土特产品，如：农家土鸡、新鲜蔬菜、时令水果等。长途自驾车旅游涉及过路费、道桥费、燃油费、食宿费用、景区门票等，其中过路费不合理和汽油费涨价令许多自驾车旅游者望而却步。因而旅游目的地的经营者们只有充分考虑协调各方利益关系，根据自驾车旅游者的消费水平，合理制定目的地的价格，才能使其利益最大化，和谐共赢。

（四）自驾车旅游者的动机对其目的地选择的影响

苏州的统计数据显示，自驾车旅游者以家庭自助旅游为主，动机以休闲放松为主。

表 7－5 北京地区自驾车旅游者出游动机构成

自驾车旅游者旅游目的	比重（%）	自驾车旅游者旅游目的	比重(%)
观光旅游	40.6	度假休闲	44.8
探亲访友	5.2	文化体育	4.2
商务会议	5.2	Σ	100.0

根据表 7－5 我们可以看出，北京地区持度假休闲和观光旅游动机的自驾车旅游者占了主导地位，分别占 44.8% 和 40.6%，他们选择自驾游就是想放松一下在长期的紧张工作生活中已经疲惫的身心，所以一个好的旅游目的地应满足自驾车旅游者放松心情的需求。我国目前的旅游目的地基本能够满足他们的这一需求。另外，自驾车旅游者出游的其他目的还包括：探亲访友、商务会议和文化体育，这同时也预示着自驾车旅游的良好发展前景。

当问及被访者在北京地区自驾车旅游最想去的目的地时，52% 的人回答为郊区。苏州的情况类似。了解发现，苏州拥有丰富的乡村旅游资源，约占全市旅游资源的 80%，有农业旅游点 300 余处，散布各地，分布区域约占市域面积的 75%，其中水域面积占到 42.5%。水乡游是苏州的一大特色，因而成为自驾车旅游者休闲旅游的好去处。这些乡村的自然风光，农家情趣，新鲜的蔬菜、水果、家禽等，都对城市居民作为周末脱离日常城市繁杂生活，进行短途休闲旅游有着强烈的吸引力。由此可见城市郊区旅游目的地拥有广阔的自驾车旅游市场，广大城市郊区应抓住这一契机，仔细研究自驾车旅游者的心理需求，开发满足其需求的旅游项目。

通过对我国自驾车旅游目的地的研究，希望能够为相关行业组织或政府部门的决策，为自驾车旅游目的地的规划、开发、经营、管理工作提供参考。

第二节 房车旅游的相关与回归统计分析

一、我国房车生产及房车旅游的统计数据

一定时期、一定地区人群消费意愿的产生，是以其相关产业的发展现状为基础的。而多数旅游者对房车旅游的消费向往，源于我国房车旅游在近年来的快速发展，更是以房车生产的不断发展为基础和前提条件的。

（一）我国房车生产发展现状

20世纪90年代中后期，有深圳和山西的两家公司率先尝试了房车生产，但均未成功。之后，中天高科投资5.2亿元人民币，建设了亚洲最大的房车生产基地。目前，国内从事房车生产的企业超过10家，遍布北京、河北、山西、陕西、吉林、江苏、广东等省。房车品种多样，销售价格多在20～30万元人民币之间；其中，近年开发的经济型房车售价更是能够低至5万元人民币。据2007年的资料显示，我国房车保有量接近2000辆。毫无疑问，这样的生产和销售状况，为房车旅游的发展奠定了基础。

（二）我国房车旅游发展现状

有了性价比良好的基础产品，自然会引导消费。所以从1999年开始，陆续有金黄河旅行房车有限责任公司、北京今日新概念汽车租赁公司、中天行房车俱乐部、车行天下房车俱乐部等，从事房车租赁和房车旅游的经营业务。作为旅游企业，中国青年旅行社总社于2002年率先组织了房车旅游。之后，在云南、海南、陕西等省也不断有旅游公司加入这一行列。

从租赁价格看，多数国产房车租价为1000元人民币/天·辆；多数进口房车租价为2000元人民币/天·辆。一些国产经济型房车，在旅游淡季的租价可以降到600元甚至300元人民币/天·辆。

房车旅游离不开其营地的支撑。我国于2003年加入世界汽车露营总会，并开始着手规划露营地建设。中国露营协会计划围绕“两线三圈”（即由首都经济圈、长三角经济圈和珠三角经济圈构成的东南沿海线，以及丝绸之路国际精品线）推广建成50～100个国际标准营地。其中北京建成5～10个。规划在2008年内，把房车露营地网络遍布全国主要风景旅游区、自然保护区，建成1000个国际标准化房车露营地。从地区看，海南省的营地建设相对完备。从相关企业看，总部设在北京的中天行房车俱乐部是我国首家旅行房车俱乐部和目前唯一具有全国性服务网络的专业化旅游房车公司。

目前主要以俱乐部的形式向旅游者推广房车旅游，旅游者也大多采用租赁房车的方式出游。据统计，北京四家房车俱乐部近年组织了多次房车旅游，会员发展超过5000人。不过，单纯以旅游为目的而购买房车的个人或家庭还很少。除了北京、海南等地以外，其他地区房车租赁公司以及参与房车旅游的人数也都较少。

二、运用统计分析的方法研究房车旅游消费意愿

尽管目前真正参与过房车旅游的人数还不多，但这并不代表人们没有参与其中的意愿。为此我们于 2007 年上半年，对北京市民及来京国内旅游者共 754 人对房车旅游的认知程度、消费意愿、消费趋势进行了问卷调查。

（一）房车旅游消费意愿

关于对房车旅游的了解情况，总共 65.8% 的被访者表示“非常了解”、“一般了解”或“了解一点”。总体平均了解程度为“了解一点”。但在被访者中参与过房车旅游的人数仅为 4.4%；在这些人中，将近一半的人是在北京参与的房车旅游，而另一半人中，在外埠和国外参与的也基本各占一半，表明北京的房车旅游发展程度和北京人对房车旅游的认知程度都相对较高。尽管体验过房车旅游的人数还不多，但确定愿意参与这一旅游活动的却大有人在，超过 60%（表7－6）。

表 7－6　房车旅游消费意愿

		频　次	百分比	有效百分比	累积百分比
有效	非常愿意	66	14.5	14.7	14.7
	愿　意	210	46.3	46.7	61.3
	无所谓	140	30.8	31.1	92.4
	不太愿意	28	6.2	6.2	98.7
	根本不愿意	6	1.3	1.3	100.0
	合　计	450	99.1	100.0	
缺失	系　统	4	.9		
	合　计	454	100.0		

（二）房车旅游消费意愿相关性分析

房车旅游的意愿与其收入水平呈正相关（表 7－7，表 7－8），即收入越高，消费意愿越强烈；与年龄呈负相关（表 7－9，表 7－10），即年轻者意愿更高。相对来讲，已经拥有私家车的被访者参与房车旅游的消费意愿较之尚未拥有私家车者更为强烈（表 7－11，表 7－12）；接受过高等教育的人较之未接受过高等教育的人更

愿意尝试房车旅游（表7－13，7－14）。此外，旅途长度、时间长短、结伴人数多少、费用高低等对房车旅游的消费意愿没有显著影响。

表7－7 拟合过程（Model Summary）

Model	R	R Square	Adjusted R Square	Std. Error of the Estimate
1	.108[a]	.012	.009	.84819

a. Predictors：（Constant），月收入.

表7－8 回归计算过程中方程系数（Coefficients[a]）

Model		Unstandardized Coefficients		Standardized Coefficients	t	Sig.
		B	Std. Error	Beta		
1	（Constant）	3.501	.084		41.506	.000
	月收入	.076	.033	.108	2.279	.023

a. Dependent Variable：意愿_R.

表7－9 拟合过程（Model Summary）

Model	R	R Square	Adjusted R Square	Std. Error of the Estimate
1	.182[a]	.033	.031	.83611

a. Predictors：（Constant），年龄.

表7－10 回归计算过程中方程系数（Coefficients[a]）

Model		Unstandardized Coefficients		Standardized Coefficients	t	Sig.
		B	Std. Error	Beta		
1	（Constant）	4.048	.104		38.849	.000
	年龄	−.224	.057	−.182	−3.917	.000

a. Dependent Variable：意愿_R.

表7－11 分析变量的简单描述统计量（Group Statistics）

	有无私家车	N	Mean	Std. Deviation	Std. Error Mean
意愿_R	有	177	3.7910	.77337	.05813
	无	272	3.5919	.88801	.05384

表 7－12　独立样本 t 检验的结果（Independent Samples Test）

	Levene's Test for Equality of Variances		t－test for Equality of Means						
	F	Sig.	t	df	Sig. (2－tailed)	Mean Difference	Std. Error Difference	95% Confidence Interval of the Difference	
								Lower	Upper
意愿_R Equal variances assumed	4. 897	. 027	2. 440	447	. 015	. 1990	. 08158	. 03873	. 35937
Equal variances not assumed			2. 512	411. 051	. 012	. 1990	. 07924	. 04329	. 35481

表 7－13　分析变量的简单描述统计量（Group Statistics）

	教　育	N	Mean	Std. Deviation	Std. Error Mean
意愿_R	大专以下	81	3. 4321	. 86513	. 09613
	大专及以上	369	3. 7236	. 83699	. 04357

表 7－14　独立样本 t 检验的结果（Independent Samples Test）

	Levene's Test for Equality of Variances		t－test for Equality of Means						
	F	Sig.	t	df	Sig. (2－tailed)	Mean Difference	Std. Error Difference	95% Confidence Interval of the Difference	
								Lower	Upper
意愿_R Equal variances assumed	. 844	. 359	－2. 821	448	. 005	－. 2915	. 10333	－. 49454	－. 08842
Equal variances not assumed			－2. 762	115. 194	. 007	－. 2915	. 10554	－. 50053	－. 08243

（三）吸引旅游者参与房车旅游的要素

拥有私人空间、自主性、舒适便捷、新奇时尚等因素，依次是吸引被访者参与房车旅游的主要原因。其中，50%的被访者表示会在路程较长的情况下选择房车旅游；25%的人则认为会在交通成本大时考虑房车旅游，即他们认同采用房车的形式与采用其他交通方式的旅游相比较更为经济；还有18.4%的人希望在同行出游人数较多时选择房车旅游，因为他们已经意识到房车旅游可以营造出家人、朋友等同行者相互交流、沟通、关爱的轻松环境和温馨氛围。

（四）参与房车旅游的形式选择

如果能够参与房车旅游，参与者更愿意自己亲自体验驾驶，而只有11.9%的人希望请专业司机驾驶。从出游形式看，54.4%的被访者希望外租房车自助游，反映了新游牧生活的流行趋势。对于久居都市而又羡慕“采菊东篱下”洒脱生活的人们，能够亲身体验一下“斜风细雨不须归”的惬意，房车旅游更是一种完美的选择。

（五）房车购买意愿

尽管多数被访者都表示愿意参与房车旅游，但就目前来讲，还是有80%的人表示不会购买房车。如果他们购买房车的话，其注重因素依次为房车的设施、价格、性能、安全、外观等方面；他们基本都希望与四五个人一起共同参与房车旅游。

（六）房车旅游消费特征趋势估计

通过对旅游者未来房车旅游消费意愿抽样调查数据进行误差估计后的结果（表7－15）显示：在未来房车旅游消费中，旅游者可以承担的平均每人次房车旅游花费为1000～1200元；认为一次出游天数在6～7天为宜，即房车旅游花费平均在140～200元/人·天；认为同行人数以4～5人为宜；认为旅途长度在400公里以上

表7－15　房车旅游消费特征趋势估计

有　效	平均每人次花费（元）	一次出游天数（天）	同行人数（人）	旅途长度（公里）	支撑房车旅游的月收入水平（元）	几年后流行（年）
均　值	1117.76	6.4	4.71	454.27	7002.78	7.84
标准差	881.9	3.56	1.78	338.79	4099.39	4.72
样本数	594	695	523	564	719	696
允许误差	70.93	0.26	0.15	27.96	299.69	0.35
最小值	1046.83	6.14	4.56	426.31	6703.09	7.49
最大值	1188.69	6.66	4.86	482.23	7302.47	8.19

把握程度＝95%，概率度＝1.96.

才更愿意、更适合采用房车旅游的形式。考虑到目前的物价形势与房车旅游消费现实，则支撑房车旅游的经济基础应在7000元左右的月收入水平。“美国人的今天就是中国人的明天”，未来几年将是我国房车旅游快速发展的时期，本次研究显示，尚需8年左右的时间，房车旅游将会流行。

随着我国居民收入水平的提高，已经有相当一部分城市居民具备了房车旅游消费的经济基础；同时，他们的房车旅游消费意愿变得强烈。如何进一步地把这些消费支付能力与消费意愿变成消费现实，有赖于这一产业链（房车制造商→房车旅游中介服务商→房车露营地→房车旅游消费者）上的各方，特别是有赖于房车俱乐部及旅行社等相关企业的共同努力和健康发展。

第八章

蜜月旅游统计研究

在我国，蜜月旅游市场发展迅猛、潜力巨大、收益率颇高。特别值得注意的是，调研发现高收入者与非高收入者共享蜜月旅游这一高端旅游产品。为此我们进行了相关的定量分析，以进一步研究其发展脉络，揭示其变动趋势，为政府主管部门及相关旅游企业提供决策依据。

第一节　蜜月旅游市场特征统计

一、结婚消费的分类

结婚消费由直接消费和相关消费两部分构成。其中直接消费包括：婚纱照、婚宴、烟酒喜糖糕点、婚礼摄影和摄像、新娘化妆和租用礼服、迎亲车队、结婚典礼会场布置、购买金银首饰、购买服装、购买床上用品、购买化妆品、蜜月旅游以及其他结婚消费。相关消费包括：购买新房，房屋装修，购买家具、家电和家用汽车等消费。

二、包括蜜月旅游在内的结婚消费统计研究

（一）结婚直接消费增长迅速

2007 年，北京市城镇居民有结婚消费的家庭人均结婚消费 53645 元，比 2003 年增长 95%，年均增长 18.2%。从学历构成情况看，2003 ~ 2007 年北京市城镇居民有结婚消费的家庭大学学历消费最高，人均 46891 元，高于平均水平 5715 元；高中及以下学历消费最低，人均 30342 元，仅为平均水平的 73.7%。结婚消费的增加与结婚青年的收入以及家庭收入的提高有一定关系。从家庭人均月收入看，随着收入的增加，结婚消费呈增长趋势。月收入在万元以上的，其结婚消费达到 74747 元；月收入在千元以下的，其结婚消费为 23328 元，相当于万元收入者的 1/3。

（二）结婚直接消费中的蜜月旅游消费成倍增长

2003～2007年北京市城镇居民有结婚消费的家庭人均婚宴消费12901元，占直接消费的31.3%，2007年婚宴消费是2003年的2.3倍，年均增长22.6%。2003～2007年北京市城镇居民有结婚消费的家庭人均蜜月旅游消费3768元，占直接消费的9.2%。2007年，人均蜜月旅游消费达4267.9元，是2003年的2.2倍，增长较快。

三、关于蜜月旅游的调查研究

2005年10月，我们针对不同层次、不同类别、不同收入水平的蜜月旅游人群（已经历过蜜月旅游的夫妇）进行了调查，其中涉及了11个与蜜月旅游市场相关的问题。2006年3月，我们又对蜜月旅游人群（即将进行蜜月旅游的夫妇）进行了调查，调查地点多集中在北京市各区县的婚姻登记处，其中共涉及了21个与蜜月旅游市场相关的问题。两次调查以发放调查问卷及焦点小组访谈为主要方式，此两项调查共发放问卷500份。

（一）蜜月旅游的国内外发展现状

1. 蜜月旅游的国外发展情况

在国外，真正含义的蜜月旅游分为两种：一种是一对新婚夫妇把自己要准备去度蜜月的地方，直接告诉专门的蜜月公司，由蜜月公司根据个人情况来安排整个行程；另一种就是集体度蜜月，但人数通常不超过10对。据统计，在美国、欧洲、日本等国家和地区，大约有99%的新婚夫妇会选择蜜月旅游，其中分别有占其总体68%、85%和98%的新婚夫妇会选择出国度蜜月。而且即使在经济衰退的时期，蜜月旅游市场也能够保持强劲的增长。

2. 我国蜜月旅游市场的发展潜力

在中国，蜜月旅游市场的开发尚处于萌芽状态，还没有一家专营蜜月旅游的大型旅游运营商，蜜月旅游的产品也比较单一，旅行社、饭店、目的地及其他相关行业之间还没有形成一个完整的蜜月旅游产业链。

随着生活水平的提高和生活方式的改变，人们的婚庆消费观念也发生了很大的变化，越来越多的年轻人倾向于选择蜜月旅游。据某旅行社最近的一次调查，有89.2%的年轻人表示蜜月旅游是自己最喜欢的结婚方式。

目前我国正进入新的婚育高峰期。据民政部公布的数字显示：全国每年登记结婚的新人约1800万～2000万对；其中，北京每年就有9万～10万对新人结婚。这部分人愿意把自己31%的积蓄用于与婚庆相关的消费。全国每年因结婚产生的消费总额达2500亿元（不含购房费用），每年结婚相关产业的总产值接近700亿元人民币，蜜月旅游双人消费平均为9800元；其中，北京人结婚选择蜜月旅游的人数比重高达90%以上，其花费多在1万~3万元。所以说，结婚消费除了拉动酒店、餐饮、婚纱、摄影等行业外，对旅游业更是一座甜蜜的大“金矿”，蜜月旅游势必成为旅游行业新的经济增长点，中国蜜月旅游市场潜力巨大。

（二）蜜月旅游市场的一般性特征及其分析

1. 30岁以下人群为蜜月旅游的消费主体

从调查情况来看，蜜月旅游消费最为集中的年龄段为26~30岁，占总体的49.39%；30岁以下人群可占到总体的65%以上；而35岁以下人群则占总体的近90%。可见参加蜜月旅游的主体消费人群是年轻人（图8-1）。

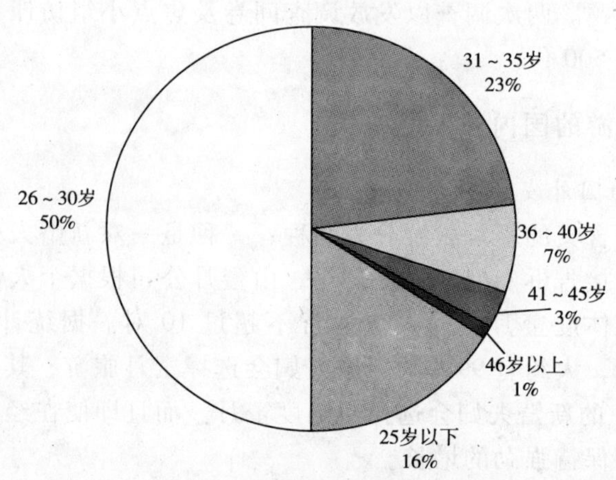

图8-1　蜜月旅游消费人群的年龄结构

2. 蜜月旅游出游时间长

调查表明，有近50%的蜜月旅游消费人群的出游天数在8~15天左右，其平均出游天数是11天，比一般旅游者的平均出游天数4.8天高出6.2天。可见，蜜月旅游的一大特点就是出游时间长。

3. 蜜月旅游人群消费能力强

调查结果显示，蜜月旅游人群所能接受的平均蜜月旅游双人消费总额为15000元，双人日均消费1360元，其中80%以上被访者的双人旅游消费总额在10000元以上。而我国一般城镇居民一次出游的平均花费仅为730元左右，其人均每日消费高出一般水平的300%多。很显然，蜜月旅游产品应当属于高端旅游产品。由此可见，蜜月旅游的另一大特点就是消费能力强。

4. 蜜月旅游消费中花费最多的是游览与住宿

在旅游总支出中，蜜月旅游人群对吃、住、行、游、购、娱六要素的排名认同率从高到低依次为：游览、住宿、交通、餐饮、娱乐、购物。从目前阶段来看，在游览和住宿两方面花费最多。

5. 欧洲成为目前人们度蜜月最中意的目的地

通过图8－2我们可以看到，被访者最倾向去的蜜月旅游目的地依次是：欧美地区（占42.46%）、国内地区（占22.46%）、亚太地区（占20.31%）、澳洲（占12.31%），其中向往出国度蜜月的占了77.54%；相比之下，他们最实际的、可以实现的蜜月旅游目的地依次是：国内地区（占40.00%）、欧美地区（占27.38%）、亚太地区（占19.08%）、澳洲（占12.31%）。由于蜜月旅游人群追求浪漫，所以欧洲成了他们度蜜月最为中意的目的地。但因为受到时间和经济条件等因素的制约，国内地区成为可以实现的蜜月旅游目的地的首选。尽管如此，仍会有60%的被访者期望并可以实现出国度蜜月。究其原因，我们认为：相比国内的蜜月旅游胜地而言，异国的风土人情吸引力更强；出境游价格日趋大众化；居民收入水平的增长；居民闲暇时间的延长；出境手续的办理越来越简化；交通越来越便利……以上这些因素都使得蜜月旅游人群对境外旅游目的地的感知距离在逐渐缩小，从而不断使更多的人能够实现出国度蜜月的愿望。

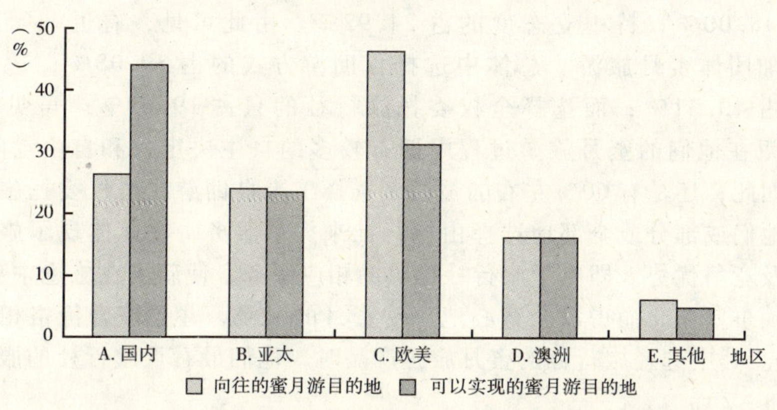

图8－2　蜜月旅游目的地分析

6. 蜜月旅游人群对自然风光、风土人情及海滨旅游度假胜地表现出明显的偏好

从图 8-2 中可以看出，蜜月旅游人群对自然风光、风土人情及海滨旅游度假胜地感兴趣的占有较大比重，表现出明显的偏好，同时对现代气息和设施以及名胜古迹方面也较为关注。此外，如果价格可以接受，占总体 60.62% 的蜜月旅游人群愿意体验当地风俗的婚礼。据了解，大多数的旅行社在开发设计蜜月旅游产品时尚未体现这一特点。

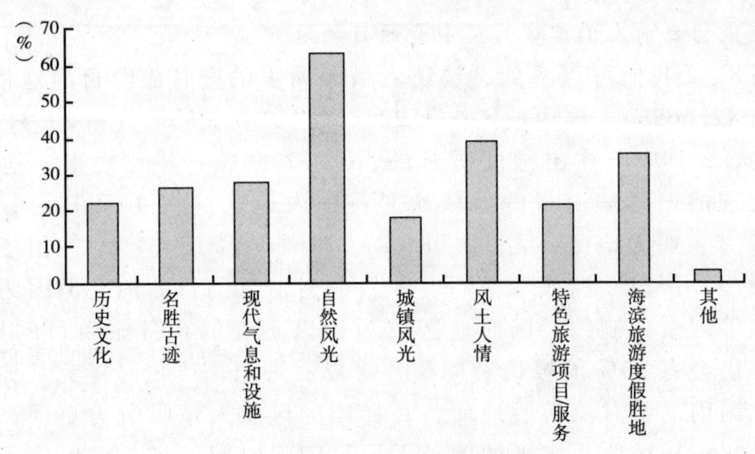

图 8-3　蜜月旅游人群的出游偏好

7. 蜜月旅游人群的出游方式追求自主、自由

蜜月旅游人群愿意参加团体蜜月旅游的占 27.08%；不愿意参加团体蜜月旅游的占 48.00%；持中立态度的占 24.92%。由此可见，有近一半的旅游者不愿意参加团体蜜月旅游。总体中选择自助游方式的占 39.08%；选择半自助游方式的占 40.31%；而选择全权委托旅行社的只占 19.69%。可见，蜜月旅游人群希望在他们的蜜月旅游过程中拥有较多的自主决定权和自由空间。

尽管如此，还是有 60% 左右的被访者选择了半自助游或全权委托旅行社的出游方式。他们或部分或全部地选择由旅行社来提供服务，在此体现了旅行社的不可替代性及竞争优势。即由于旅行社提供的相应服务，使新人在旅途中免去为食、宿、行等琐事所累，而得以全身心地享受蜜月的浪漫，并且综合价格相对便宜等（表 8-1）。其中选择旅行社的蜜月旅游产品时，他们最看重旅行社的服务质量和声誉（表 8-2）。

表 8-1 委托旅行社安排蜜月旅游的理由

分 类	构成(%)
旅行社提供的相应服务，使新人在旅途中免去为食、宿、行等凡事所累，而得以全身心地享受蜜月的浪漫	83.08
综合价格优势	54.87
安全感	38.97
结伴而行的喜气热闹	17.44
其 他	3.08

表 8-2 影响蜜月旅游人群选择旅行社的因素

分 类	旅行社声誉	价 位	服务质量	服务项目	旅游路线
构成(%)	30.15	19.69	41.23	17.23	16.92

8. 目前蜜月旅游人群出游信息主要源自亲朋好友、电视广播及报刊杂志

经调查统计得知，亲朋好友、电视广播以及报刊杂志是蜜月旅游人群出游信息的主要来源途径，详见表 8-3。其中“亲朋好友”名列第一，说明旅游企业在消费者当中的口碑永远是最重要的。相比较而言，他们在选择目的地时较少受到旅游中介组织的影响。所以，在进行蜜月旅游产品的宣传时，建议多利用报刊杂志、广播电视媒体，同时也不能忽视网络宣传，随着网络的普及和人们使用网络意识的提高，它将成为旅游者今后了解出游信息的主要途径。

表 8-3 蜜月旅游人群了解蜜月旅游目的地的途径

分 类	报刊杂志	电视广播	互联网	亲朋好友	旅游中介组织(包括旅行社)	其 他
构成(%)	47.69	58.77	42.15	63.08	23.38	6.46

（三）在蜜月旅游人群中，高收入者与非高收入者共享蜜月旅游这一高端旅游产品

从旅游者收入结构特征来看，我们把蜜月旅游人群分为高收入者（人均月收入 >3000 元）与非高收入者（人均月收入≤3000 元），其具体的划分标准参考了北京市统计局 2005 年《城镇居民家庭生活基本情况》。

1. 高收入者与非高收入者的年龄层次分布基本相仿

通过图 8-4 可以清楚地看到两条曲线的走势基本相同，说明在蜜月旅游人群中，高收入者与非高收入者在年龄层次的分布上基本一致。

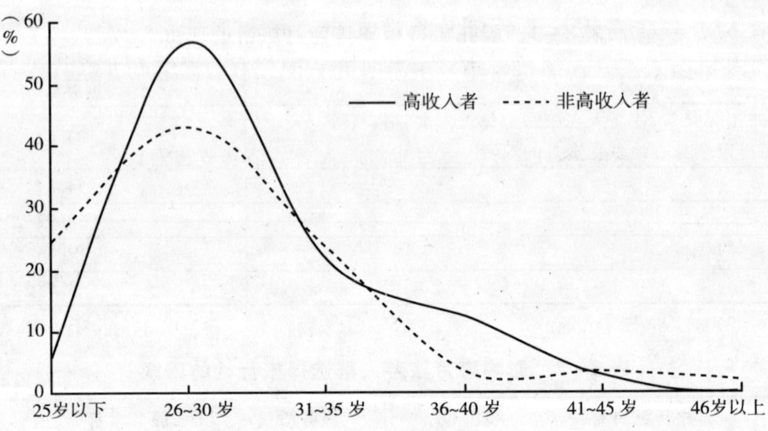

图8－4　参加蜜月旅游的高收入者与非高收入者年龄分布情况

2. 高收入者与非高收入者的消费倾向趋于一致

从表8－4可以看出，无论是在目的地的选择、出游偏好，还是了解旅游信息的途径方面，高收入者与非高收入者的消费倾向基本相同。

表8－4　高收入者与非高收入者的消费倾向对比

项目			高收入者(%)	非高收入者(%)
目的地	国内		31.43	35.56
	国外	亚太	11.43	15.56
		欧美	40.00	35.56
		澳洲	14.29	13.33
		其他	2.86	0.00
出游偏好		感受文化氛围	59.46	55.56
		欣赏风景名胜	64.86	62.22
		享受特色服务	16.22	33.33
		其他	10.81	11.11
了解途径		报刊杂志	37.84	35.56
		电视广播	59.46	40.00
		互联网	35.14	35.56
		亲朋好友	51.35	51.11
		旅游中介组织(包括旅行社)	21.62	20.00
		其他	2.70	11.11

3. 高收入者与非高收入者的蜜月旅游支出大体相同

从表8－5可以看出，在消费总额及出游时间方面，高收入者与非高收入者大体相同。

表8－5　高收入者与非高收入者的消费支出对比

单位：%

分　类		高收入者	非高收入者
总消费额（元）	5000以下	2.7	4.44
	5000～10000	5.41	22.22
	10000～15000	32.43	31.11
	15000～20000	35.14	26.67
	20000～30000	18.92	13.33
	30000以上	5.41	2.22
出游时间	一周及以内	13.51	20.00
	10天左右	43.24	24.44
	半个月及以内	32.43	33.33
	一个月及以内	8.11	20.00
	一个月以上	2.7	2.22

通过进一步对蜜月旅游人群的收入和消费行为特征的分析我们不难发现，高收入者与非高收入者都在同时消费蜜月旅游这一高端旅游产品，而且无论是从年龄分布、消费倾向，还是消费支出特征上分析，高收入者与非高收入者之间都无明显的差异。尽管这一结论的得出与一般观光休闲旅游者的消费规律相悖，但这正是蜜月旅游市场的独有特征。

第二节　蜜月旅游市场特征统计的相关与回归分析

蜜月旅游通常是专为新婚夫妇打造的特色旅游产品，是其结婚过程的浪漫延伸。作为一个面向细分市场的旅游产品，从它的价格及其购买者的实际消费状况来看，均属于高端旅游产品。在我国，蜜月旅游市场发展迅猛、潜力巨大、收益率颇高。特别值得注意的是，我们调查发现：高收入者与非高收入者共享蜜月旅游这一高端旅游产品。然而，国内外对此产品的专项研究不足，更鲜见相关的定量分析。

因此，我们有必要进一步研究其发展脉络，揭示其变动趋势，为政府主管部门及相关旅游企业提供决策依据。

一、蜜月旅游市场特征的相关与回归分析

为了进一步研究蜜月旅游消费特征的成因及其变化趋势，我们运用 SPSS 对问卷中的相关问题进行了回归分析，希望最终能找出影响北京居民蜜月旅游消费的主要因素及其量化依据。

我们以蜜月旅游双人消费总额作为被解释变量 Y（元）。解释变量是目的地 X_1（把“国内目的地”赋值为 0，“国外目的地”赋值为 1，这时目的地就是被赋值为 0 和 1 的虚拟变量），出游天数 X_2（天），夫妇平均年龄 X_3（年），夫妇月收入总额 X_4（元），学历 X_5（把“大专以下学历”赋值为 0，“大专及以上学历”赋值为 1，这时学历就是被赋值为 0 和 1 的虚拟变量），建立多元回归模型并进行分析。

在第一轮回归分析中，夫妇平均年龄 X_3 的 t 值为 -0.405，显著性为 0.687，不符合要求，所以首先剔除夫妇平均年龄 X_3，说明夫妇平均年龄 X_3 和蜜月旅游消费总额 Y 没有显著性线性关系，即夫妇平均年龄的高低对蜜月旅游消费总额没有显著的影响。在剔除夫妇平均年龄 X_3 后，建立新的回归模型进行分析。

在第二轮回归分析中，夫妇月收入总额 X_4 的 t 值为 1.721，显著性为 0.089，不符合要求，所以剔除夫妇月收入总额 X_4，说明夫妇月收入总额 X_4 和蜜月旅游消费总额 Y 没有显著性线性关系，即夫妇月收入总额的多少对蜜月旅游消费总额没有显著的影响。在剔除夫妇月收入总额 X_4 后，再次建立新的回归模型。

在第三轮回归分析中，学历 X_5 的 t 值为 -1.706，显著性为 0.092，不符合要求，所以剔除学历 X_5，说明学历 X_5 和蜜月旅游消费总额 Y 没有显著性线性关系，即学历高低对蜜月旅游消费总额没有显著的影响。在剔除学历 X_5 后，再次建立新的回归模型进行分析。

第四轮回归分析的 SPSS 输出结果如表 8-6～表 8-9 所示。经观察分析可知，此回归的拟合优度不是很好（调整的 R 方 =0.559），但总体显著性是明显的（回归模型的显著性 =0.000 <0.05）。在回归分析结果中，蜜月旅游目的地 X_1 的 t 值为 6.050，显著性为 0.000，符合要求；出游天数 X_2 的 t 值为 6.133，显著性为 0.000，符合要求，说明蜜月旅游目的地 X_1 和出游天数 X_2 对蜜月旅游消费总额 Y 存在显著的线性关系，即蜜月旅游目的地是国内还是国外，以及出游天数的长短对蜜月旅游消费总额有显著性的影响；同时，常量的 t 值为 3.540，显著性为 0.001，同样符合要求，所以我们保留 X_1、X_2 以及常量，由此得到蜜月旅游消费总额的最终模型为：

$$Y = 4338.854 + 7056.963X_1 + 510.758X_2$$

此方程说明：蜜月旅游的基础花费平均为4338.854元/双人；如果蜜月旅游天数一定，那么选择境外的蜜月旅游目的地要比选择国内蜜月旅游平均多消费7056.963元/双人；如果蜜月旅游目的地一定，出游天数每增加一天，蜜月旅游消费总额就会平均增加510.758元/双人。

表8-6　输入/移去的变量（b）

模　型	输入的变量	移去的变量	方　法
1	X_2, X_1(a)	—	输　入

a. 已输入所有请求的变量.

b. 因变量：Y.

表8-7　模型摘要

模　型	R	R方	调整的R方	估计的标准差
1	0.755	0.570	0.559	4746.65376

a. 预测变量：（常量），X_2，X_1.

表8-8　ANOVA（b）

模　型		平方和	df	均　方	F	显著性
1	回归	2363060770.344	2	1181530385.172	52.441	0.000
	残差	1779927034.534	79	22530721.956		
	合计	4142987804.878	81			

a. 预测变量：（常量），X_2，X_1.

b. 因变量：Y.

表8-9　系数（a）

模　型		非标准化系数		标准化系数	t	显著性
		B	标准差	Beta		
1	（常量）	4338.854	1225.793		3.540	0.001
	X_1	7056.963	1166.354	0.467	6.050	0.000
	X_2	510.758	83.280	0.473	6.133	0.000

a. 因变量：Y.

相关理论将因素之间的互相作用、关联、制约等关系称为“相关关系”，并以相关系数来测度。相关关系按因素间的关联程度分为四级：相关系数在|0.3|以下视为无相关关系；|0.3|以上认为存在相关关系，其中|0.3|~|0.5|属于低度相关；|0.5|~|0.8|属于显著相关；|0.8|以上认为是高度相关。两因素间若同向变化，则得正值，为正相关；若反向变化，则得负值，为负相关。

在2004年我们的一项“北京（国内）休闲旅游高端市场的调研”中发现，旅游者的月收入与旅游消费总额高度正相关，即收入越高，其旅游消费总额也就越高。北京旅游市场高端消费者的旅游花费以其当期收入或个人储蓄为主，亲朋好友的资助较少。而在蜜月旅游的研究中，旅游者月收入（夫妇二人的月收入总额）与蜜月旅游消费总额的相关系数仅为0.39，属于低度相关，表明存在相关关系，但相关程度十分有限。蜜月旅游往往是人们一生中的唯一经历，参加蜜月旅游的旅游者愿意以较高的旅游花费换取一次高品质的蜜月旅游经历。调查显示，其当期收入在他们的蜜月旅游花费来源中所占比重较小；相比较而言，亲朋好友的资助以及个人以往的储蓄占有相当大的比重。这便是非高收入者得以实现蜜月旅游的经济条件。这一对比揭示出蜜月旅游市场特有的“高收入者与非高收入者共享蜜月旅游这一高端旅游产品”现象的存在基础。

二、蜜月旅游发展所面临的问题及其对策研究

1. 以强化产品的个性化，来改善蜜月旅游产品的特色匮乏问题

目前我国蜜月旅游线路选择范围小，缺少特色旅游产品。而蜜月旅游夫妇对蜜月旅游目的地的个性化要求较强。只有契合需要、富有创意的精制旅游产品才会真正受到市场的欢迎。

2. 通过完善结婚相关产业链的发展，从总体上降低蜜月旅游产品的成本

蜜月旅游产品成本偏高，导致其市场价位高，而被接受的可能性较小，这是制约更多新婚夫妇参加蜜月旅游的决定性因素。同时，高成本还会使一些经营者不愿意介入这一具有很大发展潜力的市场。

3. 以专业化的经营来满足蜜月旅游人群的特殊需求

现有的蜜月旅游产品行程安排不尽合理，细节服务不到位。一般的旅游目的地和旅游运营商容易忽略蜜月旅游者的特殊心理和要求，将他们当作一般旅游者来对待，而这样的旅游对新婚夫妇来说，就失去了蜜月旅游的意义。

从目前我国旅游市场来看，蜜月旅游的发展还处于萌芽阶段，蜜月旅游产品的开发尚不充分，然而我们必须认识到这一市场所孕育的巨大需求与增长潜力，抓住机遇，通过个性化、专业化的服务，以及结婚产业链总体的不断完善，才能做大蜜月旅游市场。

结　语

其实，时尚休闲消费的内容和方式有很多，但能够聚集相当数量的消费群体、形成一定消费规模的并不多。本次研究选择了符合上述条件的乡村旅游、自驾车旅游和蜜月旅游三个方面，这也是多年来作者关注的焦点。其中的主要贡献在于对人们以往的研究领域还尚未涉及到的方面进行了研究，主要包括乡村旅游商品研究，自驾车旅游在不同经营主体间的对比研究，我国房车旅游未来发展的趋势预测，以及具有极大市场潜力的、富有中国特色的蜜月旅游消费研究。上述研究主要采用了相关与回归的分析方法，以揭示其中因素间的相互作用关系，进行规律摸索与趋势研判。

第三篇

国际服务贸易框架下的旅游统计研究

这显然不是一份全面记述国际旅游服务贸易、出入境旅游统计的报告和调查，这只是一项有一定创新和全新思考的研究成果，有详、有略。对于入境旅游，从今天来讲，我国甚至可以说是历史“悠久”，其入境旅游统计也比较完备和相对成熟。对于出境旅游，我国还尚未建立起统计指标体系，就目前所得出的一些统计资料而言，也存在着一些问题。当然，这需要一个摸索的过程，出境旅游统计需要与出境旅游一起发展。倘若是站在国际服务贸易的高度上看我国的出境旅游统计，则我们就会有许多研究方法值得借鉴，进而拿来使用。

第九章

出入境旅游统计

我国的出入境旅游统计，是伴随着我国的出入境旅游业的发展而发展的。与一些发达国家不同，我国的旅游是从接待入境旅游开始的，因此，我国旅游统计的历史基本上都是入境旅游统计的历史。近年来，随着中国公民出境旅游人数和目的国（或地区）数量的不断增加，无论是国内学者还是国外学者，都越来越多地关注中国人的出境旅游。

第一节　出入境旅游统计

一、出境旅游统计及其指标体系的构建研究

（一）第一阶段（2002 年前）

以《中国旅游统计年鉴》公布的数据为准，我国自 1993 年开始进行出境旅游统计工作，首批统计指标包括中国公民出境旅游人数及其增长速度、按出境原因的分类（分为因公、因私两类）及其构成、经旅行社组织的出境人数及其占出境总人数的比重。

（二）第二阶段（2002 年～旅游卫星账户概念初步引入）

中国出境旅游市场继续快速发展，作为世界上新兴客源输出国的地位得到巩固和加强。出境旅游统计除了第一阶段的统计内容之外，增加了中国公民出境分目的国的人数及其增长速度指标统计、中国公民出境首站按人数排序统计、经旅行社组织出境旅游人数的分类统计（包括组织出国游、港澳游、边境游的人数及其增长速度）、中国公民出境旅游目的地数量统计等。2004 年起，陆续分年度的《中国出境旅游发展年度报告》开始出版，其中涉及到了中国出境旅游者的人口统计特征及其消费行为特征。

（三）第三阶段（旅游卫星账户概念逐渐普及、推广）

随着近年来我国旅游统计工作不断与国际接轨，旅游卫星账户构建工作也在全国范围内展开，就此，应将我国出境旅游统计指标体系构建工作纳入其中。适时启动在全国范围内的、按年度的、统一规范的“中国公民出境旅游抽样调查”工作。

二、出境旅游统计中存在的突出问题

目前，我国对出境旅游分国别（或地区）的统计，只计算中国公民首站赴某目的地国（或地区）的旅游人数。显然，这样的统计与实际情况相去甚远。因为中国公民出境旅游大多在一次出境旅游行程中有多个目的地国（或地区），因此，以传统统计法统计出的数据应该是低于实际数值的。例如，按照我国的统计数字，2000 年有 1057000 名中国游客离开本国，到泰国、新加坡和马来西亚一带旅行，与此同时，只有 87000 名中国游客单独去马来西亚旅行。但是，这三个国家所公布的总体游客人数是 1563000 人，马来西亚统计的游客人数是 425000 人。因此，这些中国出境旅游的数据反映了相对于吉隆坡来讲，新加坡和曼谷成为中国游客优先考虑的旅游目的地，因为去新加坡和曼谷更容易拿到签证，在航班上也有更好的衔接。

出境旅游人数是在出境旅游统计中最为基础的指标，是计算其他许多分析指标的数据来源，影响较大。因此，在辅之以抽样调查的基础上，应尽快深化和细化这一指标的统计工作。

三、我国出境旅游者的基本统计特征

（一）赴澳大利亚旅游的中国游客的基本统计特征

举例说，在 2003 年“非典”后的第一个黄金周期间，将近 100000 名中国游客去澳大利亚，他们中 50% 是来自广州，30% 来自北京，20% 来自上海。

在去澳大利亚之前，他们大部分都有过出游的经验，属于高收入人群，而且有中国离港旅游的教育。超过 25% 的旅游者是被介绍来的，44% 表示收入高于 30000 元人民币，70% 有大学学历。根据很多调查显示，在一个地区待着的重复旅游者的比例并不高。

来自中国大陆旅游者的人均花费是去澳大利亚旅游人均消费的 2 倍。除了用于教育上的，食品和住宿方面的消费之外，购物和娱乐以及赌博特色在他们的消费中显得尤为突出。背包族大部分都住三星级饭店，商业旅游者都住贵一点的。作为中国旅游者几乎不去内地观光或者徒步旅行，他们用另一种方式，例如，露营和背包族旅店，等等。

据调查，中国游客在澳大利亚的旅游更倾向于一条线的行为。ATC 的一项调查指出：购物，商场观光，沙滩观光，公园观光和俱乐部作为娱乐的主流。

针对背包族的调查则提供了不同的结果，根据他们的调查，去公园观光，去历史遗迹观光，到原生态村落旅游和去城市公园旅游是很重要的，最不重要的是参加体育活动和到西餐厅吃晚餐（表 9－1）。

表 9－1　中国旅游者在闲暇时间的活动调查

活　　动	比率(%)	活　　动	比率(%)
购　物	72	俱乐部	36
去商场	47	国际公园	32
去沙滩,游泳,冲浪,潜水	44	野外谋生经历,动物园,水族馆	31
参观城市公园	41	参观历史性建筑	27

资料来源：Wolfgang Georg Arlt China's Outbound Tourism Routledge 2006.

（二）赴香港的中国内地游客的基本统计特征

年轻家庭的出游动机是让他们的孩子知道和了解一些新奇的东西或者是一些面向家庭的吸引物，比如迪士尼就扮演了一个很重要的角色。

在 1994 年到香港旅游的内地游客将近 76% 是广东本土的游客。1998 年从邻省到香港的份额降到了 50%，然而从北京、上海、浙江和江苏到香港的游客在同年几乎占到了 20%。到 2000 年将近 2/3 从内地到香港的游客不是从广东来的。随着与香港签订的内地与香港关于建立更紧密经贸关系的协议，内地到香港旅游的程序变得更加简单了，广东游客所占的份额再一次增加。我们也见证了许多其他事情，比如到香港的内地游客和一日游游客数量大量增加。到 2004 年，超过 600 万的广东居民，将近一半的中国内地游客曾到香港旅游。

在 20 世纪 90 年代游客的人数统计并没有太大的变化。其他省份游客份额有所增长，反映了越来越多的单身和高级白领去旅游（表 9－2）。2003 年后游客的增长将有可能导致旅游目的地城市的人口数量的再一次增加。

购物是中国大陆游客到香港最重要的一件事，香港本地把这些游客当作一个大的消费群，特别是对于零售商。据报道在 2004 年零售商总的销售额超过了 340 亿港币（2005 年接近 34 亿欧元），提高了 250 个百分点。

表 9－2 中国大陆游客到香港人口统计表

单位：%

项 目		1995 年	1998 年	2001 年
性 别	男	67	60	62
	女	33	40	38
年 龄	15 岁以下	3	4	4
	16～25 岁	11	10	10
	26～35 岁	33	33	34
	36～45 岁	28	26	30
	46～55 岁	14	16	15
	56 岁以上	10	11	8
公民身份	已 婚	86	83	78
	女 性	14	17	22
职 业	高级白领	38	51	54
	初级白领	27	27	25
	蓝 领	15	7	5
	家庭主妇	6	4	3
	其 他	13	11	13
到香港次数	第一次	58	52	54
	一次以上	42	48	46

资料来源：Wolfgang Georg Arlt China's Outbound Tourism Routledge 2006.

（三）香港出境游客的基本统计特征

在对旅游目的地进行选择时，香港人往往把安全当作最重要的因素和属性。接下来是景色的优美、旅行的价格、宾馆和饭店的服务质量。安全因素是香港包价旅游者最关心的事情，运动设施对于他们来说并不重要。不过，运动设施被香港旅游者看作和参观历史遗址、品尝当地食物及感受不同地区文化一样新颖独特又有真实的吸引力，有很高的旅游价值。香港旅游者经常重复游览同一个度假旅游目的地，尤其对那些首次出游某地的旅游者，家人和朋友的推荐起到很重要的作用。

而在那些有明确目的的旅游者中，既富有又有很好教养的旅游者显然占有很大比例。他们不仅首先考虑这样的旅行所带来的高消费，而且在性别比率方面，女性旅游者比重占 58%。拿德国这个目的地国来说，香港年龄大一些的度假者把主要的观光兴趣集中在当地的风情和在一些小城市的购物。他们认为这些是一项重要的活动。而与中国大陆还有台湾的旅游者相比较，香港人在旅行时对小吃更感兴趣。

来自台湾的一项研究调查了 600 个香港旅游者去夜市观光游览的原因。研究发现，他们逛夜市是将寻找新奇的探索、感受当地的风俗习惯和体验不同生活作为一种激情。88% 的被访者是在外面吃饭，接下来是每天购物占 6%，寻找新奇事物占 32%，娱乐占 23%。

（四）赴加拿大和美国的中国出境旅游者的基本统计特征

中国旅游者选择在 2 月份到达的有 21000 人次，最多的是选择在 8 月份，有 34000 人次（OTTI 2005）。气候因素确实使中国人到加拿大旅游具有显著季节性。选择在夏季的约占总游客量的 1/3，春季和秋季各占 1/4，而冬季只占 1/6（CTC 2005）。旅游的季节性在旅游者休闲游中的表现更为显著。

在到美国旅游的中国人当中，约有一半的游客都会把加利福尼亚列入旅游安排当中，近 1/4 的人把洛杉矶、旧金山或纽约安排在旅程当中。其他的重要目的地主要包括拉斯韦加斯、奥兰多（迪士尼世界）和华盛顿资料中心。大峡谷和夏威夷群岛主要以自然景观吸引游客。此外，对于太平洋沿岸的靠近大城市、具有历史地位的著名观光胜地和在加利福尼亚的许多城市内的较大的国外华人区都会构成中国人到美国这些地区旅游的重要因素之一。

以相同的方式，去往加拿大的大多数游客都集中在西部地区，其主要原因是它的地理位置优越、气候温和，还有就是它美丽的风景。这样的旅游胜地包括温哥华、维多利亚州、落基山脉等。位于加拿大中心位置的城市，尤其是多伦多、渥太华、蒙特利尔和魁北克城，再有尼亚加拉瀑布都吸引了大量的中国人。

四、入境旅游统计

从 1985 年开始，我国正式出版了第一本《中国旅游统计年鉴》。在当时构建了我国入境旅游统计指标体系。其内容涉及全国旅游接待基本情况、主要旅行社接待情况、主要城市旅游基本情况和全国旅游外汇收入情况。

20 多年来，我国的入境旅游统计工作发展迅速。现在的入境旅游统计主要包括：入境旅游人数统计、入境外国游客主要特征统计、国际旅游（外汇）收入统计和地方接待入境旅游者情况统计等。

1998 年我国首次进行了海外旅游者抽样调查。自 2003 年起，我国还正式出版了分年度的《入境游客抽样调查资料》。这一调查涉及：入境游客人均天花费及构成、入境游客停留时间、入境游客来华（内地）旅游次数、入境游客的行程、入境游客的流向、入境过夜旅游者住宿设施的选择、入境游客对旅游服务质量的评价、入境游客对旅游接待设施的评价、入境游客对旅游资源的兴趣、入境游客对旅游商品的兴趣和入境游客抽样调查总人数及构成情况等。

具体的入境旅游统计指标分析，可在本书的第四篇中看到详细的论述。

第二节　国际旅游的定量研究方法

一、计量经济模型

计量经济模型通常是以回归分析为基础的，用一个或多个解释变量（自变量）来解释（理论上的解释）现有的或已知的时间序列。当一组解释变量在很大程度上能够解释被解释变量（因变量）时（大部分成分），利用其相互关系可以推断出来序列的未来变化。当然这种推断首先要假设在未来的预测时期这一组解释变量的值是已知的，或者至少是很容易被预知的，但事实上却不是这样，这也是基于回归分析预测方法的一大缺陷。

在分析的第一阶段，需要挑选解释变量，挑选时要根据适当的经济理论。否则就不能做这样的假设：解释变量和旅游接待量时间序列之间的因果关系能够一直保持到未知的未来。

解释变量与被解释变量之间因果关系的程度是一个有争议的问题。回归分析中有很多假设，其中一个假设就是：一组自变量一旦被确定后，就成为仅有的，随着时间的变动而变动，从而影响旅游接待量（因变量）的一组变量；即这组变量之外的其他变量都被假设一直保持不变。当然事实可能并不是这样。另一个假设是：自变量和因变量之间的因果关系并不是虚假的，即假设因变量的变化并不是由其他未知的自变量在事实上导致的。当然这也未必是事实。

对自变量的选择大多基于古典效用理论，即假设需求，这里用来访旅游者人数代表（通常被称为“旅游需求”），是潜在购买者收入、产品自身价格和竞争性产品价格的函数。在旅游预测中，国际知名学者、国际旅游需求和旅游发展预测计量经济模型专家史蒂芬·F·维特将上述变量调整如公式 9－1：

$$\ln \frac{V_{ijt}}{P_{it}} = a_1 + a_2 \ln \frac{Y_{it}}{P_{it}} + a_3 \ln C_{ijt} + a_4 \ln CS_{it} + a_5 \ln EX_{ijt} + a_6 \ln T_{ijt} + a_7 \ln TS_{it} + a_8 Trend + Dummies + U_{ijt} \quad \text{（公式 9－1）}$$

其中：i 为客源国；j 为目的国；t 为年度；V_{ijt} 表示该年度从该客源国前往该目的国的旅游者人数；P_{it} 表示该年度该客源国人口数量；Y_{it} 表示该年度该客源国个人可支配收入（价格不变情况下的）；C_{ijt} 表示该年度该客源国旅游者在该目的国的生活支出（价格不变情况下的）；CS_{it} 表示该年度该客源国居民到替代性目的地旅游时旅游支出的加权平均数（价格不变情况下的）；EX_{ijt} 表示该年度该目的国货币和该

客源国货币之间的汇率；T_{ijt}表示该年度该客源国到该目的国旅游的交通支出（价格不变情况下的）；TS_{it}表示该年度该客源国到替代性目的地旅游时交通支出的加权平均数（价格不变情况下的）；*Dummies* 代表特殊事件的虚拟变量。

该模型描述了在旅游预测中最为常用的自变量。价格变量是最难以确定的，因为旅游者购买的产品各不相同。在以往的研究中，史蒂芬·F·维特就曾经指出利用消费者价格指数（CPI）来度量总体价格水平的优势。为了获得价格，国际知名学者、旅游发展预测和旅游经济学领域专家林赛·W·特纳和史蒂芬·F·维特都使用了如公式 9－2 所示的方法。

$$C_{ijt} = EX_{ijt} \cdot \frac{CPI_{jt}}{CPI_{it}} \quad \text{（公式 9－2）}$$

其中：CPI_{jt}表示该年度该目的国的消费价格指数；CPI_{it}表示该年度该客源国的消费价格指数。

单独使用汇率并不明智。从理论上讲，旅游者可能更会意识到潜在汇率的优势，但是目的国的通货膨胀则有可能会与有利的汇率相悖。

在旅游序列的定量模型中，趋势问题是重要的。旅游接待量时间序列的独特性使其有别于其他众多序列。旅游序列具有天然的季节性，通常是非线性的，并且几乎总是呈正向的成长与上升趋势。旅游业的正向增长是世人皆知的特性。而且用来度量自变量的数量序列也总是呈正向趋势，比如客源国的收入和交通价格。各种旅游序列的共同趋势，可以使回归模型表现出具有极强的解释力，可以用 R^2 模型来度量，而实际上变量自身的解释力要弱很多。使用这种非平稳变量进行回归分析，可能导致回归残值的自相关，即预测趋势中的误差项的自相关。这就有可能打破回归分析的另一个假设，即残值会是一个随机序列。这样的序列相关因为标准差会严重低估残值的变化性，不仅导致了一个人为的、主观的高 R^2 模型，还意味着用来预测因变量序列的回归系数不精确。

我们需要将旅游序列呈现出非平稳状态的地方标记出来，这是目前被大家接受的做法。通常的解决方法是使用协整和误差修正技术。包含趋势走向变量的一组变量，即用来发展旅游计量经济模型的变量，由于这些变量的平均值和方差会随时间的变化而变化，故被称为“非平稳”变量。许多经济变量都是非平稳的，这就是所谓的“虚假回归”问题。如果被用于模型中的变量是非平稳的，那么所有在回归模型中，即模型使用的是非平稳变量的平均值和方差时，经过计算的统计数据也是随时间变化而变化的，并且不能随样本容量的扩大而收敛于真实数值。因此，常规的假设检验结果就会严重偏误，拒绝因变量和自变量不相关的虚拟假设。这就意味着所有使用了非平稳变量的旅游多元回归分析都可能是不正确的，且得出的预测结果也是不可靠的。

采用协整和误差修正技术的主要缺陷在于它们既耗时又复杂，而且还会存在使用传统回归方法时对其正确程度的疑虑。无论从技术上还是从理论上来看，使用误差修正模型更好一些。但在旅游预测中使用误差修正模型取得的准确度也同样是难以判断的。

二、时间序列分析方法

1. 时间序列模型

移动平均法、指数平滑法以及更复杂些的博克斯－詹金斯预测模型，均可成为纯时间序列方法，这些方法针对时间序列中的各部分，如趋势、斜率、周期等，模仿已知的实际时间序列中的数据，用函数的方法对其未来的发展进行预测。制作成曲线图后，时间序列模型即会拟合成一条与历史数据序列极为相似的预测曲线，其拟合度的确非常高，几乎可以和原始曲线重合在一起。当一组预测未来的数据成为高度拟合的曲线时，即可预示出时间序列的走向，或至少可预示中短期——2～3 年的走向。在这样的预测过程中，预测模型将被视为以明确的时间序列参数呈现出过去的情况，时间序列的内在特征在中短期内不会改变，预测结果也不会很快偏离预先设定的模型，但是也可能过一段时间后会变异成另一序列。

每一时间序列模型的复杂程度不同，主要取决于针对时间序列各部分所建立模型的精确程度和量化程度。因此，各种时间序列模型可以从简单到复杂进行归纳，依次为：复杂程度最低的移动平均法、复杂程度高一些的各种指数平滑法、复杂程度最高的博克斯－詹金斯回归移动平均模型和神经网络模型。

林赛·W·特纳和史蒂芬·F·维特的研究认为时间序列模型的精确度要高于大多数因果模型。然而，在单纯利用时间序列模型进行预测时又存在着重大缺陷。这种缺陷在于外部经济环境和社会因素都会间接地对旅游序列产生不同程度的影响。

2. 实用的时间序列分析法

（1）游客比重分析法。通过计算旅游目的国各月接待国际旅游者人数占全年接待国际旅游者总人数的比重，可以分析国际旅游客流的时间分布及淡旺季状况，在总体上反映了国际旅游客流在一年中的分布状况和淡旺季特点，详见公式 9－3。

$$X_i = \frac{T_m}{T_y} \times 100\% \qquad （公式 9－3）$$

其中：X_i 代表 i 月接待国际旅游者人数占全年接待人数的比重；T_y 代表旅游目的国一年接待国际旅游者总人数；T_m 代表旅游目的国 m 月接待国际旅游者人数。

（2）旅游高峰指数分析法。旅游高峰指数是指旅游目的国接待国际旅游者最多时段的人数，相对于其他时段接待人数的比值。通过计算旅游高峰指数来分析国际旅游客流的时序状况，详见公式 9-4。通常，旅游高峰指数越大，则国际旅游客流相对集中于某一时段；旅游高峰指数越小，则国际旅游客流在各时段上分布趋于均匀；当旅游高峰指数为零时，表明国际旅游客流在所有时段上的分布是基本相等的。

$$P_n = \frac{V_1 - V_n}{(n-1)V_n} \times 100\% \qquad \text{（公式 9-4）}$$

其中：P_n 代表国际旅游客流高峰指数；V_1 代表按照接待人数多少排序的第 1 个时段客流数量；V_n 代表按照接待人数多少排序的第 n 个时段客流数量。

（3）旅游季节指数分析法：详见第二章。

三、结构性整合时间序列计量分析法

结构性整合时间序列计量分析法（SITEA）是林赛·W·特纳和史蒂芬·F·维特的最新研究成果，其设计目的在于能够灵活地运用和尽量克服以往时间序列模型的一些缺陷。

时间序列方法的优点在于能够克服与虚假回归相关的问题，并在很多情况下使预测结果更为准确。但是该方法却存在着自身的局限性，尤其表现为对影响客流量序列变化的经济因素的忽视。很显然，至少在某种程度上，这种方法需要与某种非定量的方法结合起来使用。

SITEA 的建模过程是通过使用时间序列分析方法进行趋势、周期和季节的参数估计；对参数的显著性进行评估，去除不显著的参数；选择确定最优模型。在这一模型中加入经济变量和虚拟变量；对参数的显著性进行评估，去除不当的和不显著的变量，修正变量组合；对模型、时间序列和经济变量进行整体的再分析，再确定最优模型。这样就可以进行预测了；聘请专家组对目的地所有预测结果的评估；根据专家意见进行预测结果的修改，经过再分析、评论的过程，调整预测结果，将评估意见纳入市场报告。

在 SITEA 模型中，首先使用了一个时间序列来克服非平稳问题。在此过程中，原始时间序列被拟合为一个包含季节性、周期性和趋势性等部分的数学映射，然后再将有关经济变量的影响考虑进去，以此来对时间序列的各部分进行调整。之后，虚拟变量被当成自变量也被加入，用来说明导致序列变化的特殊经济或政治因素的影响，最终调整预测结果。而每一个附加变量的取舍，都取决于该变量自身根据经济理论所具有的特征，比如价格应当为负值，收入则应为正数等，以及其统计意义是否处于0.05这个显著的水平之上。

由于在任何一个模型中都有可能包含大量的参数，以此将被加入经济变量限定为三个，虚拟变量限定为两个，并且在序列中最初要解释的周期不得超过两个。这些限制防止每个模型由于过度参数化而导致预测结果遭受质疑，或者模型失效。

从实际预测的角度来看，由于预测的任务已经非常庞大了，因此对于经济变量数量的限制是有好处的，每一个预测序列都可以被看作是一个独立的建模过程，如此反复而成为一项规模宏大的预测工程。从理论的角度看，限制自变量的数量也是可行的，因为以往的研究已经清晰地界定了大多数对旅游接待量有影响的重要经济变量。

考虑到不同国家和地区各独立市场的特定预测状况，加入了各国特定的虚拟变量和阻尼参数。在很多预测序列中，不能获得某些国家在规定时间范围内的变量，因此就会用一组经检验有替代意义的替代性变量作为备选变量。在某些情况下，如果没有找到替代意义的经济变量，则预测过程只能返回而重新使用纯时间序列模型。有时只有一个虚拟变量具有使用价值，则预测过程也只能返回使用只有1～2个虚拟变量的纯时间序列模型。在样本国以群体方式出现时，则没有可供使用的经济变量，而仅有一个虚拟变量。因为样本国是未知的，且把各国测量结果的平均值当做经济指标不具有可靠性。

SITEA模型将时间序列模型和计量经济模型相结合，克服了非平稳和虚假回归问题，但是经济变量能否被预测问题仍然存在。可以利用时间序列方法对经济变量分别进行预测。

四、国际旅游流分析方法

（一）流向分析的方法

对国际旅游流的流向分析，可以通过对旅游客源国的居民出游倾向和客流流向率分析，从旅游客源产生角度了解和掌握国际旅游流的流向；从旅游接待国所接待的国际旅游者的客源结构或客源集中率分析，也可以了解和掌握国际旅游流的实际流向。

1. 出游倾向分析法

对旅游者的出游倾向分析，是一种旅游者行为调查分析方法。这种方法是通过对旅游客源国居民发放调查问卷，来了解潜在旅游者的出游倾向和目的地指向的，从而分析和预测国际旅游流的现实流向和可能流向，为开拓国际旅游客源市场提供科学的依据。

2. 流向率分析法

国际旅游流的流向率也称为“旅游目的地结构分析”，是通过分析国际旅游者的流向不同、旅游目的地或旅游目的国的结构比例，从而了解和掌握国际旅游流的流向。由于这种分析方法必须用在旅游行为发生之后，因而是一种事后分析方法，如公式 9－5。

$$F = \frac{f_i}{\sum_{i=1}^{n} f_i} \times 100\% \qquad \text{（公式 9－5）}$$

其中：F 代表国际旅游流的流向率；f_i 代表某客源国出游到某旅游目的国的旅游者人数；n 代表前往旅游目的国旅游的旅游客源国数量。

3. 客源集中率分析法

国际旅游流的客源集中率分析又称为“旅游客源国结构比例分析”，通常是指旅游目的国所接待的前三位国际客源市场的旅游者数量，占该国接待全部国际旅游者总人数的比重，其不仅反映了旅游目的国所接待的国际旅游者的集中程度，而且也反映了国际旅游者流向某旅游目的国的数量规模，计算如公式 9－6。

$$G = \frac{\sum_{i=1}^{3} g_i}{\sum_{i=1}^{n} g_i} \times 100\% \qquad \text{（公式 9－6）}$$

其中：G 代表国际旅游流的客源集中率；g_i 代表旅游目的国接待某旅游客源国的旅游者人数；n 代表旅游目的国接待旅游者的旅游客源国的数量。

（二）流量分析的方法

通过分析旅游客源国的居民出游率和国际旅游客源产生率，可以了解和掌握国际旅游客源的产生和流量。此外，通过分析旅游目的国接待国际旅游者的人数和结构，可以分析和掌握实际发生的国际旅游流的流量和规模。

1. 居民出游率分析法

旅游客源国的居民出游率，是指一定时期内某一旅游客源国或地区居民出国旅游人数与其总人口的比率，反映了某一旅游客源国或地区产生国际旅游客源的能力和国际旅游流的流量水平。详见公式 9－7。

$$R = \frac{T}{P} \times 100\% \qquad \text{（公式 9－7）}$$

其中：R 代表旅游客源国居民出游率；T 代表旅游客源国出国旅游人数；P 代

表旅游客源国总人口数。

2. 客源产生率分析法

国际旅游流的客源产生率是指一定时期内某一国家或地区产生国际旅游者的相对能力，即某一国家产生国际旅游客源数量占全世界国际旅游客源总量的比重与该国人口数量占世界总人口数量比重的比率，如公式9－8。如果旅游客源产生率小于1，则表示该国产生国际旅游客源流流量的相对能力小，反之亦然。旅游客源产生率越大，则产生国际旅游客源流流量的相对能力越强。

$$r = \frac{\frac{T}{TT}}{\frac{P}{TP}} \quad \text{（公式9－8）}$$

其中：r 代表国际旅游客源产生率；T 代表旅游客源国出国旅游人数；TT 代表全球国际旅游总人数；P 代表旅游客源国人口总数；TP 代表全球总人口数。

第十章

互为目的地与客源地国家间的旅游统计研究

第一节　国际服务贸易框架下的旅游统计研究

一、旅游服务贸易的分类

划分旅游服务贸易的形式和类型，一般是以国际服务贸易为基础。国际服务贸易的形式和类型，是指各国之间进行服务贸易活动的交易方式。由于服务内容的庞杂和服务贸易定义的多样性，使人们对服务贸易的形式和类型划分也有不同的观点，比较有影响的观点主要有以下三类：一是把服务贸易划分为要素服务贸易和非要素服务贸易两种基本形式和类型；二是把服务贸易划分为跨境服务、国内服务和特殊形式服务三种基本形式和类型；三是把服务贸易划分为国境贸易、要素收益贸易、当地贸易和第三国贸易四种交易方式和类型。

由于对服务贸易形式和类型划分存在着各种不同的观点和方法，为了统一服务贸易的形式和类型，经过"乌拉圭回合"的反复谈判，最终在达成的《服务贸易总协定》中，明确将服务贸易划分为跨境交付、境外消费、商业存在和自然人流动四种基本形式和类型。因此，旅游服务贸易也是以这四种形式为基础来划分其形式和类型的。

（一）旅游服务贸易的形式

1. 跨境交付

跨境交付是指从一缔约方境内向任何其他缔约方境内消费者提供服务，是典型的跨境服务贸易。其特点是服务的提供者和消费者分别处于不同的国家，充分体现了服务贸易的一般特征。从旅游服务贸易看，跨境交付贸易主要体现在通过电子商务等方式，为境外旅游者提供各种旅游信息、旅游咨询、远程预订服务和部分旅行社服务等。随着现代通信技术、计算机技术及国际互联网的迅速发展，以跨境交付为形式的旅游服务贸易内容日益丰富，领域更加宽泛，交易数量不断扩大，逐渐成为旅游服务贸易的重要形式之一。

2. 境外消费

境外消费是指在一缔约方境内向任何其他缔约方的消费者提供服务，其特点是消费者跨国移动而服务提供者不移动，如交通运输服务、旅游服务、金融汇兑服务、医疗服务等，都是服务贸易的基本方式和重要内容。从旅游服务贸易看，境外消费方式是旅游服务贸易最基本、最重要的形式之一，因为大多数国际旅游都是旅游者在境外的旅游活动。因此，为外国旅游者提供各种服务就成为旅游服务贸易的主要内容，其包括了旅游交易服务、住宿餐饮服务、观光游览服务、娱乐休闲服务、旅游购物服务等多方面的内容。随着国际旅游的发展，以境外消费方式为主的旅游服务贸易将不断扩大和发展。

3. 商业存在

商业存在是指一缔约方在其他任何缔约方境内通过商业存在而提供服务，即服务提供者通过在外国建立商业机构为消费者服务，其特点是服务提供者跨国移动而消费者一般不移动，由于这种服务贸易往往与对外直接投资联系在一起，规模大、范围广、发展潜力大，因此是国际服务贸易中最活跃、最主要的服务贸易形式。从旅游服务贸易看，外国投资者通过到一国开发旅游景区景点，建立旅游饭店、旅行社和航空公司等直接为该国旅游者提供旅游服务，或设立银行、保险公司、律师事务所等间接为该国旅游者提供旅游服务，都属于这类旅游服务贸易的内容。随着世界经济的全球化和区域一体化发展，以商业存在为基础的旅游服务贸易将进一步得到发展。

4. 自然人流动

自然人流动是指一缔约方的自然人在其任何缔约方境内向消费者提供服务，其特点是服务提供者和服务消费者均可能跨境移动。从旅游服务贸易看，自然人流动方式主要表现为外国的技术人员、管理人员到一国提供有关的旅游服务和管理，如到国外从事旅游规划开发、旅游饭店管理、旅行社经营和旅游服务的人员，到一国的有关旅游机构向旅游者或其他消费者提供旅游服务等。目前，自然人流动仅限于技术和管理人员方面，一般规模小、时间有限，由于自然人流动实质上是生产要素流动的主要内容之一，因此随着世界贸易组织各国之间的谈判，发展中国家积极要求把各种旅游服务人员的流动也纳入国际服务贸易的框架之中。

（二）旅游服务贸易的分类

通过对旅游服务贸易概念和基本形式的分析，可以看出旅游服务贸易的范围广泛、种类繁多，而且每一种类又可以进一步划分为很多细类和内容。因此，为了更好地了解和掌握旅游服务贸易的内容，根据国内外学者对服务贸易的分类方法，结合旅游服务贸易的特点，可将旅游服务贸易内容划分为以下主要类型。

1. 直接旅游服务贸易和派生旅游服务贸易

根据对旅游者出游动机和需求的分析，一般可以分为直接旅游需求和派生旅游需求。前者是指旅游者以观光游览、休闲度假等纯旅游为主要目的而产生的国际旅游活动；后者是指依附于其他各种国际活动而派生的国际旅游活动，如国际商务活动、国际会议和展销活动等。因此，按照对国际旅游活动的分类，旅游服务贸易也可以划分为直接旅游服务贸易和派生旅游服务贸易两大类。

直接旅游服务贸易是指为满足旅游者直接旅游需求所提供的各种旅游服务，包括为旅游者进行观光旅游、度假、文化旅游、生态旅游、娱乐旅游等提供的各种旅游服务，其构成了旅游服务贸易的主要内容。

派生旅游服务贸易，是指为满足各类旅行人员的派生旅游需求而提供的旅游服务，包括为旅游者进行国际商务、会展、学术、科考活动而提供的旅游服务，其构成了旅游服务贸易的重要内容之一。随着国际技术、经济、文化交流的广泛进行，不仅直接旅游服务贸易进一步持续增长，而且派生旅游服务贸易也不断扩大和发展。

2. 核心旅游服务贸易和附加旅游服务贸易

根据对旅游产品和旅游消费的分析，可以将旅游服务消费分为核心服务消费和附加服务消费，并相应将旅游服务贸易也划分为核心旅游服务贸易和附加旅游服务贸易。

核心旅游服务贸易，通常是指旅游者在国际旅游活动中购买和消费的核心旅游产品，包括食、住、行、游、购、娱等方面的旅游服务。任何旅游活动都离不开这些旅游服务内容，否则旅游活动就无法进行。随着现代科技和社会经济的发展，核心旅游服务贸易的内容、范围和领域也不断扩展，包括以现代信息技术作为传递媒介的旅游信息服务、远程预订服务机构及国际旅游咨询，都将逐渐成为旅游服务贸易的核心内容。

附加旅游服务贸易，是一种伴随着核心旅游服务贸易而发生的旅游服务贸易，如邮电通讯、外汇兑换、医疗保险、教育培训等方面的服务。这些旅游服务是为了提高旅游服务贸易的竞争力，获得更多国际旅游市场份额而采取的重要内容与手段，其与核心旅游服务贸易相辅相成，共同构成旅游服务贸易不可分割的有机体。

3. 劳动密集型、资本密集型和技术—知识密集型旅游服务贸易

按旅游服务贸易与旅游生产要素的构成关系，可划分为劳动密集型旅游服务贸易、资本密集型旅游服务贸易和技术—知识密集型旅游服务贸易三种。

劳动密集型旅游服务贸易，主要指以旅游服务人员提供的各类劳务服务为主的旅游服务贸易，包括旅行社服务、导游服务、旅游咨询服务等。

资本密集型旅游服务贸易，主要指需要投入大量资本建设旅游设施和购买旅游设备才能提供的旅游服务，包括旅游交通运输服务、住宿餐饮服务、旅游娱乐服务、旅游通讯服务等。

技术—知识密集型旅游服务贸易，主要指以提供技术和各种专门知识为主的旅游服务，包括旅游信息服务、旅游规划设计服务、金融保险服务、旅游管理服务、电子商务服务等。

在现代旅游服务贸易中，主要以劳动密集型旅游服务贸易和资本密集型旅游服务贸易为主体，但随着现代科学技术的发展、信息技术的广泛运用和知识经济的到来，技术—知识密集型旅游服务贸易将在旅游服务贸易中占有越来越重要的地位。

4. 要素旅游服务贸易和非要素旅游服务贸易

从对旅游服务贸易的基本形式分析，可以看出旅游服务贸易既可以在国内进行，也可以在国外进行，但从旅游生产要素是否跨境移动看，可将旅游服务贸易划分为要素旅游服务贸易和非要素旅游服务贸易。

要素旅游服务贸易，主要指有关旅游服务中各种劳动力、技术和资本等生产要素跨境移动的旅游服务贸易，包括涉及旅游劳动力生产要素国际流动的旅游劳务输出及获得的收入，国外投资者的旅游投资及获得的利润、利息和股息等收入，国际旅游技术转让方输出的技术、管理、知识产权及相应获取的各种转让收入等。

非要素旅游服务贸易，主要指不涉及生产要素跨境移动的各种旅游服务贸易，包括旅游交通服务、住宿餐饮服务、娱乐购物服务以及相关的各种境外服务等。

目前在旅游服务贸易中，非要素旅游服务贸易是主体，但随着经济全球化的发展，要素旅游服务贸易将日益发展，其在旅游服务贸易中的比重将不断提高。

二、国际服务贸易的统计方法

随着国际服务贸易近20年的迅速发展，有关服务贸易统计问题已经越来越受到国际社会和各国政府的关注，但由于服务贸易自身所具有的不同于货物贸易的特点以及各国服务贸易发展水平和统计状况的不同，时至今日世界上仍没有一套被各国所公认并遵守的服务贸易统计体系。目前各国对服务贸易的统计方法主要有BOP和FAT两类。

（一）BOP 法

国际服务贸易的传统统计方法——BOP 方法，要求各成员经济体均应按国际货币基金组织编写的国际收支手册的统计口径和项目分类，向其提交本国（或地区）的国际收支平衡表。目前国际货币基金组织与世界贸易组织这两大国际基金组织关于服务贸易的数据都来源于各国的 BOP 统计，但两者提供的数据并不完全相同。其主要区别在于，国际货币基金组织的统计包括政府服务，而世界贸易组织的统计则不包括此项内容。BOP 中经常项目下的“业务”指的是居民与非居民之间的业务交易。一成员国的“居民”通常被理解为在该成员国境内居住满一年的自然人和设有营业场所并提供货物或业务生产的企业法人。因此，BOP 定义的国际服务贸易主要是业务的跨境交易。

将 BOP 关于国际服务贸易的定义与《服务贸易总协定》的定义进行对比，可知后者把国际服务贸易的定义由前者的“居民和非居民之间的跨境交易”的涵盖范围延扩到作为东道国居民的“外国商业存在”同东道国其他居民之间的交易，即居民与居民之间的交易。

虽然目前各国在对服务贸易的统计上，BOP 统计发挥着不可替代的作用，但从国际服务贸易的发展趋势来看，BOP 统计存在着明显的不足之处：按照 BOP 统计的原则，国际服务贸易只是居民与非居民间的服务性交易，其反映的主要是跨境交易（包括过境交付、国外消费及自然人流动），而对当今服务贸易中占据主导地位的以商业存在形式提供的服务贸易却没有反映。这是因为，在商业存在形式中交易双方均处于法律意义上的同一国居民（当外国附属机构在一国设立的期限超过一年时）。BOP 虽然提供了一种对服务贸易进行分类的标准，但它与《服务贸易总协定》中规定的分类标准还存在着较大差距。“服务贸易谈判组分类法”（GNS）是世界贸易组织服务贸易谈判组织根据各缔约方提出的 150 多个项目名单，参照联合国统计局的“中心产品分类法”制定的，将国际服务贸易具体划分为商业服务、通信服务、建筑及有关工程服务、销售服务、教育服务、环境服务、金融服务、健康与社会服务、与旅游有关的服务、文化与体育服务、运输服务以及别处未提及的服务共 12 类，合计 155 个部门。这与 BOP 划分无论是项目个数还是在统计内容上都存在明显的差别，传统的 BOP 统计显然无法适应《服务贸易总协定》。

（二）FAT 法

国际服务贸易的 FAT 统计是与国际投资活动有关，具有非跨境交易特征的外国附属机构贸易的统计。FAT 统计反映了外国附属机构在东道国发生的全部商品和服务交易情况，包括与投资母国之间的交易，与所有东道国其他居民之间的交易，以及与其他第三国之间的交易，核心是其中的非跨境商品和服务交易。

对任何一国来说，直接投资都是双向的，既有外国在本国的直接投资，也有本国在外国的直接投资。这种投资的双向流动反映在统计上，就形成了FAT的内向统计和外向统计。就报告国而言，记录外国附属机构在本国的交易情况的统计称为"内向FAT统计"；记录本国在国外投资形成的附属机构在投资东道国的交易情况的统计，称为"外向FAT统计"。FAT统计有如下特点：

1. 统计范围

从统计范围看，FAT统计实际上包括了外国附属机构的全部交易——跨境交易和非跨境交易，但核心是非跨境交易，即企业的国内销售。

2. 统计对象

从统计对象看，只有对方绝对控股并且绝对能够控制的企业，亦即外方投资比重在达到50%以上的企业才被列入FAT统计范围。这与直接投资统计的对象不同，后者以外资比重达到10%以上为标准，我国的这一标准是25%。原因在于，FAT统计是投资基础之上的贸易统计，反映的不仅是投资状况，更主要的是贸易利益问题，只有外国投资人拥有并控制了该企业，才有可能决定贸易过程并获得贸易利益。

3. 统计内容

从统计内容看，FAT统计既包括投资的流量和存量，也包括企业经营状况和财务状况及对东道国经济的影响，但最主要的内容是企业的经营活动状况。这才是有别于传统直接投资统计的地方。因此，FAT统计反映的中心内容是：外国附属机构作为东道国的居民，与东道国其他居民之间进行的交易，即其在东道国进行的非跨境交易的情况以及这种交易对东道国经济和市场产生的影响。

4. 统计实践

按照WTO的要求，将外国附属机构的当地服务销售作为国际服务贸易的内容，而对外国附属机构的当地商品销售进行的FAT统计，则被认为是外国直接投资统计的进一步深化，也是对商品贸易统计的有效补充。因此，当FAT统计应用于国际贸易统计时，一般是用在广义国际服务贸易统计之中。

5. 统计作用

从作用来看，FAT统计弥补了国际商品贸易统计、跨境服务贸易统计和外国直接投资统计的不足，将外资企业的生产和服务提供对贸易流动的影响，以及由此产生的利益流动放映出来。假定三个国家，投资国A原来直接向第三国C出口商品或服务，现改为通过在东道国B投资进行生产和经营并对C出口，从而导致国际商品贸易流和跨境服务贸易流的流向发生变化。但在这种贸易流的背后，利益分配的格局未变，东道国在其中只是起了利益传递作用。投资及贸易利益最终仍是流向投资国 A 的。FAT 反映这种利益流动的真实情况。

三、我国国际服务贸易的统计方法

（一）我国国际服务贸易统计的基本构架

我国国际服务贸易统计由两部分组成。

1. 国际收支统计（BOP）中的服务贸易项目

BOP 服务统计，由国家外汇管理局按照国际货币基金组织《国际收支手册》编制。

2. 外国附属机构（FAT）服务贸易统计

BOP 服务统计和 FAT 服务统计互为补充，从不同侧面反映我国国际服务贸易的全貌。

我国国际服务贸易统计的基本做法，即 FAT 服务统计由国家统计局、商务部和国家外汇管理局依照世界贸易组织等国际机构的要求，参照有关发达国家的做法，结合我国的实际情况联合制定统计办法并付诸实施。

（二）建立健全我国国际服务贸易统计的基本原则

1. 国际可比性

我国的国际服务贸易统计在统计总体范围和指标口径上一定要具备国际可比性，才能满足进行国际间服务贸易比较研究和开放谈判的需要。

2. 可操作性

我国的国际服务贸易统计在具体的统计方法和程序上，一定要适合国情，便于操作，即定义清晰，指标内涵和外延明确，便于计量和申报；调查问卷设计的问题简明扼要，便于回答；信息传输渠道畅通，时限要求明确，便于检索与核查。

3. 经济性

要尽可能利用现有的统计渠道、统计队伍来采集国际服务贸易数据。这样一方面有利于避免重复劳动，提高工作效率；另一方面也可以减轻企业负担，提高调查问卷回收率和数据的准确性。

4. 渐进性

建立健全我国的国际服务贸易统计要统一组织，迅速起步，先易后难，先粗后细，逐步完善。

四、旅游服务贸易的统计方法

对旅游服务贸易的统计，目前有两种方法。

（一）按照世界贸易组织对服务贸易的统计方法

将服务贸易划分为商业服务贸易、投资收入、其他政府服务和收入、单方面转移四类，旅游服务贸易被纳入商业服务贸易的内容进行统计。其中商业服务贸易包括货运服务、其他运输（客运和港口）服务、旅游服务、其他民间服务（包括劳务、所有权和个人服务）四方面；在商业服务收支统计中，具体包括货运收支、客运收支、旅游收支、劳务收支、所有权收支和其他民间收支六个部分。

（二）旅游卫星账户

按照世界旅游组织和世界旅游理事会提出的“旅游卫星账户”核算方法统计，其把旅游服务贸易具体划分为个人旅游支出、商务旅游支出、政府旅游支出和旅游资本投入四个方面，并按照国际服务贸易的要求进一步分为旅游出口收入和旅游进口支出，以测算旅游服务贸易的变化情况。

目前，由于旅游卫星账户的统计方法还未在全球推行，因此对旅游服务贸易的统计主要还是以世界贸易组织的统计方法为主，我国也是如此。

第二节　互为目的地与客源地国家间的旅游统计

一、互为目的地与客源地国家间的旅游服务贸易统计指标研究

（一）旅游服务贸易及其重要程度指标

互为目的地与客源地国家间的旅游服务贸易相关的统计指标包括：外贸出口总额、（外贸出口总额中的）服务收入总额、旅游服务贸易收入等指标。我们可以通过服务贸易占外贸出口总额的比重指标，来反映服务贸易在这一国际外贸出口中的重要程度；还可以通过旅游服务贸易占服务贸易比重指标，来反映旅游服务贸易，即这一国家的国际旅游业的发展状况在该国服务贸易中的地位是否重要。

（二）旅游收支指标

旅游收支是指有关部门为非本国或本地居民来本国或本地旅游提供服务，如对旅游者提供餐宿、出售商品、提供旅客运输等的收入；本国或本地居民出境或到外地旅游、访问、开会、参加活动以及探亲等对外支付的费用。上述这两者之差为收支额。当涉及到外国人、境外居民入境旅游以及本国居民出境旅游时，即为国际旅游收支，是以美元为计算单位的旅游外汇收支。当这一收入是正值时，为旅游外汇顺差，表示为净收入；负值为旅游外汇逆差，表示为净支出。与此对应的在一个国家内，不同地区间的旅游收支为国内旅游收支，是以本国货币为单位计算的。

统计与比较旅游收支从国际间角度看，反映了一个国家的旅游外汇纯收益及其经济、特别是在旅游业上的竞争力；从国内角度看同样可以反映一个地区或城市的经济实力和旅游纯收益，及其旅游业所显示的吸引力，并通过有关的旅游收支报表来加以体现（表 10－1）。

表 10－1　旅游收支报表

项　目		国内（万元）		国际（万美元）	
		本　期	本年本期止累计	本　期	本年本期止累计
旅游收入 旅游支出					
旅游收支	顺差＋ 逆差－				

资料来源：中华人民共和国国家统计局 http：//www. stats. gov. cn.

（三）旅游者的方向偏好指数

旅游者的方向偏好指数体现于沃尔夫模型之中。该模型是用来进行旅游地知名度评价的。旅游地知名度实质上反映了旅游者对某一旅游地的一种旅游偏好，其决定了旅游客源地居民的出游指向和格局。通常，对旅游地知名度的分析和评价可采用对客源地居民旅游调查方法来获得，但由于这种方法花费成本较高，又受到跨文化、跨区域的影响而不能达到目的。因此，沃尔夫在研究加拿大人的出游偏好时提出了方向偏好指数，见公式 10－1。

$$D = \frac{10^5 \cdot T_{ij}}{\sum_{i=1}^{m} T_i \sum_{j=1}^{n} T_j} \qquad \text{（公式 10－1）}$$

其中：D 为某客源输出地旅游者的方向偏好指数；10^5 为常数；T_{ij}为 j 客源输出地到 i 旅游目的地旅游的人数；T_i 为 j 客源输出地到所有 $i=1\rightarrow m$ 个旅游目的地旅游人数；T_j 为 i 旅游目的地接待的所有 $j=1\rightarrow n$ 个客源地输出的旅游人数。

此指标计算数据越大表明旅游目的地对客源地旅游者的吸引力越大，而互为目的地与客源地两国间的方向偏好指数相近，则说明两国旅游资源对于彼此国家旅游者的吸引力水平相当。

二、互为目的地与客源地国家间游客的出游偏好量化分析

随着社会经济的快速发展和人们生活水平的不断提高，出国旅游已经逐渐为人们喜爱和接受，成为现代人更为注重的一种休闲娱乐方式。旅游者对出游目的地的选择偏好直接影响着互为目的地与客源地的国家间旅游业的发展。运用沃尔夫模型等定量分析技术，可以研究互为目的地与客源地国家间旅游者的出游偏好问题。

近年来，国内旅游已经渐渐不能满足人们对旅游这种休闲方式的需求，越来越多的人们开始向往和实践走出国门，到一个更新奇的地方去感受异国的风景与文化。也正是出于这样的原因，我国出境旅游者已由 2001 年的 1213. 31 万人次增长到 2007 年的 4095 万人次，而接待入境旅游者也由 2001 年的 8901. 29 万人次上升到 2007 年的 1. 32 亿人次，出入境旅游均发展迅速。

旅游业的迅速发展在为社会经济的不断增长做出贡献的同时，也给人们的生活带来了更丰富的经历和体验，尤其是出境旅游。中国和日本、韩国、新加坡、马来西亚、泰国、新西兰、澳大利亚等国家在旅游服务贸易方面一直有着良好的往来，他们互为彼此的目的地和客源地。然而对于这种互为目的地和客源地国家间的各种旅游资源和旅游接待服务设施的吸引力指标以及旅游者的出游偏好等，特别是对近年来他们之间的旅游往来趋势的把握，都有必要进行及时的总结和深入研究。

（一）对出游偏好的理解

出游偏好主要是指旅游者在选择出游目的地时所依据的心理想法和对旅游目的地的各种设施的需求，这种偏好在很大程度上影响着旅游者对出游目的地的选择。

（二）中国与最早成为中国公民出境旅游目的地国的发达国家——澳大利亚间旅游者的出游偏好分析

1. 沃尔夫模型分析

以下对中澳两国有关指标加以计算并进行分析（表 10 -2）。

表 10-2 2001~2006 年中国及澳大利亚主要旅游指标统计

单位：万人次

年 份	接待入境旅游者人数		出境旅游人数		以对方为目的地的旅游出境人数	
	中 国	澳大利亚	中 国	澳大利亚	中 国	澳大利亚
2001	8901.29	485.58	1213.31	255.10	15.80	25.51
2002	9790.83	484.12	1660.23	291.30	19.01	29.13
2003	9166.21	474.58	2022.00	245.40	17.61	24.54
2004	10903.82	521.50	2885.30	376.30	25.13	37.63
2005	12029.23	550.00	3102.63	483.00	28.50	48.30
2006	12494.21	553.00	3452.36	494.00	34.50	53.81

资料来源：中华人民共和国国家旅游局编. 中国旅游统计年鉴 2007. 北京：中国旅游出版社，2008；李享主编. 旅游调查研究的方法与实践. 北京：中国旅游出版社，2005；驻悉尼办事处. 2007 年澳大利亚、新西兰旅华市场分析及 2008 年预测. 旅游市场，2008（1、2）；澳大利亚旅游网 http：//www.tourism.australia.com/；澳大利亚国家旅游统计网 http：//www.abs.gov.au/.

根据上述统计资料，我们将对中国及澳大利亚两国的旅游者的出游方向偏好指数进行计算，以 2005 年为例。

中国旅游者去澳大利亚的旅游偏好指数：$D_{中\rightarrow澳} = \dfrac{10^5 \cdot 28.5}{3102.63 \cdot 550} = 1.67$

澳大利亚旅游者去中国的旅游偏好指数：$D_{澳\rightarrow中} = \dfrac{10^5 \cdot 48.3}{483 \cdot 12029.23} = 0.83$

2001~2006 年中澳两国旅游者出游偏好指数计算结果见表 10-3。

表 10-3 2001~2006 年中澳两国旅游者出游偏好指数计算结果

年 份	出游偏好指数		年 份	出游偏好指数	
	中国→澳大利亚	澳大利亚→中国		中国→澳大利亚	澳大利亚→中国
2001	2.68	1.12	2004	1.67	0.92
2002	2.37	1.02	2005	1.67	0.83
2003	1.84	1.09	2006	1.81	0.87

通过计算我们可以得出在 2001~2006 年的六年间，中澳两国旅游者以对方为目的地的出游偏好指数呈现逐年下降的趋势。在 2001 年时，中国旅游者出游澳大利亚的旅游方向偏好指数为 2.68，而到 2006 年时已下降到 1.81；对于澳大利亚旅游者出游中国的旅游方向偏好指数 2001 年仅为 1.12，到 2006 年时下降到 0.87。这些数据须引起我们的注意，虽然近年来两国出境到对方国家旅游的人数有所增加，但旅游者的出游偏好指数却逐年下滑，这说明旅游者的出游意愿有所变化。

从1997年中澳两国正式开放旅游市场以来至2006年已经历了10年的时间，可以说澳大利亚是对中国旅游者出境开放的首批国家之一，当时对中国开放旅游的国家不过10家。那个时候，人们对出境旅游目的地的选择较少，旅游者选择旅游目的地的方向性也就比较强，对出游方向的偏好也相对集中。但随着出境旅游目的地的不断增加，旅游者选择的范围也在扩大，最初的那些火热一时的旅游线路如今也大不如从前了，人们更向往那些新鲜的，较少人知道的地方去体验一种新奇的旅游方式，这也是近年来中澳两国旅游者出游方向偏好指数逐年下降的一个必然原因。

再者，影响到中澳两国旅游者出游偏好指数的另一个因素是产品的自身特性和产品价格。在这方面，互为目的地与客源地的中澳两国恰恰处于一种劣势。在价格方面不能和现在的东南亚国家相提并论，一次澳大利亚一地常规9日的行程开销就在万元以上，这也使得很多旅游者要么选择价格便宜的东南亚，要么选择更高层次的欧洲之旅，而处于中间档位的澳大利亚自然会在几年来呈下滑趋势。而对于澳大利亚旅游者来说，他们出游中国最大的障碍在于语言方面，大多数不愿意或还没有到中国旅游的旅游者都认为，优美的风景和良好的语言沟通环境是他们选择出游目的地的重要条件之一。

两国间路途遥远，虽然航空运力总体充足，但圣诞、春节、学校假期等造成的季节性临时短缺是直接不利因素。市场竞争日趋激烈，客源回流、分流态势呈现。亚洲主要竞争对手，特别是日本等近年来的宣传促销力度明显加大；澳洲游客在亚洲传统目的地，如泰国等已经彻底摆脱前几年的各种阴影，传统客源回流明显；越南等新兴目的地凭借其价格优势，对新客源争夺日益激烈。近期旅华市场中仍有许多不定因素，如汇率、原油价格、恐怖袭击及疾病等，还有一些非经济因素都可能在特定时期影响市场增长。

2. 列联分析

（1）从被调查者受教育程度来分析不同旅游者出游偏好的不同。从表10－4及表10－5可以看出，旅游者教育背景对其旅游目的地因素的选择及满意度情况影响

表10－4　不同受教育程度旅游者目的地因素选择及旅游满意度对比

单位：%

项	目	大专学历以下	大专学历及以上
因素重要性	线路合理	1.2	16.3
	价格合适	14.0	24.4
	目的地安全	1.2	5.8
	目的地特色	3.5	22.1
	旅行社品牌	1.2	7.0
	时间因素	0.0	3.5
要求符合度	符　合	8.2	27.1
	比较符合	12.9	51.8

表 10－5　卡方检验

	值	df	渐进 . Sig.（双侧）
皮尔逊卡方	8.348(a)	5	.138
似然比	8.958	5	.111
线性与线性组合	.984	1	.321

不大，即三者之间相关关系不明显。此外图表反映出价格合理及目的地特色为旅游者选择旅游目的地的关键性因素；图表同时反映出受教育程度高的旅游者对目的地因素选择较之更细致。另外，旅游者对该旅游地（澳大利亚）的普遍满意度为比较满意，即存在不满意因素，亟待解决。

（2）从被调查者收入情况的差异来分析不同旅游者出游偏好的不同。从表 10－6 和表 10－7 可以看出，在出游的适宜天数及支付费用方面，高收入者与非高收入者大体相同；在形式选择方面，高收入者易采用较自由的形式——半自助游或完全自助游，非高收入者多采用跟团游，社会总体选择多集中于跟团和半自助游。此形式对比反映了人们境外旅游的新趋向：半自助游。

表 10－6　高收入与非高收入者旅游过程情况对比

单位：%

项	目	非高收入者	高收入者
形式选择	跟　团	37.2	1.2
	半自助	34.9	7.0
	完全自助	12.8	7.0
适宜天数	5～10 天	25.7	5.9
	10～15 天	51.2	7.0
	15 天以上	8.2	2.4
支付费用	8000～10000 元	24.4	2.3
	10000～15000 元	31.9	5.9
	15000～20000 元	14.0	3.5
	20000 元以上	4.7	3.5

表 10－7　卡方检验

	值	df	渐进 . Sig.（双侧）
皮尔逊卡方	24.454(a)	8	.002
似然比	24.273	8	.002
线性与线性组合	9.394	1	.002

（三）中国与全球接待入境游客最多的国家——法国间旅游者的方向偏好指数分析

近几年来，法国一直是世界上接待外国旅游者最多的国家。2006 年共接待了7910 万人次的过夜外国游客，其中欧洲客源最多，占 86.6%，而中国游客只占0.76%；同样，法国作为中国的客源国，占中国入境客源市场的比重就更小。法国旅游业 2006 年创汇为 369 亿欧元（约合 516 亿美元），增长幅度为 4.3%，仍据世界第三位。作为互为目的地与客源地的中法两国间的相关旅游统计数据（表 10－8），需要说明的是，中国接待入境旅游者人数指标中包括了来自于我国香港、澳门和台湾地区的旅游者人数，而非单纯的外国人。

表 10－8　2004～2006 年中国及法国主要旅游指标统计

单位：万人次

年份	接待入境旅游者人数		出境旅游人数		以对方为目的地的旅游出境人数	
	中国	法国	中国	法国	中国	法国
2004	10903.82	7510	2885.30	2113	50	29
2005	12029.23	7600	3102.63	2270	60*	37
2006	12494.21	7910	3452.36	2430	60	40

资料来源：中华人民共和国国家旅游局编．中国旅游统计年鉴 2007．北京：中国旅游出版社，2008；*根据来自于 2006－08－07 国家商务部网站 http：//www.mofcom.gov.cn 驻法国使馆经商处马根喜“去年法国接待国外游客全球第一”文章推算。

根据上述统计资料，我们将对中法两国旅游者的出游方向偏好指数进行计算，2004～2006 年中法两国旅游者出游偏好指数计算结果见表 10－9。

表 10－9　2004～2006 年中法两国旅游者出游偏好指数计算结果

年份	出游偏好指数		年份	出游偏好指数	
	中国→法国	法国→中国		中国→法国	法国→中国
2004	0.23	0.13	2006	0.22	0.13
2005	0.25	0.14			

通过计算我们发现，法国与中国的旅游发展状况尚存在一定的差距，且从 2004～2006 年三年间的数据来看，变化不明显，其中，中国游客较之法国游客要更偏爱于去对方国家旅游。

从中国客源方面看，自 2004 年年底申根协定国家对中国游客开放后，中国到法国旅游的游客数量猛增。为保住法国旅游大国的地位，法国也在不断提高旅游质量，努力使旅游业得到持续发展。想办法留住贡献大的游客，特别是中国游客，增加这些游客在法国旅游的天数。法国旅游局董事会主席 Alain Jacquier 表示，法国是备受中国游客青睐的旅游目的地，法国旅游局非常看好蓬勃发展的中国旅游市场，法国众多的旅游景点及高档消费品店期待更多的中国游客光临。

从法国旅游市场来看，2006 年法国人出国旅游的花费是 248 亿欧元（约合 347 亿美元），增长幅度为 1.2%。法国旅游的顺差为 121 亿欧元（约合 169 亿美元）。法国旅游的总消费为 1122 亿欧元（约合 1570 亿美元）。其中外国游客消费占 35%；法国国内旅游消费占 55.4%；法国出国旅游消费占 9.6%。法国旅游总收入占国民经济的比重为 6.3%。从出游率角度考察，2006 年法国 15 岁以上人口中有 73.5% 的人至少旅游一次（至少过一夜）；63.9% 的人外出度假一次（至少过四夜）；22.2% 的人出国旅游一次（至少过一夜）。2006 年法国人国内游的平均停留天数为 5 天，出国游 8 天；近距离旅行 1.8 天，远距离旅行 9.6 天。在欧洲境内旅游的法国人选择最多的是自驾车的出行方式（40%），在欧洲境外旅游的法国人多选择飞机出行的方式（88.1%）。

由于在 2008 年奥运会期间北京的房价、航空票价会增幅较大，势必会影响这一传统法国出国旅游高峰期间的旅华人数。虽然中法贸易不断增长，人文方面的交往也蓬勃发展，但预计 2008 年法国来华旅游人数将不会有明显的增长。

（四）中国与其最大客源国——韩国间旅游者的方向偏好指数分析

自从 2005 年韩国来华入境游客人数第一次超过日本，成为中国的第一大客源国以来，其势头一直保持至今。

表 10－10　2001～2007 年中国及韩国主要旅游指标统计

单位：万人次

年　份	接待入境旅游者人数		出境旅游人数		以对方为目的地的旅游出境人数	
	中　国	韩　国	中　国	韩　国	中　国	韩　国
2001	8901.29	514.72	1213.31	608.45	45.95	167.88
2002	9790.83	534.75	1660.23	712.34	55.14	212.43
2003	9166.21	475.28	2022.00	708.61	55.91	194.55
2004	10903.82	581.81	2885.30	882.56	69.70	284.49
2005	12029.23	602.28	3102.63	1008.01	84.33	354.13
2006	12494.21	615.50	3452.36	1160.99	109.82	392.40
2007	13200.00	644.82	4095.00	1332.50	128.51*	477.68

资料来源：中华人民共和国国家旅游局编. 中国旅游统计年鉴 2007. 北京：中国旅游出版社，2008；＊根据驻首尔办事处发表于《旅游市场》2008 年 2 月刊的“2007 年韩国旅华市场分析及 2008 年预测”文章中 2007 年 1～11 月数据推算。

通过表10－10资料，我们可以看出，中韩两国以对方为目的地的旅游出境人数都在不断增多。根据此表，我们将对中韩两国旅游者的出游方向偏好指数进行计算，2001～2007年中韩两国旅游者出游偏好指数计算结果见表10－11。

表10－11　2001～2007年中韩两国旅游者出游偏好指数计算结果

年　份	出游偏好指数		年　份	出游偏好指数	
	中国→韩国	韩国→中国		中国→韩国	韩国→中国
2001	7.36	3.10	2005	4.51	2.92
2002	6.21	3.05	2006	5.17	2.71
2003	5.82	3.00	2007	4.87	2.72
2004	4.15	2.96			

通过计算出游偏好指数我们发现，尽管各指标的绝对人数都是在增长的，但反映出游偏好的指标总体上呈下降趋势。其中，中国游客对韩国的出游偏好程度从2001年的7.36下降到2007年的4.87，7年间下降了2.49；韩国游客对中国的出游偏好程度从2001年的3.1下降到2007年的2.72，7年间下降了0.38。两国对比，中国游客对出游韩国的偏好超过韩国游客对中国的喜爱。然而从2001～2007年，这一差距在不断缩小，从2001年的4.26（7.36－3.10）已经下降到2007年的2.15（4.87－2.72），中国游客对韩国的出游偏好指数下降较快，韩国游客对中国的喜爱稳中略降。

1. 韩国出入境旅游及收支状况

根据韩国出入境和旅游部门的统计，自1997年至今，其出境旅游数量及增长率远高于入境旅游，故韩国旅游收入一直处于赤字状态。韩国经济稳步增长，国土狭小、缺乏符合国际水平的景区景点，韩币持续升值，推动出境人数大幅增加。

从其出境旅游特征来看，商务旅行人数近年增加明显，特别是访华市场中商务旅行人数约占50%，且主要集中在中国沿海地区。韩国游客在海外停留时间4～5天的人数占到出境人数的近50%，且今后的趋向是：在外停留时间延长、经由国家增多。韩国人日益注重以家庭为单位的海外旅行；休闲、休假、娱乐以及高尔夫球为主的体育健身活动为韩国人出境的最主要目的。在旅行方式上，尽管自助旅游约占总体的50%，但由于语言等因素的制约，旅行社仍是出行者最主要的信息来源渠道，并发挥着重要的服务功能。

从其入境旅游情况来看，日本、中国和美国是韩国最主要的入境客源市场，分别占其入境市场的1/3、1/5和1/10左右。韩国政府为了扩大入境市场，提升国内消费、减少旅游收支赤字，从宣传做起，日益注重开拓入境市场。为吸引更多外国游客，韩国政府注重简化外国人入境手续，并逐步扩大免签证范围。如：过境中国公民在韩国可以免签逗留观光等，各级政府强调对旅游业的培育，加大对旅游产业的投入，并举办各种庆典活动以吸引外来游客等。

2. 韩国旅华市场特点

韩国旅华市场在持续多年高速增长，市场达到相当高位后，依然保持如此强劲的高增长势头是值得分析和研究的。这首先得益于中韩两国间良好的政治、外交和经贸关系。自2006年下半年起，中韩之间的航班运力大幅增加，目前两国每周定期航班数达到创纪录的1184班，在我国与所有国家及地区的航空运输量中居首位。为两国间的旅游活动起到了很好的保障作用。韩币兑美元的汇率上涨超过了人民币的升值幅度，中国旅游产品在韩国的销售价格也相应地不断降低，市场竞争力得到了增强。我国持续不断加强对韩国的市场宣传促销初见成效。

韩国旅华人数持续高速增长，拉开了与其他市场的差距，牢固地确定了领先地位。来华客流呈现由点向面辐射的特点：即第一目的地集中在上海、北京和青岛，再由国内线扩散到第二目的地。韩国旅华游客的70%左右来自于首都圈地区，其次是东南部地区。大众媒体对中国旅游产品质量的关注日益增多。中国旅游产品呈现多元化的发展趋势。更多的韩国游客向中国中部内陆及偏远的西部地区挺进；一向偏冷的韩国西南部区域与中国交流的愿望不断高涨。大众旅游产品和专项产品出现两极分化。团队因价格低廉、利润低而不受青睐，而高尔夫球等专项旅游产品附加值高，日益受到追捧。

从长远看，韩国民生经济的繁荣会推动韩国旅游产业的发展，韩国的出境旅游人数亦会不断增加。不过，韩国本身人口少，潜力有限，且竞争加剧，因此韩国旅华市场整体前景不容乐观。我国应加大深度市场开发的力度。

（五）从两国的旅游者出游偏好的统计得出互为目的地与客源地国家的影响因素

通过对上述调查资料的分析与研究，我们找出了人们在选择旅游目的地时所考虑的主要因素，即旅游者的出游偏好。主要包括两国在地区、气候、历史、文化和风景等方面，尤其在风景方面存在着较大的差异是人们选择对方为旅游目的地国的一个最为重要的因素。也就是说，除了政治、经济等因素以外，两国在其独特的旅游资源和不同的风俗文化上有着一定程度的吸引力，是构成两国间互为目的地与客源地的旅游发展的重要影响因素。

结　语

伴随着我国经济实力的不断增强和旅游业的快速发展，我国的出入境旅游、特别是出境旅游的发展，令世人瞩目。我国的出入境旅游已经成为国际服务贸易的主要组成部分。中国也已经成为世界上许多国家的主要客源国和目的国。因此，本篇以创新的研究角度，即将出入境旅游放在国际服务贸易的大框架下进行统计学研究；归纳总结了有关的国际旅游统计研究方法；并以澳大利亚、法国、韩国为例，运用沃尔夫模型和列联分析等方法，首次进行了与我国相关的、互为目的地与客源地国家间的旅游统计研究。

第四篇

旅游接待业统计

一些发达国家并不简单地把我们现在研究的这个行业称之为旅游业，而是将其放在一个更大的视角范围内，称之为“接待业”。因为在很多情况下，造访某地的访问者中，是不易区分谁是纯粹的旅游者的。但毫无疑问，他们都需要得到接待。所以本篇从一个较为中观的行业视角进行探讨。首先，作为一个旅游目的地国，旅游资源数量的多少及其种类的丰富程度，决定了这个国家的旅游价值，也就是其旅游资源对旅游者的吸引程度。此外，还涉及可进入性的问题，也就是这个国家在政治、经济、文化、金融和交通等方面，是否能够支持来自于不同国家的旅游者进入。统计作为决策的依据和管理的工具，这两大功能正在越来越有力地帮助旅游接待业的发展。关于旅游接待能力，从旅游目的地国接待能力统计出发，进而研究旅游目的地（城市或地区）接待能力统计，并从微观的企业角度，深入至各大旅游接待要素的接待能力统计。掌握接待能力统计分析及其和谐配置是评测旅游目的地接待行业发展的重要途径。

第十一章

旅游接待能力统计

关于旅游接待能力的统计研究，应该从不同的层面来考虑。作为一个旅游国家应该考虑的接待能力，与一个旅游目的地（城市或地区）或与一个旅游景区（点）所要提供的接待能力，无论从层次上、种类上、数量上，还是在侧重点方面，都是不同的。

第一节　旅游目的国接待能力统计

旅游者离开居住地去一个或几个目的地游览、观光、探亲、休养、考察或从事贸易、体育、宗教、参加会议等活动，去外地或旅游目的地逗留一段时间后又返回原居住地，在这段时间内，旅游者需要一系列的食、住、行、游、购、娱等方面的旅游产品，即与之相适应的旅游服务和旅游商品，这就必然涉及到各个旅游部门的接待能力。而对旅游接待部门来说，则应努力使之与旅游者的需求相吻合。由此看来，做好旅游部门接待能力的统计，无论对旅游接待工作，还是对旅游招徕工作，都是十分重要和必要的。

一、旅游资源对旅游者的吸引程度

一个旅游目的国其旅游资源的构成种类是否齐全、数量是否丰富、保护是否到位，决定了这个旅游目的国是否可以大量地、可持续地吸引不同类型、不同层次、不同需求的旅游者。当然，作为一个旅游日的国，如果其旅游资源构成种类越齐全、数量越丰富、保护越合理，那么它对旅游者的吸引程度也就越高。

（一）旅游资源的构成统计

1. 按旅游资源的管理级别划分

在我国，旅游资源又可以划分为世界级、国家级、省级和市（县）级共四类。这些级别类型都是在各地层层申报和专家考察评价的基础上，分别由联合国教科文组织、国务院和省级人民政府审定批准的，具有较高的权威性和较强的代表性。通过这样按管理级别的划分，可以反映旅游资源的价值大小与品位高低。

2. 按旅游资源的性状划分

2003 年，由中国科学院地理科学与资源研究所、国家旅游局规划发展与财务司起草，国家旅游局颁布实施的《旅游资源分类、调查与评价》，是目前我国在旅游资源分类方面所依据的国家标准。该标准是以旅游资源的性状作为分类依据的。

（1）分类原则：依据旅游资源的性状，即现存状况、形态、特性、特征划分。

（2）分类对象：

- 稳定的、客观存在的实体旅游资源；
- 不稳定的、客观存在的事物和现象。

（3）分类结构：分为主类、亚类、基本类型三个层次。

（4）分类内容：

- 八大主类：地文景观、水域风光、生物景观、天象与气候景观、遗址遗迹、建筑与设施、旅游商品和人文活动；
- 在八大主类下设亚类，共计 31 个亚类。如在天象与气候景观主类下，分为树木、草原与草地、花卉地、野生动物栖息地四个亚类。
- 在每一亚类下又设基本类型，共计 155 个基本类型。如在遗址遗迹主类下，分史前人类活动场所和社会经济文化活动遗址遗迹两个亚类；在史前人类活动场所亚类下，分人类活动遗址、文化层、文物散落地和原始聚落四个基本类型。

（二）旅游资源的数量统计

1. 旅游目的地（城市或地区）数

旅游目的地（城市或地区）数：是指某一国家已正式对外开放的，并具备一定规模接待能力的旅游目的地（城市或地区）个数。该指标数值的大小，在一定程度上反映了某一国家旅游资源丰富与否及开发利用的情况。

2. 旅游资源数

旅游资源数，首先是指旅游区数量，以“处”计量。在旅游区下设旅游景点，以“个”计量。再有就是旅游项目，主要是指可供观赏的独立资源项目。

3. 报告期内平均新增旅游资源量

报告期内平均新增旅游资源量，详见公式 11 - 1。该指标体现了一定时期内某一旅游目的国新开发的旅游资源数量，通称应该是可以对旅游者开放的旅游资源。这一指标数值并不是越大越好，而应该是在不同的时期都能够维持一个相对合理的稳定数量。但如果是一个新兴的旅游目的国，它正处于旅游发展的初期，正是集中开发阶段，通常这一指标会在较长的时期内维持一个较高水平。

$$\text{报告期内平均新增旅游资源量} = \frac{\text{新增旅游资源数} \times \text{自新增之日起至报告期期末止的累计天数}}{\text{报告期日历天数}}$$

（公式 11－1）

4. 旅游资源密度

旅游资源密度，详见公式 11－2。该指标体现了某一旅游目的国（或目的地），其旅游资源量与其地域面积对应关系。旅游资源密度指标数值越大，表明这一目的国（或目的地）的旅游资源相对于它的地域面积而言越丰富。

$$\text{旅游资源密度} = \frac{\text{某旅游目的国(或目的地)旅游资源数}}{\text{该地区标准面积}}$$

（公式 11－2）

（三）旅游资源的保护与利用统计

1. 旅游资源保护率

旅游资源保护率，详见公式 11－3。该指标体现了某一时期某一旅游目的国（或目的地）对所有旅游资源保护的普遍程度。当然还可以分类进行统计，比如统计对未开发的、已开发的旅游资源保护程度；在已开发的旅游资源中，还可以对已开放的旅游资源的保护程度进行统计。这一指标数值越大，表明保护程度越普遍。

$$\text{旅游资源保护率} = \frac{\text{已采取各种保护措施的旅游资源数}}{\text{全部旅游资源数}} \times 100\%$$

（公式 11－3）

2. 旅游资源完整率

计算旅游资源完整率指标，以反映旅游资源的保护情况。

$$\text{旅游资源完整率} = \frac{\text{完整旅游资源数}}{\text{全部旅游资源数}} \times 100\%$$

（公式 11－4）

3. 旅游资源容纳能力利用程度指标

旅游资源容纳能力利用程度，详见公式 11－5。该指标能够衡量旅游资源容纳能力在实际经营中被利用的程度。当这个指标数值超过 100% 时，表明该旅游资源在超负荷使用，应尽快采取有效措施，以保护旅游者的安全、旅游资源的安全与完整以及旅游环境的安全（如旅游环境的安全应包括旅游环境不被旅游废弃物等污染）。如果这个指标的数值通常在 100% 以下，说明该旅游资源未能得到充分利用。

但从今天旅游业可持续发展的角度出发，旅游资源的利用则不应再强调充分性，而应适度利用、保护与开发。

$$\text{旅游资源容纳能力利用程度} = \frac{\text{报告期实际接待人数}}{\text{报告期容纳能力}} \times 100\%$$

（公式 11－5）

4. 旅游资源利用率

从旅游资源的开发到其进入利用阶段，即对游客开放，仍然需要一个过程。旅游资源利用率体现了这一过程的进展状况。通常情况下，这一指标数值越高，表明上述过程越短，且越早进入旅游资源的效益产出阶段。

$$旅游资源利用率 = \frac{实际开放的旅游资源数}{实际开发的旅游资源数} \times 100\% \quad （公式 11-6）$$

5. 旅游资源开发率

旅游资源开发率，指实际开发的旅游资源数占可供旅游的全部旅游资源数的百分比。

$$旅游资源开发率 = \frac{实际开发的旅游资源数}{可供旅游的全部旅游资源数} \times 100\% \quad （公式 11-7）$$

其中，可供旅游的全部旅游资源数包括已开发的旅游资源数、正在开发的旅游资源数和未来开发的旅游资源数。同时，未来开发的旅游资源数也会随着旅游新思路的拓展、观念的更新而增加。通过旅游资源开发率指标可以反映旅游资源的开发程度和潜力。

二、旅游目的国的可进入性

（一）从时间长短来判断旅游目的国的可进入程度

一个国家发展旅游业的时间越长，说明其开放程度越高，旅游配套服务体系越健全，其可进入程度也就越高。通常一个国家旅游业从无到有需要经历的时间周期是不能一概而论的。在经济发达国家，他们的旅游业通常是从国内旅游做起，凭借其雄厚的经济实力，可以很快地进入国际旅游市场，其可进入程度会在较短时间内得到较大幅度提高。在经济欠发达国家，由于本国人民的收入不足，他们的旅游业通常是从国际旅游的入境旅游做起，其初期的可进入性较差，通常需要经历10年左右的发展过程，其开放程度在不断提高，旅游配套服务体系在逐渐地建立并不断完善起来，其可进入程度也随这一进程而提高。

（二）从旅游协议国的多少来判断旅游目的国的可进入程度

目前作为旅游目的国的国家有两类，一类是出于旅游协议或政治、经济等方面的原因，只是单边的旅游目的国，即A国允许B国的公民到A国旅游，而B国不允许A国的公民到B国旅游；另一类则是双边的旅游目的国。以我国为例，截至2006年年底，我国公民已有78个出境旅游目的国。

（三）从是否存在非经济壁垒来判断旅游目的国的可进入程度

在正常情况下，对旅游者来讲，来自于非经济方面的、阻碍其进入旅游目的国的主要因素，或说是首要因素应当是签证问题了。虽说是非经济问题，但在现实旅游活动当中，通常这一问题是与旅游者所来自的国家或旅游者本人的经济实力成正比的。即相比于旅游目的国，旅游者所来自的国家或旅游者本人的经济实力越强，其得到旅游签证的概率越高，也就是可进入性越强。

按照《中华人民共和国外国人入境出境管理法》的规定，根据外国人来中国的身份和所持护照的种类，分别发给外交签证、礼遇签证、公务签证、普通签证。其中，签发普通签证时，根据外国人申请来中国的事由，在签证上标明相应的汉语拼音字母：

D 字签证发给来中国定居的人员。

Z 字签证发给来中国任职或者就业的人员及其随行家属，即属于所谓的职业签证。

X 字签证发给来中国留学、进修、实习 6 个月以上的人员。

F 字签证发给应邀来中国访问、考察、讲学、经商、进行科技文化交流及短期进修、实习等活动不超过 6 个月的人员；这类经贸活动签证分为：一次、二次商务签证；半年多次往返商务签证和机场落地签证等。其中，机场落地签证可以节省旅游者大量的、需事先办理签证的时间和精力，最大限度地为目的国带来随机的入境旅游者。

L 字签证发给来中国旅游、探亲或者因其他私人事务入境的人员，其中 9 人以上组团来中国旅游的，可以发给团体签证。

G 字签证发给经中国过境的人员。

C 字签证发给执行乘务、航空、航运任务的国际列车乘务员、国际航空器机组人员及国际航行船舶的海员及其随行家属。

J－1 字签证发给来中国常驻的外国记者，J－2 字签证发给临时来中国采访的外国记者。

三、国际旅游交通统计

航空运输作为旅游目的国接待能力的体现，是能帮助旅游者顺利、快捷地到达旅游目的地的主要交通方式。随着需求的增长，上座率也在上升，航空业总的发展趋势是：成本不断降低的航空公司会继续降价，日益改善的大众经济条件将增加他们乘飞机旅行的数量。

中国航空运输与旅游业的发展有着共同的特点，即航空运输与旅游业都是新兴产业，发展快并初具规模。起步晚、基础差，与国外相比仍有很大差距，航空运输与旅游业发展相互依存。中国航空运输发展速度很快，从总体上看，民航运力是适应旅游业发展需要的。

航空运输具有速度快、节省时间、乘坐舒适、灵活性大、安全系数高等优点，因此无论是国际旅游者还是国内旅游者及旅行商，在长途交通工具中都会越来越多地选择航空旅行。飞机航班通常有定期航班、临时航班、专线旅游航班和旅游包机等形式。

定期航班　是按照指定的航行线路、机型、始终停靠站、起飞和降落时间、班次数等规定，向旅客提供运输服务的航空交通，是民航交通运输的基本形式。现代旅游活动中的空中运输，主要是指此种将旅游者从客源地运送到目的地的方式。

临时航班　是一种对定期航空班机的增补方式，其飞行线路、机型、始终点停靠站、日期、起飞和降落时间等均比较灵活易变，班次数可以根据旅客对空中交通运输需求量的变化，在原定的班机基础上或增加或减少。这种班机主要用于旅游旺季或重大的文、体、政治、节庆活动，而且多用于中、长距离的旅游热点城市和大中城市之间。

专线旅游航班　是一种将旅游热点城市串联成一条线路，或连接成环形线路的空中交通形式，专门用以满足旅游者旅行游览的需要。此种形式在旅游旺季时尤被普遍采用，以避免重复往返和绕道飞行，使旅游者得以在最短时间内以最快捷的速度、最便利的方法、最低的成本参加最多的旅游活动，因而受到广泛的欢迎。

旅游包机　是专门用来运载旅游者的一种空中交通形式。旅游包机可以在民航固定航线上或非固定航线上飞行，可连接旅游城市或飞越非旅游城市，是旅游旺季时用以补充运力不足的一种临时交通方式。

第二节　旅游目的地（城市或地区）接待能力统计

一、旅游目的地的概念与分类

简单地讲旅游目的地就是能够满足旅游者终极目的的地点或主要活动区域。它应当包括商务目的地、会议目的地等一切满足人们短期逗留的目的地；努力吸引更多的旅游者，并使之尽量延长逗留时间，从而使其在目的地更多地花费。

（一）从目的地的空间大小不同分类

• 国家——目的国。关于旅游目的国的接待能力统计已在上一节进行了阐述；

- 城市——本节重点阐述作为城市和地区的旅游目的地的接待能力统计；
- 功能区域——具有旅游接待功能的区域。

（二）从抵达目的地的距离远近不同分类

- 远程旅游目的地；
- 中程旅游目的地；
- 短程旅游目的地。

（三）从目的地的不同功能分类

- 复合型旅游目的地——适应范围广，接待能力强；
- 主题型旅游目的地——市场形象鲜明，适应性较弱，接待能力较之复合型目的地较差。

（四）从目的地营销的不同组织模式分类

- 名人效应型——比如海南的博鳌，由于一次多国首脑齐聚在这美丽的地方（博鳌论坛）而带来大量的旅游者。此外还有很多国家、城市或地区，聘请一些政界或演艺界明星来做形象代言人；
- 协作联动型——可以是政府多个部门之间的协同或者是行政主管部门与相关旅游企业的结合；还可以是国际间、区域间的互补、联动，合力共建旅游目的地的营销体系；
- 航空企业引领型——针对新航线所涉及的新生旅游目的地的营销；
- 主题型——针对某一主题活动或对主题型旅游目的地的营销。

二、旅游目的地（城市或地区）接待旅游者规模统计

（一）旅游者的人数及其构成

1. 旅游者人数指标的概念

所谓旅游者人数，是指一定时期内到达某一国家、某一旅游城市、某一旅游企业或某一游览点的旅游者人数，也就是指某一国家、某一旅游城市、某一旅游企业或某一游览点在一定时期内所接待的旅游者人数。

应该指出的是，旅游者人数属于综合指标中的总量指标。若依社会经济统计学原理的说法，将总量指标分成时期指标和时点指标两类的话，那么旅游者人数当属时期指标。它应是某一国家、某一旅游城市、某一旅游企业或某一游览点在一定时期内所有到达的（或所有接待的）旅游者人数之和。例如，某一游览点在一天内先

后接待了五批旅游者，则该游览点在这一天接待的旅游者人数是这五批人数相加的总和。

2. 影响旅游者人数的因素

同其他社会经济现象一样，一个国家或一个地区的年旅游者人数会因其影响因素的变动而发生上下波动。影响旅游者人数变动的因素很多，也很复杂，可以说它涉及到政治、经济、文化等方方面面，概括起来主要有以下三个方面：

（1）旅游者方面的因素。这主要是指旅游需求方面的因素。一个人能否产生对旅游的需求或者能否成为旅游者，取决于多种社会经济因素的影响，归结起来可以分成两类：

其一，客观条件，主要是指可自由支配的收入和闲暇时间。可自由支配的收入决定了旅游者在旅游活动中的支付能力，是决定一个人能否成为旅游者的物质条件；闲暇时间是旅游活动的必要条件，它影响着人们对旅游活动类型的选择及其旅游停留时间的长短。当然，还有一些其他影响旅游需求的因素，诸如：一个人的身体能力状况、家庭人口状况等。

其二，主观因素，一个人能否成为旅游者，除了需要具备上述客观条件外，还需要具备主观条件——旅游动机。简言之，旅游动机就是促发、激励人们有意于旅游，以及到何处去、何时去旅游的内在的心理原因，常以愿望、兴趣、爱好、猎奇等形式表现出来，从而促使其产生旅游行为。旅游动机通常被分为：社会动机、文化动机、身心动机、经济动机四种。

（2）旅游目的地方面的因素。这主要是指旅游价格、旅游资源、旅游设施的完善程度与旅游服务质量。只有适宜的旅游价格、具有吸引力的旅游资源、完备的旅游设施和优质的旅游服务质量，才能招徕更多的旅游者，才能获得更多的旅游收入。

（3）其他方面的因素。这一方面的因素中，最主要的是政府对旅游采取的态度与货币汇率。政府对旅游采取的态度对旅游者人数的影响是显而易见的。若政府对旅游采取支持、引导的态度，通过各项措施满足人们的旅游需要，重视旅游业的市场营销工作，利用各种推销宣传手段，就会激发人们对旅游的兴趣，促使其产生旅游动机。再如，在外汇控制上放宽，提高出国旅游者所带外汇限额；简化旅游者的出入境手续、便于其出入等。这些将无疑会使旅游者人数增加。反之，势必会使旅游者人数减少。货币汇率对国际旅游者人数的变化、影响极大。货币汇率是用另一国货币来表示的某一国货币的价格，它反映了不同国家货币之间的比价。当旅游者常住国的货币相对旅游目的地国家的货币升值，而旅游价格又未相应提高，则旅游者旅游时支付的货币数就会减少，从而使旅游目的地的旅游者人数增加；反之，则会使旅游者人数减少。

3. 对旅游者人数的分类

(1) 按是否跨越国界划分：旅游者人数包括国际旅游者人数和国内旅游者人数；其中国际旅游者人数又包括外国旅游者入境人数及本国旅游者出境人数。

(2) 按国籍划分：旅游者人数包括国际旅游者人数和国内旅游者人数；其中国内旅游者人数又包括本国人的国内旅游人数及本国人的出境旅游人数。目前我国多采用按国籍分类。

(二) 旅游者人数变动分析

1. 旅游者人数变动统计的意义

旅游者人数的变动是客观存在的，之所以这样说，原因之一是旅游资源本身是有季节性的。一些旅游资源在某个季节对旅游者的吸引力最大，能取得最佳的旅游感受；而在其余季节则旅游功能及价值有所下降，气象景观尤为如此。可以说绝大多数的旅游资源都具有这种季节性，这是由于地球上绝大部分地区的气候状况都有季节性的变化。原因之二是旅游者本身对出游活动的安排所致。即旅游者出游的安排，除了要考虑目的地的季节性之外，还有时间的选择问题，如工人选择在公休日、节假日，教师和学生则往往选择在寒、暑假。原因之三是旅游者的流向与流量也会受其历史原因与经济条件等的限制，而出现对旅游目的地的选择上有所不同。

因此，研究旅游者人数的增减变动、流向变动、旺淡季的变动等，有助于旅游景点的合理开发与布局，有利于最大限度地利用各种旅游设施，促进旅游接待组织工作的科学化与合理化，对于满足旅游者的游览观光要求、增加国家旅游收入都有重要的意义。

2. 旅游者总人数变动

旅游者总人数变动统计也称“旅游者流量变动统计”。旅游流量是指在一定时期内前往同一旅游目的地的旅游者的数量，这里所指的旅游目的地，大者可指某一个国家，小者可指某一个旅游城市。

旅游者总人数变动指标可以表现为以下几种：

(1) 旅游人数动态指标。亦即旅游人数动态相对数，它表明两个不同时期旅游者规模的变动情况或者发展速度，其指标计算可用下面的公式表示：

$$\text{旅游人数动态指标} = \frac{\text{报告期旅游人数}}{\text{基期旅游人数}} \times 100\% \qquad \text{(公式 11-8)}$$

在这里，旅游者人数动态指标也可以因对比基期的选择不同，而分为定基发展速度和环比发展速度两种。

(2) 旅游人数增长速度。旅游人数增长速度是上一指标的延续，可直接从上述指标数值减去100%而得到。其计算公式如公式11－9：

$$\text{报告期旅游人数增长速度} = \frac{\text{报告期旅游人数增加量}}{\text{基期旅游人数}} \times 100\% \quad \text{（公式 11－9）}$$

$$= \text{报告期旅游人数发展速度} - 100\%$$

同时，还可以计算报告期旅游人数变动的绝对量——旅游人数增长量。

（3）旅游人数增长（减少）量。旅游者人数增长量，详见公式11－10，可以分为逐期、累计增长量两种而分别计算。

$$\text{报告期旅游人数增长量} = \text{报告期旅游人数} - \text{基期旅游人数} \quad \text{（公式 11－10）}$$

上述三种旅游人数变动指标，既可以计算全部旅游者、国际旅游者及国内旅游者的相应指标，也可以计算某地区乃至某企业接待的全部旅游者及其国际旅游者、国内旅游者人数的相应指标。

3. 旅游者人数季节变动分析

前面讲过，旅游活动是有季节性的，因此对不同季节的旅游者人数的变动情况进行分析，可以掌握旅游人数在年内的淡、旺季，以便搞好客流的预测工作，为组织和安排好接待服务工作做好充分的准备。

旅游者人数季节变动统计分析，是运用“季节变动法”原理进行的。季节变动分析可以分别按全部旅游人数、国际旅游者人数和国内旅游者人数进行，预测和估价其人数的变动态势。

（三）旅游者停留时间指标分析

1. 分析旅游者停留时间的意义

一个国家或地区旅游活动的规模，一方面表现在旅游者人数的多少上，另一方面则表现在旅游者停留的时间上。也就是说，要想扩大一个国家或地区的旅游活动的规模，则招徕吸引的旅游者越多越好，已经到达的旅游者停留的时间越长越好。以后者为例，若旅游者人数不变，而到达的旅游者平均停留时间增加一倍的话，那么就相当于人数增加了一倍。所以，从这个意义上说，对旅游者停留时间的统计意义重大，具体来说：

其一，旅游者停留时间的长短，可以反映出一个国家或地区旅游活动规模的大小。

其二，旅游者停留时间的长短，可以说明一个国家或地区旅游资源的游览价值的大小，说明旅游设施、旅游服务质量以及接待安排等各方面工作对旅游者的吸引程度的强弱，反映旅游者的需求程度，为旅游管理部门加强管理、监督和检查服务质量提供了依据。

旅游者停留时间的长短决定着旅游者消费支出的多少，从而影响着旅游业的经济收入。对外国旅游者而言，其在一国停留时间的长短，关系着该国从旅游业取得外汇收入的多少；就国内旅游者而言，则与该国回笼货币的多少有直接的联系。

2. 旅游者停留时间的概念

从广义上讲，是指在一国境内全部旅游活动过程中所停留的时间；从狭义上讲，是指在某一旅游城市进行旅游活动所停留的时间。

显然，广义的停留时间包括狭义的停留时间在内，但它并非是狭义停留时间的简单加总，它还应该包括旅游者从一城市到另一城市的旅途所占用的时间。对于外国旅游者来说，通常既要统计广义的停留时间，又要统计狭义的停留时间，而且无论是从理论上还是实践上，这两个停留时间的统计既是可能的又是必要的。而对于国内旅游者来说，因其条件所限，现在还只能是统计其狭义的停留时间，即其在某一旅游城市的停留时间。

目前在统计上为了保持该指标时间上的可比性，通常入境旅游者在我国的停留时间是以入境之时起，以离境之时止；在操作上，往往是以办完入境和离境登记手续的时间为准。而无论是入境旅游者还是国内旅游者，其在某一旅游城市的停留时间，则都是以到达该城市之时起，离开该城市之时止；在操作上，往往是以到达和离开饭店、旅馆的时间为准。

3. 旅游者停留时间的计量单位

（1）过夜人天数。旅游者停留时间通常是以旅游者在一国或一地的过夜天数来表示的。因为对于旅游者来说，只有过夜才牵扯到对饭店、旅馆设备的使用，其所在饭店、旅馆才会因其消费而有相应的经济收入。所以在实际工作中，往往把停留时间直接称为“过夜天数”。不过，“过夜天数”只是相对于一位旅游者而言的，若接待的是团体旅游者则应分别对每人进行计算，即以“过夜人天数”作为旅游者停留时间总量的计量单位。

（2）平均停留天数。平均停留天数是研究旅游者停留时间的重要指标，可以进行不同的分类、分组，常见的除上述提到的按国籍分组外，还可以按旅游者的性别、年龄、身份、职业、收入水平、旅游日的分组，按旅游方式（团体、散客）分组，按接待方式、接待单位等进行分组，而且对同一时期平均停留时间还可以进行地区间的对比，以反映地区间的旅游价值和旅游资源丰富程度的差异性，反映各地区接待水平、服务质量的高低。

对国内旅游者同样可以进行不同的分类，如按其收入水平、职业、年龄、来自地区等进行分组，这样做既可以反映国内人民生活水平的高低，反映出国内旅游业的发展现状，又可以帮助旅游部门针对国内旅游者的不同情况抓住重点，改进工作，开展更加丰富多彩、适合国内旅游者需求的旅游活动，同时也可以增加国内旅游收入。

(3) 旅游者平均停留时间的变动研究。研究旅游者平均停留天数的变动，对于观察各旅游地的旅游价值变化，旅游资源的开发与利用，旅游服务设施及服务质量的变化是大有裨益的，对于如何扩大旅游收入及其发展趋势的评估，也需研究旅游者平均停留时间的变动情况。常用的研究旅游者平均停留时间的变动的方法如下：

时间序列法　即将旅游者平均停留时间按时间先后顺序排列，编制成时间数列，再以时间数列法进行分析。因为旅游地的旅游价值是有季节性的，故旅游者在一年中的不同时期，停留天数也会因此而不尽相同。对于某旅游地来说，不能用一年中各期的旅游者平均停留天数而简单地进行时间数列分析，而应先计算全年的旅游者平均停留时间。

一个单位接待的旅游者，其平均停留时间除了可进行年度内各月份的变动分析外，还可以对连续几年的（一般为三年以上）各月资料进行季节变动分析，这一点同前面提到的旅游者人数变动的季节分析相似，故不赘述。此外，还可以对某旅游地的各年旅游者平均停留时间进行时间数列分析。

因素分析法　想方设法延长旅游者的停留时间，是提高旅游设施利用程度的重要途径，其大小取决于旅游者平均停留时间的长短。这里，我们就可以从旅游收入的影响因素入手进行分析，分别研究旅游者平均停留时间的变动对客房、餐厅、车队、景区等部门收入的影响。

三、旅游目的地（城市或地区）接待旅游收入规模统计

（一）旅游收入指标分析

1. 旅游收入指标分析的意义

旅游业已是世界上发展最快和最大的行业，而且是各国经济部门之一。在经济上，旅游是投资少、收益多的行业，是为国家创汇的手段之一。世界上有不少国家，旅游收入在国民经济收入中占首位或二、三位。

世界旅游理事会和世界经济与金融分析集团的研究，将旅游者消费的直接影响及其对资本投入、政府支出、外贸和商业销售相关的非直接影响量化了，其采用的处理办法与政府对其国家财产上其他各种工业所采用的处理办法是一致的。

(1) 消费者支出：全世界的消费者在运输、旅游等有关服务业方面的支出。

(2) 资本投入：旅游业用于建筑以及购置各种设备等各方面的资金投入。

(3) 政府支出：政府用在开展旅游活动，从而使旅游成为可能的经营管理费用及资本投入。

(4) 外贸：由国际旅客的消费支出和旅游商品的出售所生成的外贸。

(5) 商务支出：为各公司及政府机构日常工作之需要，而用于旅游方面的支出。

旅游业无论在中国还是在世界范围内，都创造了和正在创造着巨大的财富。旅游收入在国民生产总值中占有越来越重要的地位，并成为世界许多国家主要的税收来源。因此，对旅游收入的统计也就显得愈加必要和重要了。比如在2003年，旅游收入最多的国家美国，其旅游收入占其国内生产总值（GDP）的比重为0.9%；而当年占其国内生产总值（GDP）比重最大的国家是马尔代夫，其值为57.8%（表11－1）。

表11－1 2003年旅游收入在GDP中的份额

单位：%

国家（或地区）	旅游收入占国内生产总值的比重	国家（或地区）	旅游收入占国内生产总值的比重
马尔代夫	57.8	中　国	1.3
中国香港	5.7	美　国	0.9

资料来源：世界旅游组织编．国家旅游局政策法规司统计处译．世界旅游统计概览．北京：中国旅游出版社，2005.

2. 旅游企业收入指标

（1）营业收入：指企业各项经营业务的收入。饭店（宾馆）、写字楼、公寓、旅店的营业收入（总额），包括客房收入、餐饮收入、商品部收入、车队收入、其他收入等；旅行社的营业收入（净额），包括综合服务收入、组团外联收入、零星服务收入、劳务收入、票务收入、旅游及加项收入、其他收入等；酒楼、餐馆等饮食企业的营业收入包括餐费收入、冷热饮收入，服务收入、其他收入等；理发、浴池、照相、洗染、修理等服务企业的收入，包括各种服务收入等。从事咨询服务的咨询公司的服务收入也计入本科目。

（2）营业成本：指企业各项经营业务的营业成本。饭店（宾馆）、写字楼、公寓、旅店的营业成本包括餐饮原材料成本、商品进价成本、车队的营业成本等；旅行社的营业成本包括各项代收代付费用，如代收的房费、餐饮费、交通费、文娱费、行李托运费、票务费、门票费、专业活动费、签证费、陪同费、劳务费、宣传费、保险费、机场费等。酒楼、餐馆的营业成本包括餐饮的原材料成本、商品的进价成本等；照相、洗染、修理等服务企业的营业成本主要指消耗的原材料成本。

（3）营业费用：指企业营业部门在营业中发生的各项费用，包括运输费、装卸费、包装费、保管费、保险费、燃料费、展览费、广告宣传费、邮电费、水电费、差旅费、洗涤费、物料消耗费、折旧费、修理费、低值易耗品摊销、营业部门人员的工资、福利费、工作餐费、服装费和其他营业费用。

（4）营业税金及附加费用：指企业与营业收入有关的，应由各项经营业务负担的税金及附加费用，包括营业税、城市维护建设税及教育费附加等。饭店（宾馆）、写字楼、公寓、旅店、酒楼、餐馆、理发、浴池、照相、洗染、修理等企业应按营业收入的一定比例计算交纳营业税；旅行社应按营业收入净额（营业收入总额扣除代收代付的房费、餐费、交通费等费用）计算交纳营业税。

（5）营业利润：指企业经营取得的收入，也可理解是一种毛利润。经营利润等于营业收入减去营业成本、营业费用和营业税金及附加。

（6）管理费用：指企业管理部门为组织和管理企业经营活动而发生的各项管理费用。

（7）财务费用：指企业经营中发生的一般财务费用，包括利息支出（减利息收入）、汇兑损失（减汇兑收益）和金融机构手续费等。

（8）投资收益：指企业对外投资所取得的收入或发生的损失，包括分得的投资利润、债券投资的利息收入、认购的股票应得到的股利以及收回投资时发生的收益等。

（9）营业外收支差：指企业按规定列作营业外收入和营业外支出的实际数之间的差额。凡收入大于支出的为“正数”，支出大于收入的为“负数”。

（10）营业外收入：指企业发生的与企业经营业务无直接关系的各项收入，包括固定资产盘盈、处理固定资产净收益、罚款收入、确实无法支付而转作营业外收入的应付款项等。

（11）营业外支出：指企业发生的与企业经营业务无直接关系的各项支出，包括固定资产盘亏、处理固定资产净损失、非常损失等。

（12）利润总额：指企业营业利润加上投资收益、营业外收入，减去营业外支出以后的差额，即企业在报告期内实现的利润总额。

（13）外资企业经营利润：报告期外资企业各营业部门盈利之和减去行政管理部门费用、推广部门费用以及维修、能源费用等共同开支后所得的盈余，也称企业经营管理者向投资者所交待的利润或主营业务收益。

（14）直属企业营业收入：指旅行社和旅游饭店投资或合资开办的工商、运输、服务及其他企业的企业营业收入。

3. 旅游收入的计划完成指标

旅游企业应根据以往编制的旅游收入计划，逐项、及时地检查其执行情况，以确定旅游收入计划的完成程度，并分析其完成与否的原因。

$$\begin{matrix}\text{旅游收入}\\\text{计划完成程度}\end{matrix} = \frac{\text{旅游收入实际数}}{\text{旅游收入计划数}} \times 100\% \qquad \text{（公式 11-11）}$$

（二）旅游收入增长指标分析

1. 旅游收入增长量

旅游收入增长量是从绝对额的角度来反映旅游收入实际的动态发展状况。

$$旅游收入增长量 = 报告期旅游收入额 - 基期旅游收入额 \qquad (公式 11-12)$$

其中，基期旅游收入额可以是与报告期旅游收入额相邻的那个时期资料，这样计算出的便是旅游收入的逐期增长量，也可以用与报告期相隔几个时期以前的某个时期的旅游收入额作为基期资料，这样计算出的就是旅游收入的累积增长量。

2. 旅游收入增长速度

旅游收入增长速度是以相对量的角度来反映旅游收入实际的动态发展状况。

$$旅游收入增长速度 = \frac{报告期旅游收入增长量}{基期旅游收入额} \qquad (公式 11-13)$$

与旅游收入增长量相似，旅游收入增长速度也可以分为环比增长速度和定基增长速度。此外，旅游收入增长速度还可以用旅游收入发展速度减 100% 的方法来计算。

3. 旅游收入增长的因素分析

旅游收入的增长，除了受到接待的旅游者人数的影响外，更重要的是受到从每位旅游者那里取得的旅游收入多少的影响。因此，旅游人数指数与旅游者人均收入指数便成为旅游收入增长的两个重要因素。

四、旅游目的地（城市或地区）接待企业规模与构成统计

一个国家的旅游吸引力及其接待能力是由其诸多的旅游目的地（城市或地区）所组成的，其接待能力主要体现在对旅游者的接待安排、住宿、城际间和市内交通等方面的保障能力上。

（一）旅行社的规模指标

1. 旅行社的数量

指某一旅游城市（或地区）在报告期末所拥有的各类旅行社的总数。

2. 旅行社的种类构成

（1）旅行社按所有制类型划分：分为国有旅行社、股份制旅行社、民营旅行社、中外合资（合作）旅行社、外资旅行社等。

（2）旅行社按管理层次划分：分为总社、分社及支社。

（3）旅行社按经营业务范围不同划分：分为国际旅行社和国内旅行社。

（二）城际间和市内交通的规模指标

城际间和市内交通的规模与种类，体现了一个旅游目的地（城市或地区）的旅

游接待能力。除上述谈到的航空运输以外，从国际范围来看，城际间旅游交通方式采用最多的还是长途汽车和铁路运输。

1. 旅游铁路运输指标分析

铁路交通在很长时间里，曾经是人们外出旅行的主要交通方式，随着世界经济的发展，特别是航空等其他交通运输方式的完善与发展，铁路交通在旅游交通中的地位逐渐下降。然而在发展中国家，铁路交通仍然是现代旅游活动中的主要交通方式，尤其是国内旅游者的主要交通运载方式。

铁路交通主要分为两类：一类是一般旅客列车。目前我国的旅客列车按编组内容、速度、运行要求的不同和旅程的长短，可分为特别旅客快车、直通旅客快车、普通旅客快车、直通旅客列车、市郊列车等数种。另一类即为旅游列车，这是专门为运送旅游者而开设的旅客列车。此种列车运行于旅游客源地与旅游目的地之间，具有灵活性强、季节性明显、舒适等特点。

2. 旅游船运输指标分析

乘船旅行具有安全性能好、设备完善、乘坐舒适、运价低廉等优点，在现代旅游活动中为运送游客发挥了很大的作用。

从分类看，旅游船运输大体可以分为远洋交通运输、沿海交通运输和内河交通运输三种。其中，远洋交通运输通常是指除沿海以外，在一个或数个大洋或一个大洋的部分水域航行的海上交通运输。远洋邮轮航行速度慢、时间长，但乘坐比较安逸舒适，非常适合老年旅游者的搭乘需要，特别是那些既有时间又有足够的支付能力的旅游者。

沿海交通运输是指船舶在一个国家或地区的沿海区域各港口之间的交通运输，是沿海港口之间城乡居民进行往来和物资交流的一种重要交通方式。

内河交通运输是指游船、汽船等水上运输工具，在可游览观赏的江河、湖泊、水库、人工水道等水域内游览的交通运输方式。

3. 长途汽车交通旅游运力指标分析

旅游运力是指旅游运输企业运送旅游者的能力。通过对旅游运输企业交通工具的数量、座位、种类进行统计，从而使现有的运力得到合理、充分的利用，以满足广大旅游者对客运能力日益增长的需求。

(1) 期初客运能力：报告期初企业实有交通工具数量、座位数和交通工具的类别等。

(2) 期末客运能力：报告期末企业最终拥有的交通工具数量、座位数和种类等。

(3) 平均客运能力：在报告期内的企业平均拥有的交通工具数量和座位数等。

（三）住宿企业规模指标

1. 住宿企业的数量

住宿企业数量是指一切为接待旅游者食宿或只供给住宿的独立或非独立的饭店、旅馆、招待所以及家庭旅店等的总数量。旅游饭店是独立核算的企业。有的旅游饭店设有分店，且各自独立核算、自负盈亏的，在核算旅游饭店数量时，应把它们分为几家旅游饭店计算。若虽设分店，但不是各自独立核算、自负盈亏的，则应视为一家旅游饭店。

2. 旅游饭店是旅游业的重要组成部分

旅游者到达目的地，旅游供给者必须保证旅游者有一个舒适的、满意的食宿条件。一般地说，在一定条件下，旅游饭店数的多少可以大致反映一个旅游城市（或地区）旅游业接待能力的大小。旅游饭店数量是否充足，是决定旅游资源能否得以充分地利用，以及旅游经济收入增减的极其主要的因素之一。

3. 饭店的种类

（1）旅游饭店按不同的经济类型划分。

- 国有旅游饭店：指生产资料归国家所有的旅游饭店。
- 集体经济旅游饭店：指生产资料归公民集体所有的旅游饭店，它可以再划分为城镇集体所有制旅游饭店和乡村集体所有制旅游饭店。
- 民营旅游饭店：指生产资料归公民私人所有，以雇佣劳动力为基础的旅游饭店，它包括所有按照《中华人民共和国私营企业暂行条例》规定登记注册的私营独资旅游饭店、私营合伙旅游饭店和私营有限责任公司所属旅游饭店。
- 个体旅游饭店：指生产资料归劳动者个人所有，以个体劳动为基础，劳动成果归劳动者个人占有和支配的旅游饭店，它包括所有按照《民法通则》和《城乡个体工商户管理暂行条例》规定注册的个体工商户和个体合伙开办的旅游饭店。
- 联营旅游饭店：指不同所有制的企业之间或者企业、事业单位之间共同投资组成新的经济实体的旅游饭店。
- 股份制经济旅游饭店：指全部注册资本由全体股东共同出资，并以股份制形式投资开办的旅游饭店。股份制经济主要有股份有限公司和有限责任公司两种组织形式。
- 外商投资旅游饭店：指外国投资者根据中华人民共和国有关涉外经济的法律、法规，以合资、合作或独资的形式在中国大陆境内开办的旅游饭店。外商投资旅游饭店包括中外合资旅游饭店、中外合作经营旅游饭店和外资旅游饭店三种。

- 港澳台投资旅游饭店：港、澳、台地区投资者参照中华人民共和国有关涉外经济的法律、法规，以合资、合作或独资的形式在祖国大陆开办的旅游饭店。港澳台投资旅游饭店可以分为合资经营旅游饭店，合作经营旅游饭店和独资经营旅游饭店三种形式。
- 其他经济类型旅游饭店。

（2）旅游饭店按星级不同划分。所谓星级饭店是指根据 2004 年 7 月 1 日我国新修订的饭店星级标准，评定出星级（共分一星至五星、白金五星六个等级）的旅游饭店。

一般来讲，一星级饭店是设备简单，但能提供食宿两项基本服务的旅馆，它符合经济能力较差的旅游者需要；二星级饭店是指设备一般，除有客房、餐厅外，还有小卖部、邮电、理发等简易服务设施的旅馆，它的服务质量较好，能满足在经济方面属于中下等的旅游者的需要；三星级饭店是指设备齐全，不仅提供食宿，还有会议室、休息厅、酒吧、咖啡厅、宴会厅、美容室、舞厅等多种综合服务设施的旅馆，它的服务质量较高，收费标准也较高，能满足中等收入水平以上的旅游者需要；四星级饭店是指设备豪华、服务设施完善、服务项目众多、服务质量优良、室内讲究环境艺术的旅馆，能使旅游者在物质、精神上都能得到享受，是豪华级饭店，收费标准高，可以满足经济地位较高的上层旅游者需要；五星级饭店是最高等级，设备、设施、服务质量都比四星级饭店更令人满意，收费标准很高，以满足上层人物、政府官员等的需要；“白金五星”饭店——饭店业金字塔的顶端五个主要必备条件：

- 已具备两年以上五星级饭店资格；
- 地理位置处于城市中心商务区；
- 对行政楼层提供 24 小时管家式服务；
- 整体氛围豪华气派；
- 内部功能布局和装修装饰与所在地历史、文化、自然环境相结合。

（3）旅游饭店按其接待规模划分。主要是以旅游饭店拥有的客房数的多少为标准共分为五等（图 11－1）。

饭店规模
- 500 间以上
- 499～300 间
- 299～200 间
- 199～100 间
- 99 间以下

图 11－1　我国饭店规模分类标准

4. 饭店的分布

观察旅游饭店的分布状况，研究各旅游目的地（城市或地区）饭店接待能力与旅游者需求是否相适应，为各地规划旅游设施的建设提供依据。

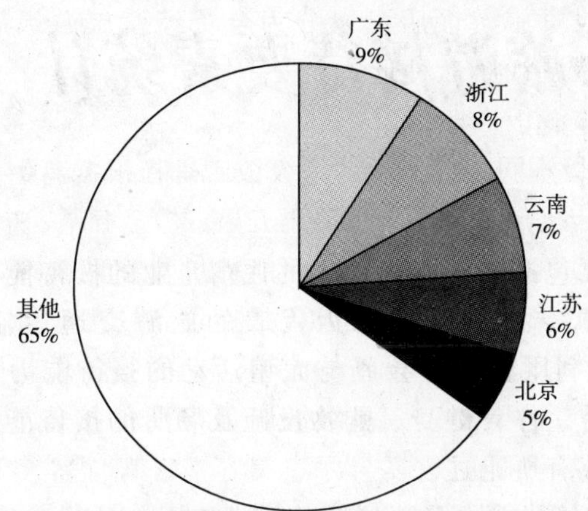

图 11－2　2006 年我国星级饭店地区分布情况

如上图所示，从饭店建设布局看，东南沿海省、市，特别是旅游中心省市饭店较多，而西北、东北等边远省、区拥有饭店数量则较少。因此，今后的饭店建设应加强宏观控制，特别是对东南沿海一些旅游中心城市则更应进行宏观调控。对中、西部及边远省、区的饭店建设，可视旅游客源市场的潜力及前景，适当增加一些中、低档的经济型旅游饭店。

第十二章

旅游接待要素统计

旅游接待要素主要包括以饭店为代表的住宿企业的接待能力及其利用状况，旅行社的接待能力，以航空及汽车公司为代表的旅游交通运输的接待能力，景区（点）的接待能力及其利用状况，会展与大型活动的接待能力，餐馆的接待能力及其利用状况，文化娱乐、体育健身、购物设施及场所的接待能力等。其中后几个要素已在前面的相关章节有所论述。

各旅游接待要素的接待能力只能说明旅游业在某一方面或某一环节的接待能力，而不能代表整体的旅游接待能力。然而，考察一个旅游目的地的接待能力，则要包括各个旅游接待要素的接待能力在内的整个旅游业的接待能力，不仅包括旅游业内部各旅游接待要素，而且还涉及到与旅游业相关的诸多方面。因此，应综合地考察目的地的旅游接待能力，根据当时当地的实际，经过协调和平衡，使各旅游接待要素紧密衔接，保持适当的比例关系，并依据客源量的情况，不断地进行调整，和谐配置。

第一节　旅游交通统计

一、航空客运的接待能力统计

（一）旅客运输量指标统计

1. 旅客运输量

旅客运输量指运输飞机所载运的旅客实际人数，无论有无客票或是否免票均统计在内。一个航班的旅客运输量表现为飞机沿途各机场旅客的始发联运量之和。其中，机场旅客始发运量是指客票确定的以本机场为起点，始发乘机的旅客。联运旅客指在该航站从一航班中转到另一航班的旅客。统计时，每一特定航班（同一航班）的每一旅客只应计算一次，不能按航段重复计算。但对既有国内航段又有国际航段的同一航班上的旅客，应同时统计为一个国内旅客和一个国际旅客。不定期航班运送的旅客则每一特定航班只计算一次，即使是既有国内航段飞行也有国际航段飞行的也只计算一次。代码共享旅客视同联运旅客。2008 年春运期间我国民航旅客运输量为 2200 万人次。

2. 航段运输量

航段运输量是指航线中各个航段上的全部旅客、行李、邮件和货物的数量，旅客以人为计量单位，行李、货物、邮件以吨为计量单位。航段运输量统计的旅客、行李、邮件及货物数量，包括始发运量和过站运量。即不管从那里来、到那里去，只要经过该航段就要统计。航段运输量分国内（其中包括港澳航段）国际航段、分机型、分去回程统计。

在航段运输量统计中，还要统计客座率和载运率。这里的客座率和载运率可以不考虑距离因素，如公式 12－1 和公式 12－2。

$$\text{客座率} = \frac{\text{旅客运量(人)}}{\text{旅客座位数(座)}} \times 100\% \qquad \text{(公式 12－1)}$$

其中：旅客运量是报告期该航段所有始发和过站的运量，旅客座位数是报告期该航段所有航班座位数之和。旅客座位数是飞机客舱实际座位数减去机组人员占用的客舱座位数及因飞机减载要减少的座位数，是飞机实际可供出售的座位数，亦即客运能力。

$$\text{载运率} = \frac{\text{实际运量(吨)}}{\text{实际运力(吨)}} \times 100\% \qquad \text{(公式 12－2)}$$

其中：实际运量是报告期该航段所有始发和过站旅客和货邮运量，实际运力即客货运输能力，是报告期该航段所有航班可提供的最大业载。最大业载是由飞机的最大起飞重量、最大着陆重量、最大无油重量、飞机基本重量和航油重量计算出来的，它受航线距离、气温、气压、跑道长度、净空条件等影响。不同机型或同一机型每次航班的可供业载是不同的。

2005 年北京至上海航段旅客运输量为 434.79 万人，正班客座率为 74.31%，正班载运率为 56.17%。上述的客座率、载运率是反映航空运输效率的重要指标，可以体现飞机载运能力的利用程度，是考核航班效益和航空公司效益的重要依据。客座率、载运率既受客货流量的影响，也受定座制度和运力供应的约束。一些旅客事先订了座，但航班出发时不能成行，他们有的未取消订座，有的取消太迟以至于无法重新出售，这样航班出发时经常会出现空座。据统计，国外多数航班旅客订座缺席率高达 20%。虽然有的航空公司用超售的方法弥补，但无法从根本上解决问题。

3. 城市对旅客运输量

城市对旅客运输量指客票或客票的一部分所规定的可以在其间旅行的两个城市间的旅客数量，以人为计量单位。

（二）航空客运能力利用指标统计

1. 旅客周转量

旅客周转量是反映航空公司承运的旅客人数和运送距离的复合指标。计量单位为客公里（或称人公里）和吨公里，如公式 12－3。据国际民航组织预测，2008 年世界航空旅客运输周转量增长 5.6%，达到 44112 亿客公里。

$$\text{旅客周转量(客公里)} = \sum[\text{航段旅客运输量(客)} \times \text{航段距离(公里)}] \quad \text{（公式 12－3）}$$

2. 客座利用率

客座利用率指旅客周转量与可提供座公里之比，综合反映旅客座位的利用程度，即销售状况，故也称“客运销售率”。

$$\text{客座利用率} = \frac{\text{旅客周转量}}{\text{可供座公里}} \times 100\% \quad \text{（公式 12－4）}$$

（三）航空客运效益指标统计

载运率直接影响企业的经济效益，当载运率高于一定水平时表现为盈利，当载运率低于一定水平时表现为亏损。这个一定水平的载运率就是持平载运率，也称“保本载运率”。当载运率持平时，收支相抵不盈不亏，类似盈亏平衡点。一般说来，航空运输主要是客运，持平载运率可用持平客座率表示。如已知可供客座公里成本和客公里收入，则持平客座率可表示为公式 12－5。

$$\text{持平客座率} = \frac{\text{每一可供客座公里成本}}{\text{每一客座公里收入}} \times 100\% \quad \text{（公式 12－5）}$$

其中：每一可供客座公里成本和每一客座公里收入计算分别如公式 12－6 和 12－7。

$$\text{每一可供客座公里成本} = \frac{\text{航线全部成本} - \text{货运收入}}{\text{可供座位数} \times \text{航线距离}} \quad \text{（公式 12－6）}$$

$$\text{每一客座公里收入} = \frac{\text{航线平均票价}}{\text{航线距离}} \quad \text{（公式 12－7）}$$

（四）航空客运运营状况指标统计

1. 航班正常率

航班正常率也称“航班准点率”（公式 12－8），是指按班期时刻表正常（准点）运行的航班数和计划航班数的对比。它反映了航空企业航班运行的实际状况。航班正常率的高低受航空企业硬件和软件水平的影响，体现了航空公司或航空港经营管理水平、技术保障程度、服务工作质量的好坏。2006年我国全行业平均航班正常率约为81.48%。

$$航班正常率 = \frac{正常航班班次}{计划航班班次} \quad （公式12-8）$$

2.（机场）旅客吞吐量

（机场）旅客吞吐量是指报告期内进港和出港的旅客人数总和，以人为计量单位。其中，成人和儿童按实际人数计算，婴儿不计人次。2006年全国机场旅客吞吐量为3.3亿人，其中进港旅客13716.05万人，出港旅客14719.05万人。

图12-1　首都机场3号航站楼

首都机场3号航站楼是北京奥运会重点工程之一，总建筑面积约98.6万平方米，工程总投资达250亿元，是目前世界上最大的单体航站楼。2008年2月29日已正式投入使用，使首都机场年旅客吞吐量从3600万人次增加到7600万人次。

（1）进港旅客：是指旅程终止于本航空港的直达旅客和联程旅客。

（2）出港旅客：是指由本航空港始发的旅客和转飞机的联程旅客。

（3）过站旅客：是指仍要乘坐到达本航空港的航班（同一航班号）继续其航程的旅客。过站旅客先后进出港，航空港为他们提供了一定的服务，其与上述进出港旅客共同体现了航空港的通过能力。过站旅客单独统计，且只统计一次。

（五）航空客运服务状况指标统计

反映航空客运服务状况的途径主要是通过旅客反映问题调查、员工工作质量调查、投诉受理等方面来取得的。其中，在统计时所涉及到的指标主要包括平均每10万名旅客投诉人数、投诉数量、投诉率、行李提取平均等候时间、售票差错率等。2005年我国航空公司平均投诉万分率为0.026。其中，投诉万分率最低的是四川航空股份有限公司，为0.002。

二、汽车公司的接待能力分析

（一）规模与分类统计

1. 旅游车辆数

旅游车辆数是指一定时期内该旅游车队的各种旅游车辆的总数，其中包括运营车辆、维修车辆、停开车辆、库存车辆等。旅游车辆数有期末指标和平均指标两种。

2. 车型分类

（1）大型客车：33客座以上。

（2）中型客车：13～32客座各种面包车。

（3）小型客车：12客座以下各类小型客车。

3. 座位数

指旅游车队所拥有的各类汽车的标定座位数总和。计算座位数，能确切地反映某一旅游车队客车的接待能力。

4. 司机人数

报告期内能够上岗运营的司机总人数。在具有一定数量旅游车的车队当中，如何能充分发挥其车辆的接待能力便取决于其拥有的司机人数。

（二）旅游汽车公司经营管理指标分析

1. 司机个人运营情况统计

（1）次数：指每日的出车次数。

（2）行车公里：指每日的实际行驶公里数。

（3）营业公里：指每日的具有营业性质的行驶公里数（有营业收入的）。

（4）工作日：指制度工作日数，是报告期内按规定企业（或职工）应该使用的劳动时间，等于日历工日数减去制度公休工日数。

（5）里程利用率又叫“行程利用率”：是反映车辆行驶里程利用情况的主要指

标。它指的是车辆的载客行程在总行程中所占的比重。

2. 运营指标

（1）运营车数：该车队报告期用于运输营业的所有车辆数（只要运营过的车辆就算在内，而不论运营的时间长短）。

（2）完好车数：是指技术性能良好，不需要修理，随时可以投入运营的车辆。它包括正常运营的车辆、库存车辆以及因故停开而在技术性能方面完好的车辆，不包括正在修理和待修理的车辆。

（3）工作车数：报告期实际投入运营的车辆数。

（4）包干：车队将车包租给客户，是以实际包租天数来收取费用的。

（5）双班：指司机两班倒用一辆车，即所谓的人歇车不歇。

（6）运营车日：指报告期内运营车辆数与工作日数的乘积。

$$\text{运营车日} = \text{运营车辆数} \times \text{制度工作日数} \qquad \text{（公式 12-9）}$$

（7）完好车日：报告期内完好车辆数与工作日数的乘积。

$$\text{完好车日} = \text{完好车辆数} \times \text{制度工作日数} \qquad \text{（公式 12-10）}$$

（8）工作车日：报告期内工作车辆数与其实际出车的工作日数的乘积。

$$\text{工作车日} = \text{工作车辆数} \times \text{实际工作日数} \qquad \text{（公式 12-11）}$$

（9）完好车率：指完好车日数占运营车日数的比重。

$$\text{完好车率} = \frac{\text{完好车日数}}{\text{运营车日数}} \times 100\% \qquad \text{（公式 12-12）}$$

（10）工作车率：指工作车日数占运营车日数的比重。

$$\text{工作车率} = \frac{\text{工作车日数}}{\text{运营车日数}} \times 100\% \qquad \text{（公式 12-13）}$$

3. 车辆利用指标分析

（1）实有车辆可用率：表示旅游交通企业实际拥有的车辆中完好车辆的构成。

$$\text{实有车辆可用率} = \frac{\text{完好车辆数}}{\text{实有车辆数}} \times 100\% \qquad \text{（公式 12-14）}$$

（2）实有车辆利用率：表示旅游交通企业拥有的车辆中，实际在从事运营的车辆所占的比重。

$$\text{实有车辆利用率} = \frac{\text{实际运营车辆数}}{\text{实有车辆数}} \times 100\% \qquad \text{（公式 12-15）}$$

（3）完好车辆使用率：表示旅游交通企业所拥有的完好车辆中，实际投入运营的车辆占多少。

$$完好车辆使用率 = \frac{实际运营车辆数}{完好车辆数} \times 100\% \qquad (公式 12-16)$$

（4）客车出车率：这一指标是车数与时间相联系计量的，表示旅游交通企业的出车水平。

$$客车出车率 = \frac{实际工作车日数}{在册汽车日历车日数} \times 100\% \qquad (公式 12-17)$$

其中，实际工作车日数为实际运营车辆数与实际运营天数的乘积，在册汽车日历车日数为在册车辆数与日历日数的乘积。

（5）载客能力利用指标。载客能力利用指标用座位利用率（或称满载率）来表示，它反映了营运车辆载客能力的利用程度。

4. 旅游车队的成本指标

（1）营运总成本：营运总成本是指车队在一定时期内为完成一定的营运任务而发生的一切费用支出，包括车辆直接费用和车队经营管理费用两部分。

（2）单位营运成本：单位营运成本是指按营运里程计算的每公里的成本总额。

$$单位营运成本 = \frac{报告期营运成本总额}{报告期行驶总里程数} \qquad (公式 12-18)$$

（3）单位营业成本：通常表示平均每营业公里所消耗的成本多少。

$$单位营业成本 = \frac{报告期营运成本总额}{报告期营业总里程数} \qquad (公式 12-19)$$

其中，营业总里程即为在行驶总里程中扣除空驶里程后的行驶里程。

5. 旅游车队的安全指标

（1）行车事故总次数：是指旅游汽车企业从事营运的汽车在报告期内所发生的各类事故的次数总和。

（2）行车事故频率：通常是与营运车辆数或行驶公里数相联系的发生行车事故次数的对比，表示事故发生的频繁程度。

$$行车事故频率 = \frac{行车事故次数}{平均营运车数} \quad (次/百车) \qquad (公式 12-20)$$

$$或行车事故频率 = \frac{行车事故次数}{总行程} \quad (次/百万车公里) \qquad (公式 12-21)$$

（3）行车事故受伤（或死亡）率：通常是与营运车辆数或行驶公里数相联系的发生伤亡事故次数的对比，表示伤亡事故发生的频繁程度。

$$\text{行车事故受伤(或死亡)率} = \frac{\text{受伤(或死亡)人数}}{\text{平均营运汽车数}} \quad (\text{人/百车}) \qquad (\text{公式 } 12-22)$$

$$\text{或行车事故受伤(或死亡)率} = \frac{\text{受伤(或死亡)人数}}{\text{总行程}} \quad (\text{人/百万车公里}) \qquad (\text{公式 } 12-23)$$

三、停车场管理统计

截止到2007年年底，与休闲和旅游相关的全国载客汽车保有量为3182.74万辆，与2006年相比，增加570.99万辆，增长21.86%，增幅与2006年基本持平。其中，私人轿车保有量为1521.79万辆，占轿车总量的77.73%，与2006年相比，增加372.98万辆，增长32.47%，增幅下降0.98个百分点。全国机动车驾驶员近1.64亿人。仅北京市，2007年就实现汽车类商品零售额617亿元，较2006年增长32%。如此宏大的车流，无论是到景区，还是到其他类型的休闲场所，都同样存在巨大的停车管理压力。

（一）停车场（位）数量及其相对百分比

北京市运输管理局在2005年的一份研究报告中指出，北京市当时的机动车近230万辆，可统计的停车泊位数为109万个，其余120余万辆机动车属于无场无位或无场有位的散落停车。占道停车场和路外停车场总数为2036个，占全市停车场的18.7%；停车位191539个，占全市停车位的17.4%。北京市内白天有1/3的停车占用道路面积，夜晚有100万辆左右的机动车没有合法车位。北京市的200万辆机动车中，有128万辆为私家车。而目前全市各类机动车夜间停车位加起来不过80多万个，缺口近50万个，而这也挡不住机动车辆以每年20万~30万辆的数量迅猛增长。由此可以看出：相当数量的机动车还是处于停车无序状态，游离于政府管理的视线之外。占道停车场和路外停车场处于使用频繁的紧张状态。

有鉴于此，旅游景区等休闲旅游场所，一定要合理统筹和规划其内部和周边停车场的建设、改造、挖潜扩建等工作，控制停车场（位）百分比指标，满足旅游者的需要。

（二）机动车保有量与停车位的比例

据2004年不完全统计，北京当时的机动车近220万辆，停车位只有60万个左右，停车供需比为1:4，这还不包括众多的外地来京汽车。北京机动车每年的增量是10%~15%，机动车保有量迅速增长与城市停车场建设滞后的矛盾日益突出。

2007年，北京市的机动车每天以1000辆的速度在增加。据了解，目前城市中心区（市中心区的概念被界定为北京市四环以内的区域）内共有停车场1.28万个，停车位132万个，其中公共停车位仅有12万个。而这时北京市私人小轿车的保有量却达到了150万辆左右。即便每天只有一半数量的私家车涌入城中心区，这些车辆和停车位之间的供求比例仍然将近7:1。

这一比例指标的使用很好地反映了停车难、停车形势紧张的问题。同时可以发现，这一指标还可以根据问题阐述的需要，灵活地颠倒相互对比的双方位置。

第二节　旅行社统计

一、旅行社的接待能力分析

旅行社的接待能力主要是以导游人员的数量、种类和等级来反映的。除此之外，旅行社本身接待能力的扩大还有赖于该旅游城市（或地区）导游人员队伍的总规模、总水平的扩大和提高，以及当地翻译导游公司兼职导游人员的储备状况。如2005年，全国持有IC卡的导游员有29.53万人，其中9.39万人归属旅行社，属于专职导游员，而其他20.14万人为兼职导游员。

二、旅行社行业指标分析

旅行社是旅游的组织者和经营者，它们把个别的游客按其兴趣与要求，组成一个旅游团，计划旅游地点与路线，规定一定的时间，安排各地食宿、空中与地面的交通，统一收费标准，并派导游翻译服务。这项工作既便利游客，又为旅游交通运输企业和饭店业招揽了生意，是受多方面欢迎的、旅游业中不可缺少的一个行业。作为一家大型的旅行社，应当通晓一些旅游胜地的知识，了解旅游市场的需求；应具备一定的财力，如预订饭店、订全程飞机、支付广告宣传费用等，旅行社还应当多方面联系，能够适应旅游者的不同需求，组织他们到希望去的地方旅游。

1. 旅行社的机构设置

旅行社根据其经营规模、范围、特色的不同，其机构设置也不尽相同。通常情况下，包括外联部门、内勤部门、接待部门、计划协调部门和财务部门等。

2. 旅行社质量保证金制度

旅行社质量保证金制度在国外已实行多年，是行之有效的旅行社服务质量监管制度。例如在我国台湾，综合性旅行社要缴纳保证金600万台币；甲种旅行社要缴纳保证金150万台币；乙种旅行社要缴纳保证金60万台币。我国自1995年7月1日起施行《旅行社质量保证金赔偿暂行办法》。在此则应注意统计旅行社质量保证金的上缴率、使用率及理赔率等有关指标。

$$理赔率 = \frac{报告期赔付金额}{报告期上缴金额} \times 100\%$$ （公式 12－24）

3. 旅行社的经营及其季节变动分析

（1）旅行社的接待人数统计：包括对海外旅游者人数的统计，对国内旅游者人数的统计，对团体旅游者人数的统计，对零星委托旅游者的统计，对过夜旅游者的统计和对不过夜旅游者的统计。

（2）旅行社的外联量统计：包括对预订团队数的统计，对外联团体旅游者人数的统计，对总社及地方社外联人数的统计，对外联实到人数的统计及对外联人数实现率的统计。

$$外联人数实现率 = \frac{报告期外联实到人数}{报告期外联总人数} \times 100\%$$ （公式 12－25）

（3）旅行社外汇收入统计：

①本社外联收汇：指各外联主办单位开展外联业务而对旅行团或旅游者收取的外汇。一般意义上说，就是收取的包价费用。

②本社其他直接收汇：指各分、支社对旅行团或旅游者在华旅游过程中直接收取的外联包价以外的其他费用，如对新增加服务项目的收费等。

（4）旅行社经营的季节变动统计：旅行社经营的季节变动，是指旅行社的经营活动受自然界气候、风俗习惯和节假日等因素的影响，随着季节的更换而发生周而复始的变动，即人们的外出旅游活动随气候、节假日及风俗习惯的变动而变动，导致旅行社的接待人数随之而变动，进一步使旅行社的经营收入（其中包括外汇收入）也随之而发生变化。在统计工作中，研究季节变动的目的在于认识和掌握旅游者出游的规律，从而克服由于季节变动而产生的不良影响，适时、合理地调整其自身的经营活动。

①旅行社的季节差价：旅行社的季节差价通常是指旅游包价在旅游旺季与淡季之间的差额。

②旅行社经营的季节变动比率计算：旅行社经营的季节变动比率通常是指旅行社接待的旅游者人数的月平均数与总平均数的比值，或是旅行社经营收入的月平均数与总平均数的比值。

4. 旅行社的经济效益分析

（1）旅行社的营业收入：旅行社的营业收入是指根据制定的旅游服务收费标准，依照一定的程序收取的旅行团（或旅游者）进行旅游活动的全部服务性费用，以及旅行社所开展的其他旅游服务项目取得的全部收入。

（2）旅行社的外汇收入：外汇收入是反映旅行社为旅行团（或旅游者）提供

劳务而换取的外汇（通常以美元为单位计算）。

(3) 旅行社的利润：由于旅行社的收入中代收性质的收入占有相当大的比重，所以营业收入总额不可能确切地反映旅行社的实际经营情况。在营业收入净额的基础上计算的利润水平往往要比在营业收入总额基础上计算的利润水平更准确些，更能反映旅行社的经营水平。营业收入净额是指营业收入总额扣除拨付的综合服务费（房、餐、车费和其他拨付费用）后净得的营业收入。同样，在计算外汇收入的利润时，也应用外汇收入的净额，即外汇收入总额扣除代收款支出和外汇支出数后的余额。

资金利润率 资金利润率是一定时期内由企业取得的利润总额与同时期内所运用资金的数额之比。资金利润率越高，说明企业资金使用的经济效果越好。

$$\text{资金利润率} = \frac{\text{利润总额}}{\text{全部固定资产原值} + \text{流动资金平均余额}} \times 100\% \quad \text{（公式 12－26）}$$

人天利润 旅行社为了考核企业内部各部门的接待成绩和各团的经济效益以有利于旅行社的管理者经营决策，分析各种团队的结构状况，需要对旅行团的人天单位利润进行考核。

$$\text{接团人天利润} = \frac{\text{接团总利润}}{\text{接团总人天数}} \quad \text{（公式 12－27）}$$

$$\text{组团人天利润} = \frac{\text{组团总利润}}{\text{组团总人天数}} \quad \text{（公式 12－28）}$$

$$\text{单团人天利润} = \frac{\text{该团利润}}{\text{该团人天数}} \quad \text{（公式 12－29）}$$

三、旅行社人才需求预测

旅行社所具有的、靠人才提供对人的服务的属性，决定了旅行社“以人为本”的特征。随着竞争的进一步升级，从价格竞争到品质竞争，其竞争的焦点将直接锁定在人才上，抓住了人才这个要领，就等于向成功迈进了一步。

自 2003 年起，笔者就对旅行社的人才需求预测进行了专项研究，2005 年又有幸参加了《中国旅游业“十一五”人才规划》的制订工作，进一步研究了我国旅行社行业的人才需求状况，下面是以“十一五”规划为例，对我国旅行社的人才需求进行预测。

随着我国对外开放和改革步伐的不断加快，我国旅行社业格局将发生较大变革，旅行社人才也将成为市场争夺的焦点，并引起业界高度重视。谁能吸引优秀人才，谁能为其提供不断成长的环境，谁能最大化地使其实现价值，谁就会赢得人才，也将赢得更大的市场份额。

人才竞争为焦点。人才密集型、分工社会化、流程专业化的旅行社业特性将越来越明显。借鉴外资旅行社对人才管理的模式以及对国外旅行社人才的引进，将进一步改进我国旅行社用人机制，重视人才培训和人才的激励。目前旅行社用人不育人的状况已经严重影响到其可持续发展，外资社和国外专业人才的进入，为我国旅行社对国外人才理念的认识打开了见识之门，也提供了借鉴的思路和举措。因此，为了赢得人才，国内的旅行社也应加强对人才的开发、培训、激励，并将成为业界共识。良好的管理模式和高薪金回报将吸引国内旅行社人才流向外资社；而对本土旅行社人才的引进，也是外资旅行社谋求在华发展的必然选择。严峻的形势将使旅行社从业者更加快速地流动，且流出行业的频率加快。

（一）总量预测

2006～2010年间，我国旅行社直接从业人数年均增长率为6.18%。按国际社、国内社的分类、分年预测，详见表12－1。随着2008年北京奥运会的来临，预计我国旅行社直接从业人员的需求增长速度将会呈现由低到高，再回落的变化过程。

表12－1　2006～2010年间全国旅行社直接从业人员及其部门构成变动趋势预测

单位：万人

年　份	国际社趋势	国内社趋势	总体趋势
2006	11.52	17.28	28.8
2007	12.08	18.12	30.2
2008	13.72	20.58	34.3
2009	14.40	21.60	36.0
2010	15.20	22.80	38.0

资料来源：中华人民共和国国家旅游局．中国旅游业“十一五”人才规划．北京：中国旅游出版社，2007.

（二）分布预测

1. 部门分布预测

我国旅行社的部门分布，主要是从经营业务的范围角度划分的。历史数据表明，从1999～2004年间，旅行社直接从业人数比重，国际社从1999年的43.33%下降到2004年的34.5%；而国内社从1999年的56.67%上升到2004年的65.5%。

奥运效应将会使入境游客量有较大幅度的增长，同时在目前和今后一段时期内，中国公民出境旅游也将会持续保持较高速度的增长。2002年经旅行社接待的我国公民出境旅游人数增长0.71%，到2004年猛增至44.34%。据世界旅游组织预计，到2010年中国对国际旅游的贡献量为7000万人。上述两项均为国际业务，因此从2006年起，国际社的人才需求将增长较快，从而就业人数在总体中的比重将会有所上升。本次规划预计国际社与国内社人才需求构成以1999～2004年间平均水平为基础。其中国际社将占40%，国内社占60%（表12－1）。

2. 地区分布预测

依据1999～2003年各地区旅行社直接从业人数的平均构成状况预测可见，在统计的全国31个省、区、市中，旅行社直接从业人员构成排在前十位的10个省市，其省市个数占不到总体的1/3，而从业构成却占了总体的60%，从而显示了旅行社从业相对集中的趋势（表12－2）。

表12－2　“十一五”末旅行社直接从业人员区域分布情况

地　区	区域旅游经济收入占全国旅游经济收入的比重（%）	旅行社直接从业人员需求数（万人）
东部地区	63.0	23.94
中部地区	24.6	9.35
西部地区	12.4	4.71
合　计	100.0	38.00

资料来源：中华人民共和国国家旅游局．中国旅游业“十一五”人才规划．北京：中国旅游出版社，2007.

（三）素质结构预测

1. 受教育程度

随着全民受教育程度的普遍提高以及从事旅行社职业良好收入预期的吸引，在2006～2010年间具有大专以上受教育程度的人员占总体的百分比将提高到99.74%，即到2010年，在旅行社就业的将会有37.9万人是大专以上学历者（表12－3）。而且，随着外资旅行社的进入及现在旅行社经营水平的提高，高学历（硕士、博士）的拥有者比例将有所提高。

表12－3　“十一五”末旅行社人才学历结构状况

单位：%

项　目	总经理	部门经理	导游员	其他人员	总　量
大专学历	0.6	2.3	5.5	5.6	14.0
本科及以上学历	1.4	3.9	9.3	9.3	23.9
合　计	2.0	6.2	14.8	14.9	37.9

资料来源：中华人民共和国国家旅游局．中国旅游业“十一五”人才规划．北京：中国旅游出版社，2007.

2. 受教育的专业背景

外语类专业人才及经济、（非旅游专业）管理、旅游管理类的人才是目前、同时也是今后旅行社人才的主要力量。从其结构上看，至本次规划期末，外语类人才比重将逐步上调至50%；经济管理类人才比重稍降至40%；计算机、电子商务人才比重大幅上调至20%；展会策划、设计、布展及组织方面的人才比重会增至10%。如果其他各类人才的比重保持基本不变，则各类人才构成合计将近140%，这表明到2010年年末，我国旅行社人才当中有40%的复合率（公式12－30），即复合型人才占40%。

$$\text{旅行社人才复合率}=\frac{\dfrac{\text{旅行社直接从业人员}}{\text{已完成学业之专业总数}}}{\text{旅行社直接从业人数}}\times 100\% \qquad \text{（公式 12－30）}$$

（四）主体人才预测

旅行社的主体人才主要包括经营管理、网络技术、外联销售和计划调度等方面的人才。从2006年起，经营管理人才将从10.6万人上升到2010年的13.9万人；网络技术人才将从1.9万人上升到2010年的2.5万人；外联销售人才将从6.9万人上升到2010年的9.1万人；计划调度人才将从5.5万人上升到2010年的7.2万人。

（五）紧缺人才预测

1. 职业经理人

经理人才作为业界的重要力量，将是未来一段时期内最急需的人才。到目前为止，国内人才市场已拥有了一支庞大的职业经理及高级管理队伍，经理人才所占比重也由2000年的9%上升到2004年的27%，但在旅行社经理人才方面却存在空缺，远远不能满足市场的需求，预计未来五年内其缺口为年均2万人左右。因此，职业经理人将是旅行社最急需的人才。

2. 市场开发人才

在未来五年内，旅行社业将对具有敏锐判断力和较强的市场开拓能力的专业人才有相当迫切的需求，其年均缺口为2万人左右。

3. 策划设计与营销人才

产品策划和设计与营销人才是旅行社业的最抢手人才。旅游产品策划人员作为新型复合型创新人才，需具有旅游项目、区域经济、房地产、投融资、营销及媒体策划等一种以上专业特长。目前国内旅行社非常缺乏熟悉旅游行业的项目策划人才。在未来五年内，产品策划和设计人员年均短缺人数为1.6万人左右。

4. 出境旅游领队

2001~2004年度，领队占旅行社从业人员比重保持在4%~7%的水平，2001年出境旅游领队只有8700人，到2004年这一队伍发展到1.84万人，增长111.49%，年均增长28.36%。随着旅行社人才需求的不断增加，出境旅游领队的需求也将随之增加。未来五年内年均需增加出境旅游领队约3000人。

5. 多语种导游翻译

导游在旅行社人才总数中所占比重最高。2000~2004年度，导游人才基本保持在占旅行社人才总量的37%~44%以上。从语种情况看，88%为中文导游；外语类导游仅占总量的近12%，外语类导游的语种结构也不尽合理。截至2005年7月，经国务院批准的中国公民出国旅游目的地国家和地区总计117个，已经实施了71个。国家旅游局预测未来五年世界旅游业发展的总趋势是：欧美发达国家在全球出入境旅游市场中仍将保持传统优势，但增长速度放缓；以中国为代表的东亚太国家和地区则将保持较快增长。从2002年国家旅游局对“全国导游人员状况调查”可以看出，各语种导游人数与接待入境人数之比，比例最大的依次是：韩语1∶5336，越南语1∶5124，泰语1∶2721。因此，未来五年内，旅行社对韩语、越南语、泰语等的需求将持续增加。

（六）预测检验、评价与修正

任何一个预测都不能简单地用是否准确来评价它，这也违背了做预测的初衷。通常情况下，我们做预测的主要的目的在于为决策找到科学合理的依据。

在上述五年规划期已经过去两年后的今天，我们有条件依据实际的数据对其进行检验和评价，目的在于对其后三年规划的修正，并为今后的预测工作积累经验。一个预测在实施过程中会遇到这样或那样的主、客观因素的影响，甚至于极端偶然因素的影响而偏离原先的预测数据，这当属正常范围。

根据《2006年度全国旅行社业务年检情况通报》资料，我们进行了对比检验，结果实际的执行情况基本与预测值是相吻合的（表12-4）。

表12-4　2006年旅行社直接从业人数实际与预测数据对比

	人数(万人)			构成(%)		
	全　国	国际社	国内社	全　国	国际社	国内社
预测值	28.80	11.52	17.28	100	40	60
实际值	29.33	11.04	18.29	100	37.65	62.35

资料来源：中华人民共和国国家旅游局．中国旅游业“十一五”人才规划．北京：中国旅游出版社，2007；中国投资报告网．2008年中国旅行社发展研究咨询报告．2007；国家旅游局政策法规司（2007-10-23）．2006年中国旅游业统计公报．中国旅游网 http：//www.cnta.gov.cn.

不过，无论从 1999 ~ 2006 年 8 年间的资料看，还是从 2004 ~ 2006 年近 3 年的资料看：规划中，总体趋势预测的年均增长 6.18% 的幅度都略显保守（表12 – 5）。所以我们还可以在平均增长速度预测法的基础上，运用移动平均数、趋势外推等方法进行预测；同时还要结合定性预测的方法，对未来 2008 ~ 2010 年的规划加以修正。

表 12 – 5　旅行社直接从业人数趋势预测检验与修正

		总人数(万人)	平均构成(%)	年均增长速度(%)
1999 ~ 2006 年	全　国	173.28	100.00	15.22
	国　际	66.19	38.20	12.91
	国　内	107.09	61.80	16.79
2004 ~ 2006 年	全　国	78.84	100.00	9.14
	国　际	28.41	36.04	14.03
	国　内	50.43	63.96	6.49

第三节　住宿企业统计

一、住宿企业接待能力及其利用指标

（一）客房指标分析

1. 客房数

指饭店、招待所等旅游住宿设施实际可用于接待旅游者的客房间数。

2. 客房出租率

指报告期内饭店、招待所等旅游住宿设施每天租出客房数之和除以该饭店或招待所实有客房数和日历天数之积，反映住宿设施的使用情况。

3. 双倍开房率

一般两人客房合理的计价方法为两客住宿是单客住宿房价的 4/3。如某双人间单人住房价为 120 元，双人住则应为 160 元，平均每位客人 80 元。双倍开房率的提高，可以进一步提高客房的利用程度，满足旅游者的需求，同时也增加了饭店的收入。

4. 客房设计能力实现率

一般来说，实有客房数与设计的接待能力应该是一致的，但在实际的经营活动当中，有的饭店为了提高经济效益，压缩了其他用房，以增加可出租的客房数，还有的饭店有时也会出现占用客房改为他用的情况。

$$客房设计能力实现率 = \frac{实有客房数}{客房设计数} \times 100\% \qquad (公式 12-31)$$

5. 全部房间利用率

表明在全部营业时间之内，全部客房平均每天的利用状况。

$$全部房间利用率 = \frac{\sum 报告期每天实际利用房间数}{\sum 报告期每天全部房间数} \times 100\% \qquad (公式 12-32)$$

6. 全部房间可接待率

表明在全部营业时间之内，全部客房中平均每天有多少客房是可以用于接待客人的比率。

$$全部房间可接待率 = \frac{\sum 报告期每天可接待房间数}{\sum 报告期每天全部房间数} \times 100\% \qquad (公式 12-33)$$

由于维修、改建、占为他用等情况，有时使客房全部用于接待。同时饭店的房间当中，自身就包含一部分饭店本身的办公等用房，因此这一指标是反映旅游饭店全部房间在报告期有可能被利用的程度。

7. 床位数指标分析

（1）床位数：指旅游饭店到达旅游目的地时可提供住宿的床位数。床位数中既要包括高档床位，又要包括中、低档床位和普通档次的床位。此外，床位数中还分为单人床和双人床两种计算。

（2）报告期饭店平均床位数：表明报告期饭店平均每天所拥有的床位数多少。

$$\begin{matrix}报告期饭店\\平均床位数\end{matrix} = \frac{\sum 报告期每天床位数}{报告期日历日数} \qquad (公式 12-34)$$

（3）客房平均拥有床位数：表明饭店所拥有的床位数与客房数的对比。

$$\begin{matrix}客房平均\\拥有床位数\end{matrix} = \frac{床位总数(折单人床)}{客房总数} \qquad (公式 12-35)$$

（4）床位利用率：表明报告期饭店平均每天实际对可供接待床位的利用程度。

$$床位利用率 = \frac{报告期旅游者实际占用床位数}{\sum 报告期每天可接待床位数} \times 100\% \qquad (公式 12-36)$$

（二）饭店员工控制指标

1. 职工人数指标

（1）中方在职职工人数：指在全民、集体所有制饭店及合资饭店中工作，并由企业支付工资等劳动报酬的全体中方人员，不包括外籍职工和港、澳、台职工。

（2）外方（含港、澳、台）工作人员：由饭店招收支付工资的外籍人员、华侨和港、澳、台人员。

2. 职工薪酬指标

（1）年工资总额：指各饭店在一年内直接支付给全部职工的劳动报酬总额。

（2）计时工资：指按计时标准和工作时间支付给个人的劳动报酬，包括对已做工作计时工资标准支付的工资；实行结构工资制的饭店支付给职工的基础工资和职务（岗位）工资，新参加工作职工的见习工资。

（3）职工工资的分类：全部职工工资包括固定职工工资、合同制职工工资、农民工工资、计划内临时工工资、计划外用工工资及其他职工工资。

（4）职工工资的构成：包括计时工资含基础工资、各种奖金、各种津贴和补贴、加班工资和其他工资。

（5）工资效益指标：反映旅游企业工资支付效益的指标主要包括百元工资营业收入、百元工资外汇收入和百元工资实现利税。这类指标的数值越大，表明该旅游企业工资支付效益就越高。

（三）饭店经营效益指标

1. 反映劳动消耗的单项经济效益指标

（1）百元收入工资额。这个指标反映了活劳动消耗的经济效益，其指标数值越小，表明该旅游企业的经济效益越高。

（2）百元收入折旧额。这个指标是反映物化劳动中设备消耗经济效益的，它的数值越小，表明经济效益越高。引起每百元收入折旧额变动的因素是接待能力利用率的变动。因此，对该指标的进一步研究，就要分析接待能力利用率的变动。

（3）百元收入物料消耗额。这个指标是反映物化劳动中各项物料消耗经济效益的，它的数值越小，表明经济效益越高。引起每百元收入物料消耗额变动的因素是各项物料单位消耗量的变动。因此，对该指标的进一步研究，就要分析各项物料单位消耗量的变动。各项物料单位消耗量的指标也属于这一方面的效益指标。

2. 反映劳动占用的单项经济效益指标

（1）百元收入固定资金占用额：该指标反映了旅游企业固定资金被占用的效益状况，其数值越小，表明该企业的劳动占用效益越好。

(2) 百元收入流动资金占用额：该指标反映了旅游企业流动资金被占用的效益状况，其数值越小，表明该企业的劳动占用效益越好。

(3) 全部资金经营利润率：是指企业利润与全部资金（包括流动资金与固定资产之和）的比率，反映了旅游企业全部资金的使用效益状况，其指标数值越大，表明该企业的劳动占用效益越好。

(4) 有关成本经营效益指标：

保本点 饭店保本点也叫盈亏平衡点，是饭店营业收入和支出刚好抵消，不亏也不盈利的临界点。运用保本点，饭店可以解决诸如：饭店在接待多少客人及收入达到怎样的水平时才不盈利也不亏本。饭店要想达到预期的利润目标得接待多少旅游者并取得多少收入等问题。

百元收入完全成本额 在营业收入一定的情况下，劳动消耗量的变动会使完全成本向同方向变动，从而引起该指标也向同方向变动。所以，它反映劳动消耗量变动的影响，是单独反映劳动消耗对完全成本影响的经济效益指标，该指标数值越小，表明劳动消耗越节省。

完全成本经营利润率 该指标也是反映劳动消耗的经济效益指标。

二、饭店客房收入指标的指数化分析

统计指数体系的研究方法是旅游统计分析的重要方法，它尤其适用于做各种的因素分析。在饭店经营管理活动中，由几个相关指标而构成的指标体系是很常见的，那么我们就可以利用这一指标体系而进行指数化研究，形成指数体系，对相关的各因素进行科学的技术分析，使经营管理指标量化，从而进一步提升科学管理水平。

饭店客房收入是饭店营业收入的重要来源，并在饭店的营业收入中占有相当大的份额。客房收入的多少主要受到房价水平、出租率及各类客房的可供应量（间天数）等因素的影响。通过指数体系因素分析的理论，我们知道：某一饭店的客房总收入指数 = 房价指数 × 出租率指数 × 客房可供量指数。运用这一关系式，我们可以定量地、清晰地、准确地分析客房收入的变动方向、变动程度、变动水平，其中各个相关因素所起的作用如何，即各个因素是怎样影响总收入的。从中找到制约客房收入提高的因素和进一步提高客房收入水平的途径。

（一）指数体系因素分析的方法在饭店客房收入分析中的应用

1. 指数体系因素分析的方法在饭店客房收入分析中的应用之必要性

对这些比较浅显但却非常实用的统计分析方法的介绍，目的在于将统计分析方法真正能广泛地应用于旅游企业的经营管理实践。同时，随着旅游从业人员素质的不断提高，使大家特别是旅游企业的管理者打消了对统计分析方法计算难度的畏惧感，使一些统计分析方法不再只是用于宏观经济研究，而让其真正能为普通的旅游企业管理者所认识、所使用，并从中受益。真正实现旅游统计为旅游企业经营管理服务的目标。

2. 饭店客房收入指标的指数化分析案例

12月初，北京某旅游饭店专门负责客房销售的经理发现，该饭店11月份的客房收入比10月份减少了2444422.60元。相关数据资料详见表12－6。凭其多年的工作经验，可以迅速地找出如下三点原因，即：出租率变化的影响、房价变化的影响以及可供出租客房量的影响。应该说在北京，进入11月份，随着气温的下降，旅游活动便开始进入淡季，自然客房的出租率会有所下降，而随之普遍采取的应对措施就是下调房价，同时一些饭店的内部改造工程也会在淡季进行，而使可供出租客房量减少。然而现在的问题是，这位经理不能凭经验再进一步深入地分析清楚，上述诸因素的变化是怎样影响了，或说是在多大程度上影响了客房收入？比如说出租率下降了，会减少多少元的客房收入呢？还有房价及可供出租客房量的变化，又影响了多少元的客房收入呢？现在我们可以运用指数体系因素分析的方法准确地回答这一问题，而使这位经理对原因的探究更加精准、更有依据。

表12－6　某年北京某四星级旅游饭店客房管理资料

分　类	单　位	标准间(间)		套房(套)	
		10月	11月	10月	11月
营业天数	天	31	30	31	30
可供出租　客房数	间、套	244	223	50	49
可供出租　客房量	间天、套天	7564	6690	1550	1470
出租率	%	81	55	62	46
平均房价	元	579	405	868	661

如何分析该饭店在该年10～11月间的客房收入变动呢？现就以表12－6资料对该饭店该年10、11月份的客房收入状况进行分析。我们都知道，客房收入主要是受可供出租客房量、房价及出租率这三个因素的影响，其中可供出租客房量详见公式12－37。

可供出租客房量 ＝ 可供出租客房数 × 营业天数　　（公式12－37）

就这一问题，我们可以采用指数体系因素分析的方法进行研究。若客房收入为A，可供出租客房量为B，出租率为C，平均房价为D，10月为基期（用下标“0”

表示)，11 月为报告期（用下标“1”表示），则该饭店的客房收入如公式 12－38 所示，其指数体系如公式 12－39 所示。

$$A = B \times C \times D \quad \text{（公式 12－38）}$$

$$\frac{\sum A_1}{\sum A_0} = \frac{\sum B_1 C_1 D_1}{\sum B_0 C_0 D_0} = \frac{\sum B_1 C_1 D_1}{\sum B_1 C_1 D_0} \cdot \frac{\sum B_1 C_1 D_0}{\sum B_1 C_0 D_0} \cdot \frac{\sum B_1 C_0 D_0}{\sum B_0 C_0 D_0} \times 100\% \quad \text{（公式 12－39）}$$

（1）客房收入指数：

$$\frac{\sum A_1}{\sum A_0} = \frac{\sum B_1 C_1 D_1}{\sum B_0 C_0 D_0} = \frac{1937165.70}{4381588.30} = 44.21\%$$

$$\sum A_1 - \sum A_0 = -2444422.60(\text{元})$$

计算表明：11 月份与 10 月份相比客房收入大幅度下降，降低程度为 55.79%，减少客房收入 2444422.60 元。

（2）房价影响指数：

$$\frac{\sum B_1 C_1 D_1}{\sum B_1 C_1 D_0} = \frac{1937165.70}{2717372.10} = 71.29\%$$

$$\sum B_1 C_1 D_1 - \sum B_1 C_1 D_0 = -780206.40(\text{元})$$

计算表明：11 月份与 10 月份相比平均房价下调 28.71%，使客房收入减少 780206.40 元。

（3）出租率影响指数：

$$\frac{\sum B_1 C_1 D_0}{\sum B_1 C_0 D_0} = \frac{2717372.10}{3928638.30} = 69.17\%$$

$$\sum B_1 C_1 D_0 - \sum B_1 C_0 D_0 = -1211266.20(\text{元})$$

计算表明：11 月份与 10 月份相比出租率下降 30.83%，使客房收入减少 1211266.20 元。

（4）可供出租客房量影响指数：

$$\frac{\sum B_1 C_0 D_0}{\sum B_0 C_0 D_0} = \frac{3928638.30}{4381588.30} = 89.66\%$$

$$\sum B_1 C_0 D_0 - \sum B_0 C_0 D_0 = -452950.00(\text{元})$$

计算表明：11 月份与 10 月份相比可供出租客房量减少 10.34%，使客房收入减少 452950.00 元。

(5) 从相对指标看，客房收入指数是由房价影响指数、出租率影响指数、可供出租客房量影响指数所构成且综合作用的结果（公式 12－40）。

$$\text{房价影响指数} \times \text{出租率影响指数} \times \text{可供出租客房量影响指数} = \text{客房收入指数} \quad (\text{公式 } 12-40)$$

$$71.29\% \times 69.17\% \times 89.66\% = 44.21\%$$

(6) 从绝对指标看，客房收入变动差额是由房价变动影响之收入差额、出租率变动影响之收入差额、可供出租客房量变动影响之收入差额所构成（公式12－41）。

$$\left(\sum B_1C_1D_1 - \sum B_1C_1D_0\right) + \left(\sum B_1C_1D_0 - \sum B_1C_0D_0\right) + \left(\sum B_1C_0D_0 - \sum B_0C_0D_0\right) = \sum A_1 - \sum A_0 \quad (\text{公式 } 12-41)$$

$$-780206.40 + (-1211266.20) + (-452950.00) = -2444422.60(\text{元})$$

(7) 综上所述，该旅游饭店 11 月份与 10 月份相比，由于房价下调 28.71% 而减少客房收入 780206.40 元；同时由于出租率下降 30.83%，使客房收入减少 1211266.20 元；以及可供出租客房量减少 10.34%，使客房收入减少 452950.00 元；这三个因素共同作用的结果使客房收入大幅度下降 55.79%，少收入 2444422.60 元。

(二) 通过因素分析，为进一步改进经营管理指明了方向

1. 从客房资金运作入手

客房部门资金活动是随着客房商品营销运动而产生的一种经济现象。商品运动离不开资金运动，资金运动的过程就是资金的形成、资金的分配、资金的使用和回收过程。也就是资金从货币到商品，再从商品到货币的转化过程。货币不会自己变成商品，商品也不会自己变成货币。资金从货币形态到商品形态，再从商品形态的货币形态的转化过程中，必然要消耗一定的物化劳动和活劳动，这就产生了商品成本费用问题。在一般商品交换过程中，货币、商品的转化过程采取 G—W—G 的形式。客房商品是一种特殊商品，经营者投入一定货币，将货币转化成客房以后，通过组织客房商品生产，实现特殊形态的商品交换。在这一过程中，既未创造出新的实物产品，也没有出卖客房商品的所有权。实质上，它只是同一件商品的反复经销，不断出租使用价值。但是，它创造了服务使用价值。且服务是劳动创造的，它又具有价值和交换价值。

利润是以价值形态考核客房经营管理经济效果的重要指标。客房资金的形成、分配

和使用，客房商品交换过程中的营业收入、成本支出和利润等，都是客房财务核算的基本内容。要正确进行客房财务核算，首先必须正确认识客房资金构成和资金运动。

（1）饭店客房资金构成：客房商品是一个综合性的概念，它不仅仅是指房间，而且包括房间内部的各种物质设备和劳务。从价值形态来考查，客房资金构成处于客房资金运动的第一个阶段，即货币转化为商品阶段。

（2）饭店客房资金运动：所谓客房资金运动就是指客房商品营销运动中，资金怎样从货币到商品，再从商品到货币，在饭店内外循环运动，最后形成客户利润的运动过程。但是，客房资金运动是以资金形成为基础的。客房财务核算是一种微观经济理论的具体运用，所以我们还必须进一步具体分析。

从客户资金来源来看，实际上包括三部分：

房间设施部分所占的资金　房间设施部分所占的资金是在饭店建造过程中使用的。一般是通过贷款或国家拨款取得，合资经营饭店则往往从国外银行贷款。这部分资金成为借贷资金，实际上是一种垫付资金，在经营过程中必须按期偿还，并支付一定利息。此外，这部分资金必须摊入客房成本，而且摊入的资金数量一般要大于客房使用面积的折旧，因为前厅、楼道和工程、财务等部门使用的房间都要按一定比例摊入客房部门。前厅、楼道等建筑设施属于客房管理系统，必须全部摊入客房，而财务、工程、经理办公室等部门使用的房间，则根据一定比例摊入客房。总之，这部分垫付资金要从客房收入中提取。

经营资金　经营资金是根据经济合同，由饭店调拨给客房部门使用的。这部分资金主要用于购买客房设备用品，作为周转资金而转化成客房流动资金。

客房营业收入　客房营业收入是客房资金的主要来源。在经营过程中，客房要以收抵支并获得一定盈利。经营资金实际上也是一种借贷资金，所以营业收入才是客房资金的根本来源，它扣除各种折旧费、管理费、经营资金利息等以后，才形成客房利润。另外，客房资金运动是一个不断循环的过程。饭店一开业，只要有客人投宿就总是按照这种规律不断运动的。客房部门财务核算要从经济上对客房商品营销运动实行指导、监督和调节。

2. 从价格调控入手

（1）饭店价格制定的原理。我们经常看到这样一种现象：一种饭店商品的价格太高时，消费者不愿意购买；太低时，饭店经营者不愿意出售。这种现象告诉我们：饭店商品价格不但取决于饭店商品经营者对饭店商品价值的评价——当这种评价以货币量来表现时，就称为供给价格；同时还取决于饭店消费者对饭店商品价值的评价——当这种评价以货币量来表现时就称为需求价格。只有当饭店经营者和饭店消费者对饭店商品价值评价一致时，即供给价格与需求价格相等时，饭店商品的销售才能获得成功。这种销售价格可称为市场成交价格。

一般来说，饭店商品的市场成交价格有一个变动区间，其下限是饭店经营者为了保本盈利或亏损最小所能接受的最低价格，其上限是对该饭店商品价格（效用）评价最高的消费者所愿意出的最高价格。实际成交价格确定在这一变动区间内的某一个点上，这一点的位置取决于饭店商品供应者的卖方竞销与饭店商品需求者的买方竞销状况。当饭店商品的供给大于需求时，卖方竞销激烈，价格下跌，趋向于区间的下限；当饭店商品的需求大于供给时，买方竞购激烈，价格上涨，趋向于区间的上限。

（2）五种市场成交价格的选用。从饭店经营者角度考虑，饭店价格应该在扣除自己所支付的一切成本和营业税后还可以获得所投入资金的平均利润。这样，饭店商品价格就是由该商品的成本加税收加利润构成的。

对饭店经营者来说，市场成交价格可以分为五种：

①饭店商品的正常价格。它是饭店商品的需求等于饭店商品供应情况下的价格，它能使饭店投入的资金获得平均利润。

②饭店商品的超额利润价格。它是在饭店商品是创新商品、垄断商品或需求远远大于供给情况下的价格，它能使饭店获得超额利润。

③饭店商品的保本价格。它是在饭店商品的需求小于饭店商品的供给情况下的价格，它能使饭店经营不亏不盈。

④饭店商品的停止营业价格。它是在饭店商品的需求远远小于饭店商品的供给情况下的价格，价格不仅等于或小于单位商品的变动成本加营业税，不能获得任何利润，而且也不能减少固定成本的损失。

⑤饭店商品的亏损减少价格。它是在饭店商品的需求小于饭店商品的供给情况下的价格，这一价格小于保本价格但大于停止营业价格。由于这一价格大于单位变动成本加营业税，因此可以减少已经投入的固定成本的一部分损失。

（3）利用宾客对商品价值的看法来定价。饭店消费者愿意支付的价格高低取决于饭店商品满足消费者欲望程度的高低。一种商品满足消费者欲望程度高低，不仅取决于商品的物质属性，而且取决于消费者的主观感受和评价。如信奉伊斯兰教的旅游者对猪肉的评价就要比其他旅游者低，因为他们的习俗是不吃猪肉的；如同样一幅国画，内地普通人愿意支付的价格与港澳台同胞、外国人中的收藏家愿意支付的价格是不一样的，一般来说后者都要比前者高。

利用消费者对商品价值的看法来定价，经常适合于下列场合：

对声望、奢侈商品的定价。如某饭店商场部经理介绍说，一颗水晶球标价为50元时，没有人去购买，而在标价为500元时，销售得很快。

在进行价格竞争时，饭店采用低价比对手低，高价比对手高的定价方法往往会赢得价格竞争的胜利。这样做既可以吸引对价格十分敏感的低收入旅游者，又可以吸引对价格不敏感而对质量十分追求的高收入旅游者。

在对商品分档定价时，由于许多消费者认为商品可以分为普通、中等、高等三档。因此，饭店许多商品至少可以分成这三档，相应制定三档价格。由于不同商品之间的成本差别小于价格差别，这样就会提高商品总的销售收入。

在开发新商品时，以消费者的价值看法来确定新商品价格，再倒过来扣除目标利润、营业税后确定合理成本，这样做也可以检验这一商品是否值得开发。

(4) 低价与高价策略的选用。低价薄利多销与高价厚利少销是饭店的两种价格策略。在不同的市场需求情况下，这两者都能帮助饭店实现销售收入，从而实现销售利润极大化的目标。

在既定的市场需求情况下，哪一种策略能使饭店商品销售收入（利润）极大化，这要依据饭店商品不同价格与销售量的乘积大小即需求的价格弹性来决定。如淡季，在降低价格可以扩大销售量的情况下，饭店就采用低价、接待团队，将销售量做大。在旺季，在提高价格销售量不会减少或减少不多情况下，饭店就可以采用高价、接待商务散客，将销售价格做高。某大酒店在某年发现提高房价住客也不会减少的情况下，将房价由 72 美元提高到 92 美元，大大增加了全年的收入和利润。

国际旅游业通过大量调查发现，闲暇观光旅游者的需求价格弹性大，可采取折扣低价政策，而商务旅行者对价格不敏感，需求的价格弹性小，采取低价对增加销售量没有很大刺激，因此可以采取高价政策。

3. 从客房管理的细节服务入手

(1) 客房部的地位和作用。客房是饭店的基本设施，是饭店存在的基础，向宾客提供食宿是饭店的基本功能，而客房是宾客旅游投宿的物质承担者，是住店宾客购买的最大、最主要的产品。所以，饭店的客房是饭店存在的基础，没有了客房，实际意义上的饭店就不复存在了。我国饭店的建筑面积一般占总体建筑面积的60% ~70% 左右，在饭店投资上，客房的土建、内外装修与设备购置也占据了相当大的比重。

(2) 客房收入是饭店营业收入的主要来源。客房是饭店最主要的商品之一，客房部是饭店的主要创利部门，销售收入十分可观，一般要占饭店全部营业收入的40% ~60%。客房虽然在初建时投资大，但耐用性强、纯利高。客房部的有效管理及与其他部门的有效支持将增强饭店活力，提高个业收益。同时，通过客房的销售、大量宾客的入住，也会给其他部门带来赢利的机会。

(3) 客房部的服务与管理水平是提高饭店声誉及客房出租率的重要条件。宾客在饭店居留期间，客房是其停留时间最长的场所，而且饭店的公共区域卫生工作一般也由客房部承担，对宾客的影响较大。客房部的服务与管理水平在很大程度上代表着整个饭店的服务质量与管理水平。

(4) 客房部是饭店降低物资消耗、节约成本的重要部门。客房商品的生产成本在整个饭店成本中占据较大比重，例如能源（水、电）消耗及低值易耗品、各类物料用品等，日常消耗较大客房部是否重视节流、是否加强成本管理、建立部门经济责任制及原始记录考核制度，对整个饭店是否能降低成本消耗，获得良好效益起到关键作用。

(5) 客房部担负着管理饭店固定资产的重任。在饭店企业，固定资产占总资产的80%～90%，包括建筑物、设备设施、家具、物品配备等。其中，在客房部管辖范围内的部分占了大多数。对整个饭店客房楼层部分、公共部分设备的日常保养，应增强责任心，及时督促或协助有关部门进行维修，尽可能延长资产的保值期。

(6) 客房部是饭店管家。客房部担负着整个饭店公共部分的清洁保养及绿化工作，也担负着整个饭店布件的洗涤、熨烫、保管、发放的重任，且对饭店其他部门的正常运转给予不可缺少的支持。

(7) 客房部的业务特点。

以时间为单位出售客房使用权、提供服务　客房商品的销售属于以无形的时间为单位和商品销售形态，与其他商品最大的区别在于只出售使用权，但商品的所有权不发生转移。客房部员工一方面应尊重宾客对客房的使用权，向宾客提供各类客房服务；另一方面，也应保护饭店对客房的使用权，做好对客房设备设施、物料用品的保管和维护工作。

随机性强　宾客入住饭店，大部分时间在客房度过，客房是宾客休息、工作、会客、娱乐、存放行李物品和清理个人卫生的场所。不同宾客的身份地位不同、生活习惯相异、文化修养与个人爱好也各有差异，所以对客房服务的要求也是多方面的，这就使客房部业务具有很强的随机性和差异性。

除了宾客的要求具有随机性和差异性外，客房部业务的本身也具有随机性。客房部管辖范围较广，除了客房的业务以外，一般的服务工作也比较琐碎，如客房用品的洗涤、发放等工作；而且客房的卫生与服务工作也比较烦琐，如客房的整理、物品补充、查房、设施设备的日常维修保养等各项客房服务，都具有很强的随机性。

第四节　旅游景区(点)的经营统计

一、景点的接待能力指标

面积　指在报告期景区内向旅游者开放的面积。

容纳能力(极限接待能力)　指报告期内旅游景点在保障安全的条件下，最多可以接待的旅游者人数。

接待人数(人次) 指报告期内实际接待的旅游者人次总和。

容纳能力利用程度 可以用报告期实际接待的游客人数与容纳能力的对比关系来表示。

$$\text{容纳能力利用程度} = \frac{\text{报告期实际接待人数}}{\text{报告期容纳能力}} \times 100\% \qquad \text{(公式 12 - 42)}$$

单位面积接待旅游者人数 表明报告期景区（点）内，每平方米所平均接待的游客人次数。

$$\text{单位面积接待旅游者人数} = \frac{\text{报告期接待旅游者人数(人次)}}{\text{报告期景区(点)面积(平方米)}} \qquad \text{(公式 12 - 43)}$$

二、合理的接待密度指标

接待密度系数 表明单位面积上，实际接待旅游者人数与标准人数的对比程度。当这一系数为1时，则表明是处在一种理想的合理状态。

$$\text{接待密度系数} = \frac{\text{单位面积实际接待旅游者人数}}{\text{单位面积可接待旅游者的标准人数}} \qquad \text{(公式 12 - 44)}$$

旅游接待密度系数除像上述公式12－44一样，还可以直接通过某地实际接待旅游者人数指标与其可接待标准人数的对比得出。该指标接近1时，表明是一种接待的理论理想状态；该指标小于1时，则表明该地的旅游接待能力理论上存在某种程度的荒废状况；当该指标大于1时，表明该地的旅游接待能力理论上存在某种程度的不足状况，进而影响旅游者游览的舒适度，甚至安全。

合理的接待密度 合理确定单位面积可接待旅游者的标准人数，是把握接待密度系数的关键。在实际工作中，正确地确定单位面积可接待旅游者的标准人数，应考虑诸多来自各方面的影响因素，要具体景点具体分析。但从总体来看，应遵循以下三个原则，即安全的原则、满足参观游览的原则和效益原则。其中，安全的原则应为首位，是最主要的，也是发展旅游业的保障；安全应该是双向的，即旅游者的人身与财务安全；旅游景观、景物、设施、环境保护的安全。满足参观游览的原则，就是让旅游者在买票入园之后，景点应能够兑现其所承诺的可以参观游览到的有关内容，而不要因维修或过于拥挤等原因使旅游者失望。效益原则就是在安全原则和满足参观游览原则的基础上，最大限度地接待旅游者，以提高景点的经济效益。

三、景区（点）的旅游容量测算

景区（点）的旅游容量分为空间容量、设施容量、生态容量和社会心理容量四类。对于一个旅游景区而言，日空间容量与日设施容量的测算是最基本的要求。

日空间容量 日空间容量的测算是在给出各个空间使用密度的情况下，把游客的日周转率考虑进去，即可估算出不同空间的日空间容量，如公式 12－45。

$$C_n = \frac{X_n}{Y_n} \cdot Z_n \qquad (公式\ 12-45)$$

其中：X_n 为某游览空间的面积；Y_n 表示在不影响游览质量的情况下，平均每位游客占用面积；Z_n 为日游客周转率。

旅游区日空间总容量：等于各分区日空间容量之和，如公式 12－46。

$$C = \sum C_n = \sum \frac{X_n}{Y_n} \cdot Z_n \qquad (公式\ 12-46)$$

日设施容量 日设施容量的计算方法与日空间容量的计算方法基本类似，如公式 12－47。

$$C_n = X_n \cdot Z_n \qquad (公式\ 12-47)$$

其中：X_n 代表影剧院的座位数；Z_n 表示日周转率。

景区（点）日设施总容量：等于各设施日容量之和，如公式 12－48。

$$C = \sum C_n = \sum X_n \cdot Z_n \qquad (公式\ 12-48)$$

生态环境容量 生态环境容量的测算是一个比较复杂的问题，但起码要考虑到如下因素：

土壤：土壤密度、土壤组成、土壤温度、土壤冲蚀与径流。

植被：植被覆盖率、植被组成、植被年龄结构、稀有植物的灭绝、植被的机械性损伤。

水：水中病原体的数目与种类、水中的养分及水生植物的生长情况、污染物。

野生动物：栖息地、种群组成、种群改变、旅游活动对种群活动的影响。

空气。

生态环境容量的研究，常采用以下三种方法：

其一，既成事实分析。在旅游行动与环境影响已达平衡的系统，选择游客量压力不同调查其容量，所得数据用于测算相似地区环境容量。

其二，模拟实验。使用人工控制的破坏强度，观察其影响程度。根据实验结果测算相似地区环境容量。

其三，长期监测。从旅游活动开始阶段作长期调查，分析使用强度逐年增加所引起的改变。或在游客压力突增时，随时做短期调查。所得数据用于测算相似地区的环境容量。

社会心理容量 社会心理容量的主要影响因素是拥挤度。对于它的测算也是一个比较复杂的问题。目前主要有两个模型可以利用：一是满意模型，二是拥挤认识模型。

旅游容量的确定 对一个旅游区来说，最基本的要求是对空间容量和设施容量进行测算，对生态环境容量和社会环境容量进行分析。有条件的话，也应对后两个环境容量进行测算。如果上述四个容量都有测算值的话，那么一个旅游区的环境容量取决于以下三者的最小值，即生态环境容量、社会心理容量、空间容量与设施容量之和。

结 语

从严格的意义上来讲，我国一直以来的旅游统计或者称之为旅游业统计，其实质是旅游主管部门统计。这与其发展历史和部门管理权限有关。作者从事旅游统计研究二十余年，此次研究是从国际通行的接待业的范围，来讨论旅游统计问题。与以往的研究相比，本次对旅游统计的研究更为完整，即从鲜见研究的可进入性指标研究开始，强调了交通统计，包括航空客运、汽车公司、停车场等方面与旅游统计的融合，其交叉重复统计的部分，期待着在实施旅游卫星账户之后，得以较好的解决。以案例研究和指标体系分析的方法，强调了在旅游规划，包括旅游人力资源规划和旅游景区（点）规划中，应用定量统计分析与预测的重要性和可操作性。

参考文献

1. 国家旅游局，国家统计局城市社会经济调查司编．入境游客抽样调查资料．北京：中国旅游出版社，2007.

2. 中国旅游饭店业协会，浩华管理顾问公司编．2007中国饭店业务统计．北京：中国旅游出版社，2007.

3. 中华人民共和国国家旅游局编．中国旅游统计年鉴2007．北京：中国旅游出版社，2008.

4. 世界旅游组织编；国家旅游局政策法规司统计处译．世界旅游统计概览．北京：中国旅游出版社，2005.

5. 中国民用航空总局规划发展财务司编．2006从统计看民航．北京：中国民航出版社，2006.

6. 中华人民共和国国家旅游局．中国旅游业“十一五”人才规划．北京：中国旅游出版社，2007.

7. 李享主编．旅游调查研究的方法与实践．北京：中国旅游出版社，2005.

8. 席唤民等编著．新编旅游统计学（第4版）．北京：旅游教育出版社，2006.

9. 魏小安著．旅游目的地发展实证研究．北京：中国旅游出版社，2002.

10. 宋国强等编著．民航统计．北京：中国民航出版社，2003.

11. 李享编著．旅游统计学原理与实务．北京：中国旅游出版社，2008.

12. 李万来主编．体育经营管理概论．北京：人民体育出版社，2006.

13. 丛湖平主编．体育产业理论与实践．北京：人民体育出版社，2006.

14. 樊丽丽编．健身指导员与健身房经营全攻略．北京：中国经济出版社，2008.

15. 彭星波编著．会所（俱乐部）经营管理实务．北京：化学工业出版社，2007.

16. 刘平江编著．健身俱乐部管理．北京：北京体育大学出版社，2008.

17. 徐坚白著．俱乐部经营管理．沈阳：辽宁科学技术出版社，2001.

18. 喻小江等主编．开一家赚钱的宠物店．武汉：湖北人民出版社，2005.

19. 李鹏等编著. 开家宠物用品店. 北京：中国民航出版社，2005.

20. 冯锦凯等编著. 中外游乐业. 北京：中国旅游出版社，2003.

21. 董观志. 主题公园产品形态的演变路径与发展趋势. 21世纪中国主题公园发展论坛. 北京：中国旅游出版社，2003.

22. 克里斯·约西. 国际主题公园的发展对中国主题公园的启示与帮助. 21世纪中国主题公园发展论坛. 北京：中国旅游出版社，2003.

23. 张尚国主编. 娱乐业规范管理. 北京：中国言实出版社，2007.

24. 吴喜之. 统计学：从数据到结论. 北京：中国统计出版社，2004.

25. 国家旅游局等. 2005中国国内旅游抽样调查资料. 北京：中国旅游出版社，2006.

26. 罗明义等编著. 旅游服务贸易：理论·政策·实务. 昆明：云南大学出版社，2007.

27. 李小牧主编. 国际服务贸易. 北京：电子工业出版社，2007.

28. 陈宪主编. 国际服务贸易：原理·政策·产业. 上海：立信会计出版社. 2003.

29. 郑吉昌. 国际服务贸易. 北京：中国商务出版社，2004.

30. 楼嘉军著. 休闲新论. 上海：立信会计出版社，2005.

31. 汪岩编著. 休闲娱乐业经营300问答. 北京：中国纺织出版社，2006.

32. 魏小安著. 中国休闲经济. 北京：社会科学文献出版社，2005.

33. 叶文等编著. 城市休闲旅游——理论·案例. 天津：南开大学出版社，2006.

34. 黎洁著. 旅游卫星账户与旅游统计制度研究. 北京：中国旅游出版社，2007.

35. 马惠娣等主编. 中国公众休闲状况调查. 北京：中国经济出版社，2004.

36. 周晓虹主编. 中国中产阶层调查. 北京：社会科学文献出版社，2005.

37. ［加］Stephen L. J. Smith 著. 赵丽霞等译. 旅游测度 & 旅游卫星账户. 北京：中国统计出版社，2004.

38. ［美］李明，苏珊·霍华德，丹·马宏尼编著. 叶公鼎主译. 体育经济学. 沈阳：辽宁科学技术出版社，2005.

39. ［韩］孙海植等著. 朴松爱等译. 休闲学. 大连：东北财经大学出版社，2005.

40. ［澳］林赛·W. 特纳等著. 姚延波等译. 亚洲太平洋地区旅游业发展预测2007~2009. 北京：中国旅游出版社，2007.

41. ［美］阿尔伯特·格雷柯编著. 饶文婧等译. 媒体与娱乐业. 北京：清华大学出版社，2006.

42. 王婧. 中国文化产业经济贡献的影响因素. 统计与决策, 2008 (3).

43. 博赫. 文化产业统计中存在的问题及其改进. 统计与决策, 2008 (4).

44. 赖斌, 杜通平, 黄萍. 从旅行社的视角看自驾车游产品. 企业经济, 2006 (3).

45. 吴新宇, 许凌. 短途自驾车休闲旅游市场研究——以苏州为个案分析. 现代休闲方式与旅游发展. 北京: 中国旅游出版社, 2007.

46. 宋凤珠. 房车经济的财富链有多长. 中国汽车报, 2004-03-02.

47. 曾航. 房车还是奢侈品. 经济观察报, 2007-04-30.

48. 钱学礼. 我国房车旅游发展存在的问题及开发对策. 商场现代化, 2006 (9).

49. "房车旅游"升温发展有待规范. 中国旅游报, 2007-04-05.

50. yixing. 驾上房车纵横四海. 汽车与社会, 2005 (3).

51. 北京联合大学旅游学院. 北京 (国内) 休闲旅游高端市场和会展活动市场调研报告. 2004.

52. 赵鹏、宁泽群、石美玉、李享. 北京 (国内) 休闲旅游高端市场发展现状及发展对策. 旅游学刊, 2005 (1).

53. 张峦. 痛并快乐的结婚消费. 数据, 2008 (3).

54. 驻巴黎办事处. 2007 年法国旅华市场分析及 2008 年预测. 旅游市场, 2008 (1、2).

55. 驻首尔办事处. 2007 年韩国旅华市场分析及 2008 年预测. 旅游市场, 2008 (1、2).

56. 驻悉尼办事处. 2007 年澳大利亚、新西兰旅华市场分析及 2008 年预测. 旅游市场, 2008 (1、2).

57. 葛宇菁. 旅游卫星账户的发展与方法研究. 旅游学刊, 2007 (7).

58. 卿前龙. 休闲产业: 概念、范围与统计问题. 旅游学刊, 2007 (8).

59. 环球游报记者. 中国"蜜月游"蛋糕谁来做. 环球游报网站 (http://www.hqybs.com), 2005-08-29.

60. 蜜月游迅速升温 旅行社何去何从. 青年时讯中国旅游周刊网站 (http://www.51766.com), 2005-09-13.

61. 2005 年城镇居民家庭生活基本情况. 北京统计信息网 (http://www.bjstats.gov.cn), 2006-02-06.

62. 新华社. 中国高速公路总里程位居世界第二. 新华网 (http://news.xinhuanet.com), 2004 年 10 月 27 日.

63. 唐林洪. 自驾车旅游喜中有忧. 新华网广西频道 (http://www.gx.xinhuanet.com/news), 2003-10-14.

64. 中华人民共和国国家统计局 http://www.stats.gov.cn.

65. 北京统计信息网 http://www.bjstats.gov.cn.

66. 上海统计网 http://www.stats-sh.gov.cn.

67. 江苏省统计局 http://www.jssb.gov.cn.

68. 国家广播电影电视总局统计信息网 http://gdtj.chinasarft.gov.cn.

69. 国内外宠物行业现状分析及发展趋势 http://www.petvb.com.

70. 中国投资报告网. 2008年中国旅行社发展研究咨询报告. 2007.

71. 国家旅游局政策法规司 (2007-10-23). 2006年中国旅游业统计公报. 中国旅游网 http://www.cnta.gov.cn.

72. 国家旅游局政策法规司 (2007-10-23). 2006年中国星级饭店统计公报. 中国旅游网 http://www.cnta.gov.cn.

73. 财经界. 中国航空运输发展报告 (2006/2007). http://www.moneychina.cn.

74. 香港赛马资料库 http://www.hkhorsedb.com.

75. 香港政府统计处 http://www.censtatd.gov.hk.

76. 旅游卫视网 http://www.tctc.com.cn.

77. 澳大利亚旅游网 http://www.tourism.australia.com/

78. 澳大利亚国家旅游统计网 http://www.abs.gov.au/

79. Liu Yajuan, Li yan. The Australian-Chinese Trade Can Only Get Better. Commercial Express, 2005, 2.

80. Ambassador Australian. People and Culture. Commercial Express, 2005, 2.

81. A. J. VEAL Research Methods for Leisure and Tourism A Practical Guide Third edition Prentice Hall Jan 2006.

82. Douglas C. Frechtling Forecasting Tourism Demand-methods and strategies Butterworth Heinemann 2001.

83. Wolfgang Georg Arlt China's Outbound Tourism Routledge 2006.

84. OLSEN M. Keeping Track of the Self Drive Market . In: CARSON D, WALLERI, SCOTIN. Drive Tourism: Up the Wall and Around the Bend. Melbourne: Common Ground Publishing, 2002.

85. PRIDEAUX B, WEI S, RUYS H. The Senior Drive Market in Australia . Journal of Vacation Marketing, 2001, 7 (3).

后　记

不可否认在中国人过去的生活中就一直存在着休闲活动，但却少有自觉地意识和主动的安排；而今天则不同了，休闲活动已经成为人们生活中的一部分，尽管其各自的休闲时间和休闲方式有所不同、甚至是千差万别，不过有一点是共同的和有别于从前的，那就是人们休闲意识的建立。仅就这一点，足以让中国的休闲事业蓬勃而快速地发展起来。因此，作为休闲研究基础工作的休闲统计研究就显得十分必要和重要了。

这是一个宏大的命题、一项艰巨的工程。

如果仅仅从宽泛的视角和今天我们迫切要解决的问题出发，人们或许会对从事有意义的、原创性的休闲与旅游研究的前景感到振奋。然而，真正很好地去理解休闲与旅游以及在统计方面使其变得更具可操作性，在这些问题上我们遇到了多重挑战。

本书的写作过程艰苦而困难重重，多亏了那么多的领导、编辑、师长、朋友和家人的鼓励、支持以及他们无私和实实在在的帮助，这本《休闲与旅游统计研究》才得以诞生。

首先应该感谢中国旅游出版社的付蓉老师，由于她对休闲经济发展前瞻性的认识与洞察力，在两年前就已约稿。

感谢我们北京联合大学旅游学院的赵鹏院长，感谢他二十多年来对我教学及科研工作的一贯支持与鼓励，特别是这次在百忙之中为本书作序；感谢李因书记这样果敢、睿智又专业的好领导，为我院教学及科研工作开展而营造的和谐、进取的大环境；感谢我的系主任宁泽群教授一直以来对统计教学与科研工作的重视、对我本人工作的全力支持以及对这次写作的具体帮助。感谢著名旅游统计学专家席唤民教授为本书写作后期工作所做出的不懈努力。

感谢著名休闲学专家、中国艺术研究院休闲研究中心主任马惠娣老师，她在自己研究工作十分紧张与繁重的情况下，为我的拙作写序。在此期间，她抽出大量的时间、甚至是连夜，帮我一丝不苟地审稿、推敲并提出具体的修改建议。不仅她的学识令我仰慕，她严谨的治学态度和勤奋的工作作风、甚至包括她为人的亲和力都同样令我感动、并成为我学习的榜样。

感谢我的合作者、我的儿子李一添，他在紧张备考“小升初”之际，先后分别两次到首都机场T3航站楼和国家体育场“鸟巢”工地拍摄本书所需要的插图。他在美术与摄影方面的成绩与荣誉一直令我欣慰、骄傲和自豪。

最后，也是最应该感谢的是您——本书的读者，并真诚地期待着来自于您的反馈（lytlixiang@ buu. com. cn）。

此外，外企服务公司的金珊，北京观光休闲农业行业协会的张磊，我院英语旅游文化系的孙欢欢、董萍，休闲与旅游管理系的夏小欣、李怡锐、曹海侠、李想参与了写作资料搜集、整理、翻译等工作。感谢为我写作做出辅助性工作的刘世会女士。

李　享

2008年6月17日

于北京